El Quinto Evangelio

EL QUINTO EVANGELIO

Nuevas evidencias tomadas de fuentes tibetanas, sánscritas, árabes, persas y urdu, sobre la vida histórica de Jesucristo después de la crucifiCción

Fida Hassnain y Dahan Levi

Revisado y editado por Ahtisham Fida

Grupo Editorial Tomo, S.A. de C.V.,
Nicolás San Juan 1043,
03100, México, D.F.

1a. edición, octubre 2011.

Nicolás San Juan 1043, Col. Del Valle
03100 México, D.F.
Tels. 5575-6615, 5575-8701 y 5575-0186
Fax. 5575-6695
http://www.grupotomo.com.mx
ISBN-13: 978-607-415-178-7
Miembro de la Cámara Nacional
de la Industria Editorial No 2961

Traducción: Graciela Frisbie
Diseño de portada: Karla Silva
Formación tipográfica: Armando Hernández
Supervisor de producción: Leonardo Figueroa

Impreso en México - *Printed in Mexico*

Contenido

Dedicado a

Pandit Sutta, autor de *Bhavishya-maha-parana*,
en el año 115 d.C.

Nicolas Notovich, autor de *La vida de San Issa*,
en el año 1890 d.C.

Mirza Ghulam Ahmad, autor de *Messih Hindustan Mein*,
en el año 1908 d.C.

Por abrir nuevos horizontes de investigación sobre la vida oculta de Jesucristo.

Reconocimientos

DESEAMOS EXPRESAR nuestro agradecimiento a las siguientes personas por las fotografías que se incluyen en este libro.

Historia persa de Mulla Nadri: Khwaja Nazir Ahmad, Manuscrito tibetano: Reverendo S.S. Gergan, Grado de 1766: Khwaja Nazir Ahmad, Jinete con la Cruz: El Museo Británico, Londres, Cruces de Ladakh: S.S. Gergan, Lápida en Char-saddah: Investigaciones Arqueológicas en Pakistán, Thomas de Julian: Investigaciones Arqueológicas de Pakistán, Peter: Director del Museo en Goa, Sepulcro de María en Muree: Mumtaz Ahmad Farouqui, puerta de madera con seis paneles: Director del Museo en Goa, Takhat-i-Sulaiman: Franz Sachse, Sepulcro de Aroan en Harwan: Holger Kersten, Piedra de Moisés: Holger Kersten.

Por otras fotografías, damos las gracias a Andreas Faber Kasier, María Teja y Franz Sachse. Por los dibujos lineales, damos las gracias a Peloubet's Selected Notes en International Lessons, Boston 1918. Por las fotografías de la Huida a Egipto de la Sagrada Familia, damos las gracias a H.H. Papa Shenouda III, 117° Papa de Alejandría y al Patriarca de la Sede de San Marcos Evangelista y a su Gracia el Obispo Mettaos, Obispo del Monasterio Sirio de Santa María, en El Cairo, Egipto. Nuestro agradecimiento a Fathy Saiid Georgy y a Lenhnert y Landrock, de El Cairo, Egipto.

Por otras fotografías de interés arqueológico e histórico, agradecemos al Director General de J&K Tourist Corporation y al Director de Archivos y Arqueología, Gobierno de J&K.

Introducción

Lo que veas, escríbelo en un libro

—*Apocalipsis*

NO PRETENDEMOS ser los inventores de ninguna teoría ni los descubridores de verdad alguna. Este libro en sí no debe su origen a ninguna secta, grupo o movimiento. Sólo es el resultado de nuestros esfuerzos personales para descubrir y después compilar materiales originales sobre los años perdidos de Jesucristo. En 1965, uno de nosotros encontró por casualidad una referencia sobre una visita que Nicolás Notovich hizo al monasterio de Hemis en Ladakh, en la que se menciona que descubrió los pergaminos budistas sobre Jesús. A partir de entonces, hemos estado examinando evidencias sobre el hecho de que Jesús sobrevivió a la crucifixión y que después viajó al Oriente.

Pero debemos señalar que nuestro libro no es la última palabra en el campo de las investigaciones sobre este tema. Sólo presenta evidencias sorprendentes sobre la tumba de Jesús en Cachemira. Nuestra investigación estaría incompleta si no fuera posible abrir esta tumba para llevar a cabo una investigación científica. El hecho es que no se nos permite abrir este sagrado sepulcro. Tanto los musulmanes como los cristianos se oponen por completo a la idea, pues consideran que sería una "profanación de los restos sagrados".

Eric von Daniken escribe: "Los teólogos afirman que la crucifixión debe entenderse sólo en forma simbólica". ¿Por qué no se clarifica esto en las enseñanzas religiosas? Mi hija Lela aprendió, como todos los estudiantes de generaciones anteriores, que Jesucristo era el hijo único de Dios hecho carne, que como hombre sufrió todos los dolores (a causa del terrible pecado original), que murió como hombre y luchó como hombre, con todos los consecuentes tormentos y miserias. ¿Pero cómo es posible que la muerte de Cristo reconcilie con Dios a los mismos hombres que lo mataron? ¿Cómo es posible que lo reconcilie con un Dios que conscientemente permitió que se torturara a su propio hijo porque Adán y Eva cometieron un pecado que habría sido fácil evitar?"

Es evidente que en tiempos modernos nos es difícil creer que Jesucristo fue masacrado a causa de nuestros pecados. Esas teorías, que la Iglesia de Roma planteó 150 años después de la muerte de Cristo, han creado desconfianza en la mente de los cristianos sinceros. S. Baker escribe: "Creo en Dios y sigo los principios del cristianismo, pero no me gusta ir a la Iglesia y escuchar los sermones del sacerdote. ¡Aborrezco a esos predicadores!"

Este tipo de sentimientos no surgen hasta que ocurre algo grave. Es posible que no nos hayan presentado la doctrina original que planteó Jesucristo, o que nos hayan presentado verdades mezcladas que no se captan con facilidad. Helmut Goeckel expresó los mismos sentimientos cuando escribió: "Debe ofrecerse la posibilidad de reconstruir la doctrina legítima en su forma original. La forma más segura de lograrlo es volver a encontrar la personalidad histórica de Jesús".

¿Pero dónde están las doctrinas originales? Más de cien millones de personas en el mundo sólo cuentan con un libro: la Biblia. Se cree que es el texto original sobre la vida y la misión de Jesucristo. Los fieles creen que la Biblia siempre ha existido en la forma en que la ven en la actualidad. Además creen que no existen otros libros aparte de la Biblia. No saben que en varias ocasiones no sólo se introdujeron cambios en la Biblia, que se le alteró y se redujo su contenido, sino que también se prohibió la circulación de muchas otras escrituras y Evangelios, que por orden de la Iglesia se destruyeron quemándolos.

Desde el principio, se han convocado Concilios Cristianos y en diversas ocasiones estos concilios han tomado decisiones sobre las doctrinas; por consiguiente, la fe cristiana, como existe hoy, es una fe que nos han impuesto los sacerdotes. El resultado neto ha sido que al parecer, el Jesucristo que se nos presenta en la actualidad, es una personalidad distinta a la que existió hace dos mil años. Por consiguiente, lo que se necesita es buscar al verdadero Jesús. Al hacerlo, no intentamos eliminar todo lo que el cristianismo representa hoy en día. Intentamos realizar un estudio desapasionado de la vida y misión de Jesucristo, quien dijo: "Yo soy el Camino, la Verdad y la Vida".

No dudamos al afirmar que Jesucristo fue el camino, la verdad y la vida. Muchas personas en el mundo, a pesar de sus creencias religiosas, lo han amado y lo siguen amando. Muchos lo están investigando y a ese respecto citamos una carta de una de nuestras amigas sinceras, Lina Ada Piantanelli:

> *Desde mi infancia, he estado buscando a Jesucristo. Es mi deseo sincero adquirir más conocimientos sobre él, porque yo siempre pensé que Jesús no había muerto en la cruz. Deseo ardientemente dedicar mi vida a Jesús y publicar todas las verdades que se descubran sobre él.*

Nos asombra descubrir que se han puesto muchos obstáculos en nuestro camino para encontrar la verdad. Admitimos que hay personas que pueden manchar el sagrado nombre de Jesús en su supuesto trabajo de investigación. También admitimos que algunos de los hechos que se revelan podrían representar problemas serios para el cristianismo. Pero también afirmamos con confianza que las verdaderas doctrinas de Jesucristo seguramente florecerán y prosperarán, y existirán por siempre. De cualquier modo, ¡ninguna investigación es definitiva y ninguna investigación es la última palabra! Pero debemos dar a las personas la oportunidad de abrir su corazón y de escribir lo que deseen. Es muy triste que esto no se haga. Esto es lo que nos escribió un amigo de Brasil:

> *Hace dos años, escribí un libro sobre la resurrección del Señor. Mandé el libro a la Orden de San Pablo y no lo aprobaron, pues yo revelé muchas exploraciones que ellos no pudieron aceptar. Por ejemplo, descubrí a las modelos que usaron los indígenas para pintar a la Virgen de Guadalupe. También encontré que el indio que pintó a la Virgen de Guadalupe también pintó a Nuestra Señora de los Ángeles. Y descubrí que Nuestra Señora de Guadalupe tiene una relación cercana con la nave espacial que se encuentra en una tumba de piedra en Palenque, Chiapas, México. Este parecido es intenso en cuanto a las formas y otros detalles que introdujo el ingenioso indígena. Él era un creyente fiel en las ideas prehistóricas y cuando aceptó la nueva religión mezcló las dos creencias y también la nave espacial en una pintura: Nuestra Señora de Guadalupe.*
>
> *Pueden ustedes imaginar la reacción de la Iglesia, cuando mi libro fue enviado a México y lo mantuvieron oculto. Mis esfuerzos por recuperarlo no han tenido éxito. Ahora bien, si esa es la actitud de la Iglesia, podemos darnos cuenta de que bajo tales circunstancias, ninguna investigación es posible.*

Es cierto que el vacío que existe en la vida de Jesucristo, desde los doce hasta los treinta años de edad, es un tema intensamente fascinante para la investigación, y tendrá un efecto muy profundo en las creencias establecidas de los cristianos. A este respecto, citamos los sentimientos de nuestro amigo Joshua Rochstein:

> *Aunque es verdad que el efecto de esto en la credibilidad de los cristianos es, en el mejor de los casos, secundario a la importancia de la investigación de los hechos históricos, no podemos dejar de especular sobre él. La Iglesia siempre ha predicado que Jesús murió en la cruz para traer la*

salvación a las almas de los hombres. Bueno, ¿qué sucedería con esta promesa de salvación y con la fe en ella, que se basa en la muerte de Jesús en la cruz, si las investigaciones determinaran o demostraran que es muy probable que Jesús no haya muerto en la cruz, sino que viajó a tierras muy lejanas, como Cachemira, y desarrolló allá una segunda carrera? En el ámbito de la religión, éste ciertamente sería un acontecimiento de gran importancia. ¿Contribuiría al escepticismo secular o haría que los cristianos, desilusionados y desanimados, buscaran la salvación en otra parte?

El autor ha expresado sus temores genuinos, si tomamos en cuenta la tremenda importancia de los movimientos religiosos en la historia y el rechazo de creencias que tienen siglos de antigüedad. En fechas muy recientes, han surgido preguntas sobre la autenticidad histórica de Jesucristo. Los Evangelios no nos proporcionan un registro biográfico detallado de su vida y su obra. Estos eruditos están buscando a Jesucristo en occidente, y como resultado declaran: "Sin el Jesús histórico, el Cristo de la Iglesia es superficial, es un caparazón radiante, un héroe mítico sin peso histórico".

La confusión surgió porque los eruditos no están tratando de encontrar a Jesucristo en el Oriente. Al mismo tiempo, no tenemos que buscar a la persona histórica de un pasado reciente. En segundo lugar, aferrarse al Jesús histórico es permanecer en la ceguera, porque profesar una religión significa creer en su mitología. No podría haber religión sin mitología y rechazarla equivaldría a negar por completo esa religión. Por consiguiente, es necesario tener fe en todas las escrituras y no hay necesidad de falsificar las afirmaciones que aparecen en ellas ni de ofrecer interpretaciones apologéticas. Los discípulos de Jesucristo escribieron lo que vieron o lo que creyeron. Nosotros no podemos juzgar lo que está escrito en los Evangelios.

Algunos eruditos han afirmado que la existencia de una personalidad como Jesucristo no puede correlacionarse con hechos históricos. Es más, los hechos sobrenaturales de la vida del Señor no pueden explicarse en el ámbito de la ciencia. Sólo podemos decir que hay algo misterioso que ni siquiera los científicos pueden explicar. El conocimiento que el hombre tiene en la actualidad no es la última palabra.

Quienes han experimentado el misticismo o han tenido cierto contacto con los místicos afirman, con toda razón, que Jesucristo fue un ser divino encarnado como hombre. Uno de ellos escribió:

> *Jesús fue un Avatar, una manifestación de un dios, de una divinidad, en forma humana, uno de los seres espirituales que controlan nuestro sector del universo estelar.*

La Iglesia ha condenado las interrogantes que han surgido sobre la autenticidad de los Evangelios. También es cierto que quienes compilaron los Evangelios autorizados por la Iglesia registraron con sinceridad lo que escucharon sobre Cristo, lo que sabían de él y lo que experimentaron. Si hubieran tenido que "manipular" las cosas, no habrían podido ignorar los vacíos en la vida de Jesús. Esta es una prueba concluyente de la autenticidad de los Evangelios, estén o no autorizados. Tomando esto en cuenta, sería necesario compilar de nuevo tanto el Antiguo como el Nuevo Testamentos. Al hacerlo, sería posible que todos entendiéramos las verdaderas enseñanzas de Jesucristo, de acuerdo con nuestra capacidad inherente. No sería necesario que nos guiaran los teólogos y los que se consideran eruditos en el campo de la Biblia; nosotros podríamos ser nuestros propios guías en la búsqueda de la verdad. Podría mencionarse, desde el inicio, que la verdad no es el monopolio de ninguna secta, religión o iglesia. La humanidad tiene que encontrar a Dios, y esta actividad tiene que llevarse a cabo sin la ayuda innecesaria del clero.

Cada persona que busca la verdad puede ser su propio guía. Tenemos la firme esperanza de que en esa forma Dios le mostrará la luz. Jesús dijo en una ocasión:

> *El que cree en mí,*
> *no sólo cree en mí,*

sino en el que me ha enviado.
Y el que me ve a mí,
no sólo me ve a mí,
sino al que me envió.
Yo soy la luz del mundo,
el que cree en mí
no caminará en tinieblas.

Es muy interesante para nosotros que el budismo y el cristianismo tengan tantos elementos similares en cuanto a sus conceptos e ideas. Ambas religiones son buenas noticias para una humanidad que sufre. Hazrat Mirza Ghulam Ahmad trata este tema ampliamente en su libro *Mesih Hindustan Mein,* y la tesis que presenta se cita a continuación:

> *Si a Jesús se le llama Maestro, también a Buda se le llama Sasta o Maestro. Ambos se enfrentaron a tentaciones, pero no sucumbieron a la tentación. Al igual que Buda, Jesucristo ayunó cuarenta días. Ambos enseñaron con parábolas y sus enseñanzas tienen puntos asombrosamente similares.*

También es significativo que en algunas estatuas conocidas como "Bodhisattva", las palmas de las manos muestren marcas que podrían indicar que hubo una crucifixión. ¿Podemos suponer que esos Bodhisattvas, o los Budas o "seres perfectos" posteriores, pertenecieran a la Orden de Jesucristo? ¿Aluden estas estatuas a las perforaciones que se hicieron en las manos y los pies de Jesucristo?

Es necesario hacer notar que los manuscritos orientales mencionan a Jesús con otros nombres. Se le llama *Issa, Isa, Issanadevam Isha Natha, Ishai, Isa Masih, Yusu, Yuzu, Yuzu-Kristo, Yuz-Asaph* y *Yusu Masih.* En algunas obras se le menciona como *Eshvara-putram,* o el Hijo de Dios, y como *Kanaya-garbum* o nacido de una doncella. En algunos manuscritos antiguos se le llama *Metteyya,* lo que equivale a Mesías. En algunas obras persas se le conoce como *Nasrani* o *Kristani,* lo que equivale a "Nazareno" o Cristiano. También es interesante que a los cristianos se les conozca en el Oriente como Nasaran y Kira. Jesús también recibe el título de *Ibn-i-Maryan,* o Hijo de María.

El Padre Peter Hebblethwait, un sacerdote jesuita de la calle Farm, en Inglaterra, escribe:

> *Las especulaciones del Dr. Hassnain no me perturban ni me escandalizan, pues están abiertas a las preguntas que cualquier persona podría hacer.*

El Reverendo Lionel Swain, del Colegio Católico Romano de Saint Edmund's Wave, Hertfordshire afirma:

> *Lo menos que puede decirse de los puntos de vista del Dr. Hassnain es que la historia de Jesús de Nazareth, en especial lo relacionado con el hecho de que sobreviviera a la crucifixión, es ficción pura. No tiene una base histórica.*

El Reverendo Dewi Morgan, Rector de la Iglesia de Saint Bride, en la calle Fleet declara:

> *No hay nada escandaloso en la sugerencia del Dr. Hassnain de que Cristo haya ido a la India en lo que yo prefiero llamar los años de su vida oculta. El Profesor Hassnain no debe temer que la Iglesia Cristiana se moleste debido a sus observaciones. Por el contrario, la Iglesia está muy interesada en que continúen las investigaciones. Lo único que nos interesa es la verdad.*

El Canónigo Pearce-Higgins adopta un punto de vista diferente cuando dice:

> *Jesús tenía todos los dones del espíritu (el don de sanar, la clarividencia y la premonición), y no era un médium en el sentido moderno de la palabra. De hecho, parece poseer poderes y cualidades que se atribuyen a los yoguis de la India. Al igual que los yoguis, Él dedicaba horas enteras a la oración y a la meditación en compañía de sus discípulos, y*

la pauta de sus enseñanzas no era distinta a la de un santo hindú. Por esa razón, es posible que tenga cierta solidez el afirmar que Jesús pasó sus últimos años en la India, donde como dice el Dr. Hassnain, pudo haber estudiado las técnicas y las creencias de las religiones orientales, aunque al parecer sus enseñanzas espirituales son propias.

El distinguido líder metodista, Lord Donald Soper, afirma:

Los puntos de vista del Dr. Hassnain ciertamente no me ofenden y los he leído con interés. Pero estoy seguro de que existen demasiadas evidencias que los contradicen.

Por consiguiente, el que Jesucristo haya muerto o no en la cruz es una pregunta vital que despierta el interés profundo no sólo de los cristianos sino de otras personas que desean conocer la verdad. Después de todo, no sería una herejía de gran magnitud para la Iglesia, y para la humanidad en general, si algún día se tuviera que aceptar esa verdad. En todo caso, eso no alteraría la grandeza básica de Jesucristo ni sus enseñanzas.

Se han destruido numerosas evidencias relacionadas con la vida de Jesucristo, con el propósito primordial de separar al Jesús verdadero del Jesús de los cuatro Evangelios aceptados. La técnica es buscar y destruir toda evidencia. Después de que fotografiamos dos páginas de los diarios de los doctores de la Misión de Moravia, los diarios se retiraron y ya no están en Ladakh. Los pergaminos que descubrió Nicolas Notovitch en el Tibet tuvieron ese mismo destino fatal. La cruz de madera que estaba sobre el sarcófago de la tumba de Yuzu-Asaph y que nosotros fotografiamos, también fue robada. Lo mismo ocurrió con los antiguos manuscritos dañados que se encontraban sobre el sarcófago. La mayoría de nuestras fotografías desaparecieron cuando las llevamos a Europa para mostrárselas a los editores.

Reconocemos y expresamos nuestro profundo agradecimiento a las personas que nos ayudaron en numerosas formas a continuar con nuestra investigación. La señorita Iris Bolt, especialista en etimología, mostró un constante interés en este proyecto. El Dr. Franz Sachse no sólo consiguió para nosotros libros excepcionales que ya estaban agotados, sino que viajó a Cachemira para hablar de temas relacionados con este proyecto. Le agradecemos su apoyo y su guía. También nos proporcionó fotografías y estamos en deuda con él por eso. Helmut Goeckel, G. Vansister, el profesor Miguel Díaz, el rabino Elyahn Avihail, el Khan Roshan Khan, el Sheikh Abdul Qadir, Mirza Wasim Ahmad, Kurt Berna, Syed Abdul Hye y M. A. Faruqie también nos ayudaron proporcionándonos material relacionado con la investigación, y expresamos nuestra sincera gratitud hacia ellos. A continuación mencionamos a algunos amigos que nos dieron mucho apoyo moral y mucho ánimo, ellos son:

Reverendo Otlega I. Nakano
Reverendo George I. Morshitta
Sra. Claire Miller
Dr. Ahtisham Fida
Sra. Mary Leue
Dr. Gunter Ammon
Dr. José Hermógenes
Dr. John Hill
Sra. Christianne T. de Reyes
Reverendo Sundara Aish Muni
General de División Habibullah

Muchos otros amigos han sido para nosotros fuente de inspiración, pero son demasiados para mencionarlos aquí.

No es nuestra intención debilitar la fe de nuestros lectores en Jesucristo o en su misión. Nuestro propósito primordial al escribir este libro es informar al mundo Occidental que quienes vivimos en el Oriente contamos con materiales originales sobre el Jesús histórico que vivió después de la crucifixión. Este libro no se escribió en un día; es el resultado de muchos años de constante búsqueda de evidencias. Estamos buscando la verdad y deseamos que otras personas que también buscan la verdad se unan a nosotros en esta noble empresa.

Debemos señalar que la vida y las palabras de Jesús son de vital interés para los habitantes del mundo. En ese espíritu hemos compilado este libro, trozo tras trozo, y nuestro trabajo no tiene relación alguna con ninguna convicción religiosa o actitud mental. No pertenecemos a ningún culto o sociedad. Por lo tanto, esperamos que nuestros pecados, que son muchos, se nos perdonen en nombre de Jesucristo.

Fida Hassnain
Dahan Levi

Fuentes 1

Lo que veas, escríbelo en un libro y envíalo a las siete iglesias de Asia.

—Apocalipsis

EL HECHO de no tener información completa sobre la vida y obra de Jesucristo, ha creado en los eruditos y en los devotos un anhelo de saber más de él. La búsqueda del Jesús histórico empezó en occidente a finales del siglo XVIII y sigue adelante. Su biografía aún está incompleta porque no existen fuentes de información originales para llenar los vacíos. La primera persona que consiguió información sobre Jesucristo fue Pablo, y vivió durante el mismo periodo. En sí, las Epístolas de Pablo son el material de consulta más antiguo que se conoce sobre el tema. Gracias a él sabemos que Dios mandó a Jesucristo como su hijo, *"nacido de mujer, nacido bajo la ley"*. Tuvo hermanos, y uno de ellos fue Santiago. Pablo también nos informa que Jesucristo eligió a doce apóstoles para que predicaran el Reino de Dios. Según Pablo, los judíos conspiraron contra Jesús haciendo que lo crucificaran, pero él resucitó al tercer día y se reunió con sus apóstoles en aproximadamente once ocasiones.

En la primera Epístola de Pedro dice que *"Cristo sufrió por los pecados para acercarnos a Dios"*. En los Hechos de los Apóstoles aparece esta breve información sobre Jesús:

> *Israelitas, escuchad estas palabras:*
> *A Jesús, el Nazareno, hombre acreditado por Dios entre vosotros con milagros, prodigios y señales*
> *que Dios hizo por su medio entre vosotros, como vosotros mismos sabéis, a éste, que fue entregado según el determinado designio y previo conocimiento de Dios, vosotros le matasteis clavándole en la cruz por mano de los impíos.*

Entre los textos cristinos más antiguos, los Evangelios son la fuente principal de información sobre Jesús. Nos hablan de su genealogía, de su nacimiento y su migración a Egipto. Estos sucesos abarcan cuatro años de su vida y después hay un vacío de ocho años. A los doce años, Jesús visitó el Templo de Jerusalén. Luego no se sabe nada de su vida durante los siguientes diecisiete años; no existe información para llenar ese vacío. No se cuenta con registros de ningún tipo sobre dónde estuvo o qué hizo durante ese periodo. Los escritos cristianos de occidente no contienen tal información. Sólo se nos dice que inició una misión a los treinta años de edad y que reunió a muchos seguidores. Los sacerdotes judíos insistieron ante el gobernador romano, y éste ordenó que se le crucificara. Lo crucificaron cuatro soldados romanos, pero fue bajado de la cruz por petición de José de Arimatea. Resucitó de entre los muertos y vivió con sus seguidores durante cuarenta días. Nadie sabe qué pasó después de la resurrección, ¡sólo se sabe que desapareció! Aunque parezca extraño, los Gnósticos tienen su propia versión de la crucifixión. En un manuscrito que se encontró en Nag Hammadi, en Egipto, leemos:

> *Yo no sucumbí ante ellos como lo habían planeado. Mi muerte no fue real, fue una apariencia y fue otra persona la que bebió la hiel y el vinagre. Fue otro Simón el que llevó*

la cruz sobre sus hombros. Fue otro al que coronaron con espinas. Yo me reía de su ignorancia.

Tomando en cuenta lo anterior, es evidente que existen muchos informes contradictorios sobre la vida de Jesucristo que requieren estudios muy serios y profundos. También es posible que al buscar información sobre los años perdidos en la vida de Jesús sigamos un camino que es contrario a las creencias cristianas populares. Las fuentes de información que están disponibles en occidente para aclarar este misterio son escasas. No obstante, el material de consulta original, tanto de occidente como de oriente, que ha estado a nuestro alcance hasta la fecha y que puede consultarse se describe a continuación.[1]

Los Evangelios autorizados

Los Evangelios de Marcos, Mateo, Lucas y Juan son los evangelios autorizados, que se incluyen en el Nuevo Testamento. Originalmente se escribieron en griego y se imprimieron en el siglo XIV. Estos evangelios se compilaron antes del segundo siglo de la era cristiana, como se puede ver a continuación:[1]

Marcos: del año 60 al año 70 d.C.
Mateo: en el año 85 d.C.
Lucas: del año 90 al año 95 d.C.
Juan: en el año 110 d.C.

En cierta medida, se podría decir que los Evangelios son fuentes de información contemporáneas sobre la vida y la misión de Jesucristo. Desafortunadamente, los Evangelios proporcionan muy poca información sobre la infancia de Jesús, hasta la edad de doce años cuando fue a Jerusalén a celebrar la Pascua. Juan el Bautista aparece aproximadamente en el año 28 d.C., y por lo tanto, no hay información disponible sobre Jesús hasta el año en que fue bautizado, antes del inicio de su ministerio. No es necesario abordar las fuentes hebreas de información por razones obvias. Desde el punto de vista histórico, los Evangelios Apócrifos son importantes porque fueron escritos por judíos cristianos a mediados del primer siglo d.C. los Manuscritos del Mar Muerto también son importantes y merecen atención.

Historicidad de los Evangelios

¿Puso Jesucristo sus enseñanzas por escrito? ¿Están sus doctrinas libres de errores? Quienes se interesan en un estudio crítico de los Evangelios se hacen este tipo de preguntas. Es un hecho histórico que veinticinco años después de que Jesucristo se marchara, los devotos empezaron a reunir registros fragmentarios de sus palabras y acciones.[2] En ocasiones Pablo cita las palabras del Maestro y sus Epístolas corresponden a ese periodo. Por tanto, su obra es auténtica y fidedigna. Después, Pedro escribió sobre algunos sucesos de la vida de Jesucristo. Mateo fue quien redactó la vida y las enseñanzas de Jesucristo en el dialecto hebreo.[3] Pero esta versión no se encuentra disponible y sólo tenemos la versión del primer Evangelio en griego. Por consiguiente, podemos suponer sin riesgo de cometer errores, que el Evangelio según Mateo se escribió antes del año 85 a.C. El Evangelio de Marcos es auténtico y fidedigno, pues él lo compiló después de recibir información de primera mano de Pedro, que fue testigo ocular de los hechos. En esa forma, Marcos preservó para la posteridad algunos de los sucesos más precisos de la vida de Jesucristo. Su Evangelio se escribió antes de la destrucción de Jerusalén en el año 70 d.C. Lucas declara con toda claridad que su compilación se basa en escritos fidedignos más antiguos sobre las palabras y obras de Jesús. Dice:

> *Puesto que muchos han intentado*
> *narrar ordenadamente las cosas*
> *que se han verificado entre nosotros,*[4]
> *tal como nos las han transmitido*
> *los que desde el principio fueron testigos oculares*
> *y servidores de la Palabra,*
> *he decidido yo también,*

después de haber investigado diligentemente
todo desde los orígenes,
escribírtelo por su orden, ilustre Teófilo,
para que conozcas la solidez
de las enseñanzas que has recibido.[5]

Tomando esto en cuenta, quedan claras dos cosas: que muchos autores habían emprendido la tarea de reconstruir la vida de Jesucristo y que tomaban información de los relatos de autores anteriores. Desafortunadamente, la Iglesia declaró que las obras de estos autores anteriores no eran auténticas y ordenó que se destruyeran. La autoría del Evangelio según Juan es tema de discusiones. No obstante, este evangelio nos proporciona información fidedigna sobre los primeros discípulos del Señor, sobre Nicodemo, sobre las mujeres de Samaria, sobre la curación de Pablo, sobre los detalles de la crucifixión, sobre la segunda venida de Jesucristo y sus reuniones con sus discípulos, y sobre el último sermón que les dio antes de partir. Los detalles que proporciona este Evangelio son sumamente importantes, pues Jesús les dijo que lo siguieran, probablemente en un largo viaje.

Con esto indicaba la clase de muerte
con que iba a glorificar a Dios.
Dicho esto, añadió:
"Sígueme."[6]

Los Evangelios apócrifos

Los eruditos siguen buscando al Jesús histórico. Como resultado de esta búsqueda han descubierto de muchos escritos. Sin embargo, no todos estos escritos están disponibles, pues fueron destruidos por orden de la Iglesia. La tradición menciona 26 Evangelios Apócrifos, 7 Hechos y 10 Epístolas, que se utilizaron en los primeros días de la cristiandad. Estos escritos, que la Iglesia rechazó, conservan en gran medida su originalidad, pero no todos están a nuestro alcance. Algunas de las obras originales sólo existen en nombre, y de algunas sólo quedan fragmentos.

Podríamos señalar que la mayoría de estos Evangelios hablan de Jesús como hombre y no como una persona mítica. Por ejemplo, el Evangelio de Santiago describe el matrimonio de María y José. En el Evangelio de los Ebionitas, se cree que Jesús nació siguiendo el proceso normal, como hijo de José y María.

El Evangelio de Felipe nos informa que el Señor emigró hacia el Oriente con su madre y su consorte, María Magdalena. Es un hecho histórico que la Iglesia, en los diversos concilios que se han celebrado a través de los siglos, ha rechazado algunos Evangelios y ha aceptado otros. En el proceso de compilar estas listas, cambió constantemente los nombres y el resultado es que ahora sólo tenemos cuatro Evangelios que se consideran oficiales, y se declaró que todos los demás eran herejes. El resultado neto de esta exclusión ha sido que se nos ha privado de gran cantidad de materiales auténticos y útiles, que podrían haber llenado el vacío de información en lo que concierne a la vida terrena de Jesús.

Los cinco Evangelios de Tation

En el segundo siglo de la era cristiana, Tation, el famoso erudito sirio de Edisa, compiló un volumen que contiene cinco Evangelios. Después de una investigación exhaustiva de materiales originales en griego y en hebreo, él compiló su Biblia, y estuvo en uso durante varios cientos de años entre los fieles de la Iglesia de Siria. Cuando la Iglesia Romana ascendió al poder, ordenó que se destruyera la Biblia que Tation había compilado. Por consiguiente, todos los ejemplares de esta Biblia se recolectaron y se quemaron. Al parecer, Tation mencionaba que después de la resurrección Jesucristo de hecho se reunió en varias ocasiones con sus discípulos y en especial con María, su madre, y que era un ser viviente, no un espíritu. A la Iglesia romana no le agradaban esas ideas, así que ordenó la destrucción de los Cinco Evangelios de Tation.

Hasta la fecha se han descubierto cincuenta obras apócrifas. No han recibido una aprobación oficial porque no representan un apoyo a las doctrinas que la Iglesia ha revisado y formulado. Los Evangelios Apócrifos más importantes son:

1. El Evangelio de los Hebreos.
2. El Evangelio de los Egipcios.
3. El Evangelio de Nicodemo.
4. El Evangelio de Tomás
5. El Evangelio de Santiago.
6. El Evangelio de Bernabé
7. El Evangelio de Pedro.
8. El Evangelio de los Ebionitas
9. El Evangelio de Felipe.
10. El Evangelio de María Magdalena.

El Evangelio de los Hebreos se escribió originalmente en arameo y luego se tradujo al griego y al latín. Da una importancia especial a Santiago, el hermano de Jesucristo. El Evangelio de Nicodemo relata el descenso de Jesucristo al inframundo. El Evangelio de Santiago proporciona información sobre la infancia del Señor. Al considerar estos Evangelios, debe hacerse una mención especial del Evangelio de Tomás y del Evangelio de Felipe, que se les conoce como Evangelios Cópticos, pues están escritos en lengua cóptica y fueron descubiertos en Al-Hammadi, en Egipto.

En la Hofbibliothek de Viena se encuentra un manuscrito italiano del Evangelio de Bernabé. El papel en que está escrito es italiano y sus páginas se decoraron en periodos posteriores escribiendo enunciados en árabe en los márgenes. Se cree que un sacerdote italiano llamado Fra Marino consiguió este manuscrito en la biblioteca privada del Papa. Un levita llamado José, a quien los apóstoles llamaron Bernabé, que significa hijo de la consolación, compiló este Evangelio.[7] Siendo misionero en Antioquía, acompañó a Pablo varias veces, pero se separó de él debido a diferencias entre ellos. Los judíos lo lapidaron a muerte en Salamina, Chipre.

En su Evangelio, José menciona que él fue Apóstol de Jesucristo y que el Señor le ordenó que pusiera por escrito la vida y obra de Jesús. El Evangelio de Bernabé se prohibió en el año 382 mediante un Decreto de las Iglesias de Occidente. Sin embargo, los manuscritos estaban en la biblioteca privada del Papa Dámaso (383 d.C.), en el santuario de Bernabé y en la biblioteca del Papa V (1585-90). Lonsdale Ragg y Laura Rubert publicaron su traducción al inglés en Oxford en 1908. Poco después, su traducción al árabe se publicó en Egipto.

Testamentos de los doce patriarcas

Esta es una de las escrituras que los primeros cristianos consideraron auténticas. Al parecer, Pablo utilizó estos Testamentos, e incluso copió parte de ellos cuando escribió sus cartas. Mateo también está en deuda con los Testamentos de los Doce Patriarcas pues los utilizó cundo escribió su Evangelio. Más tarde los Testamentos quedaron fuera de la Biblia.[8]

Los manuscritos del Mar Muerto

En 1947 se descubrieron varios manuscritos en una cueva de Wadi Qumran, en el Mar Muerto. En 1949, se encontraron en la Cueva de Qumran algunos fragmentos del Antiguo Testamento. Más tarde, en 1952, se descubrió un número considerable de fragmentos y monedas en las cuevas de Wadi Murabbaat. Estos manuscritos, que en general se conocen como los Manuscritos del Mar Muerto, son compilaciones que hicieron los Esenios. Los romanos destruyeron su monasterio, conocido como Khirbet, aproximadamente en el año 70 d.C. Entre los manuscritos se encuentran los documentos que se conocen como Manuscritos Lamech, que se escribieron en arameo y que contienen varios capítulos del Libro del Génesis.

Los Esenios creían que el Maestro de la Rectitud vendría y explicaría la sabiduría de los profetas de la antigüedad. Sería el Ungido que inauguraría un nuevo orden mundial. Por consiguiente, los Manuscritos del Mar Muerto son una clave mejor para comprender los antecedentes del Nuevo Testamento. Existen paralelos entre las doctrinas de los Esenios y las doctrinas de los primeros cristianos. En los Manuscritos del Mar Muerto hay muchas oraciones que aparecen en los Evangelios y se atribuyen a Jesucristo. De hecho, el Evangelio de Juan y los Manuscritos del Mar Muerto tienen un estilo y un punto de vista similares. Por lo tanto, para entender mejor el Nuevo Testamento, es esencial estudiar los Manuscritos del Mar Muerto.

Los Manuscritos del Mar Muerto se escribieron antes de la venida de Jesucristo. El Primer Libro de Enoch se escribió del año 170 al año 164 a.C. y el Testamento de los Doce Patriarcas se compiló entre los años 109 y 107 a.C.

Obras históricas antiguas

Entre las obras históricas antiguas, se mencionan:

a) *Quod Omnis Probus Liber,* escrito por Filón de Alejandría en el año 20 d.C. Proporciona información detallada sobre los Esenios que vivían en Palestina y en Siria.
b) *Historica Naturalis,* de Plinio el Viejo, que se escribió en el año 70 d.C., dice que los Esenios vivían cerca de Jerusalén.
c) *Las guerras de los judíos,* escrito por Josefo en el año 94 d.C., proporciona información sobre los judíos y sus sectas. También habla de los Esenios, sus principios y sus creencias.
d) *Antigüedades de los judíos,* de Josefo, contiene información muy limitada sobre Jesucristo, que parece una interpolación.

El acta Thomae

Leucius la escribió a inicios del segundo siglo d.C., y se basa en las cartas que escribió Tomás desde la India. Max Donnet la tradujo al alemán y se publicó en Leipzig en 1883. Aunque se conoce como el Evangelio de Tomás, La Iglesia Católica Romana la prohibió porque niega el nacimiento virginal de Jesús. También proporciona información sobre la reunión entre Jesucristo y Tomás en Taxila, en el Panyab. Tomás fue quien introdujo el cristianismo en el sur de la India, aproximadamente en el año 52 d.C. Construyó muchas iglesias pero murió como mártir en el año 72. Fue sepultado en Mylapore, donde se encuentra actualmente la

Catedral Basílica de San-Thome. Un Decreto de Gelasio denunció al Acta Thomae como herejía en el año 495. La información que contiene sobre el encuentro entre Jesucristo y Abdagases es muy interesante. El encuentro ocurrió poco después de que se solemnizara el matrimonio de Abdagases. Tomás, bajo cuya supervisión se construyó el palacio de Taxila, llevó a cabo la ceremonia matrimonial y después se marchó.

Cuando Abdagases llegó al encuentro de la novia, vio ahí a un hombre santo. Lo reconoció como Tomás y le preguntó por qué estaba ahí todavía a pesar de que se había marchado antes. Pero el hombre santo respondió:

> *No soy Tomás; soy su hermano.*

Esto ocurrió aproximadamente en el año 49, y el hombre santo era Jesucristo.[9]

El Evangelio de Tomás se tradujo del griego al ruso en el siglo XIII. El Acta Thomae nos informa que los Apóstoles dividieron el mundo para la predicación. Cuando se tomó esa decisión, India se le asignó a Tomás. Se dice que Jesús le dijo a Tomás:

> *No temas, Tomás; viaja a la India y proclama la palabra, pues mi gracia estará contigo.*

Los cristianos sirios de Malabar, India, afirman que Tomás fue su fundador. Debe señalarse que el Evangelio según Tomás, que data aproximadamente del tercer siglo d.C., fue descubierto en 1947 en Luxor, Egipto.[10]

Fuentes sánscritas

La siguiente tabla muestra el periodo de cada idioma antiguo:

1. Sumerio	4000 a.C.
2. Elemático	2000 a.C.
3. Coseo	1600 a.C.
4. Chino	1500 a.C.

5. Hitita 14000 a.C.
6. Sánscrito 12000 a.C.
7. Avesta 600 a.C.
8. Árabe 328 a.C.

Es obvio que el sánscrito es uno de los idiomas más antiguos del mundo.[11] Como el sánscrito se escribía y se leía en la India, tenemos que buscar documentos en este idioma que se relacionen con Jesús. Por fortuna, pudimos localizar en Cachemira algunos manuscritos poco usuales en sánscrito, escritos en el alfabeto *Sharda.*

El Bhavishya-Maha-Purana

En sánscrito, la palabra "Purana" significa historia antigua. Los hindúes consideraban que los Purana eran sagrados. De los 18 tomos, el noveno de la serie lleva el título de *Bhavishya Maha Purana*, que significa "profecías sobre el futuro". Entre otras cosas, dice que en la India, exceptuando el área que estaba bajo el control de los brahamanes, los devotos de Moisés se extendieron a lo largo del territorio. Es evidente que esto se refiere a los asentamientos judíos en regiones al norte de la India. El *Bhavishya Maha Purana* es una obra antigua escrita en sánscrito y se atribuye a Suta, quien se dice que la compiló en el año Laukika 3191, que corresponde al año 115 d.C. Aunque el manuscrito está en caracteres Sharda, el lenguaje que usa es el sánscrito. El Maharajá de Cachemira envió el manuscrito al Instituto de Investigaciones de Poona, para que se tradujera, y se publicó en Mumbai en 1910. También se tradujo a lengua hindi y se han publicado sus dos comentarios. El *Bhavishya Maha Purana* es una de las más importantes fuentes de información independientes y originales sobre la visita de Jesucristo a Cachemira. Podría señalarse que un santo hindú escribió este manuscrito mucho antes de la llegada del Islam. Es más, los hindúes no tienen vínculos religiosos con los judíos, los cristianos o los musulmanes. Por consiguiente, la información que proporciona el *Bhavishya Maha Purana,* aunque es muy breve, tiene importancia histórica. Relata el encuentro de Jesucristo con el Rajá de Sakas, o con las tribus escitas que habían conquistado el norte de la India y Cachemira durante el primer siglo d.C. Esta es la traducción de los versos relevantes:

> *¡O Rey!*
> *Te saludo desde una tierra lejana*
> *donde no hay verdad,*
> *y el mal no conoce límites.*
> *Llegué al país de Mleecha:*
> *y sufrí a manos de sus habitantes.*
> *Se me conoce como el Hijo de dios (Ishvara-Putram)*
> *nací de una virgen (Kanya-Garbam)*
> *enseño el amor, la verdad y la pureza de corazón,*
> *les pido a los seres humanos que sirvan al Señor.*
> *El Señor está en el centro del Sol,*
> *y los elementos;*
> *y Dios*
> *y el Sol existen por siempre.*
> *La alabanza a Dios siempre está en mi corazón,*
> *mi nombre se ha establecido como Isa-Masih.*[12]

El Rajatarangini

Esta es una importante obra en sánscrito, escrita por Kalahana aproximadamente en 1148. El *Rajatarangini* es la historia de Cachemira más antigua que se ha escrito, y se conoce desde la antigüedad. Aurel Stein la tradujo del sánscrito al inglés en 1900 y el Dr. Tokan Sumi la tradujo al japonés en 1970. Esta obra histórica describe en detalle la crucifixión de un santo conocido como *Samdhimatti,* que significa el Espíritu de Dios; era discípulo del Gurú Isana. Aunque al salvador se le da el nombre de Isana, al que crucificaron se le llama *Samdhimatti,* Príncipe de los Aryas. Sin embargo, esta tradición de la crucifixión de un santo, documentada en un registro antiguo, se reproduce aquí:

> *En esa época, se difundió de casa en casa, por la fuerza de los acontecimientos futuros un misterioso informe que decía: El Reino pertenecerá a Samdhimatti.*

Entonces el rey lo lanzó a prisión y ahí sujetó sus piernas con crueles grilletes. Entonces el Rey pensó que la única manera de frustrar el decreto era matarlo.

Si los hombres necios preparan un ardid para impedir un acontecimiento futuro, seguramente el destino abrirá nuevos caminos. Entonces, por orden del Rey, salvajes verdugos colocaron a Samdhimatti en la cruz.

La noticia llegó a Isana, el gran gurú, quien fue al lugar de la ejecución, donde su discípulo había sufrido sin que nadie se compadeciera de él. Lo encontró reducido a un esqueleto sobre la cruz.

> *Me entristece verte hoy,*
> *querido amigo, en esta condición.*

Entonces tomó el hueso que la cruz había perforado. Se llevó el esqueleto, pero sobre su frente escribió:

> *Tendrá una vida de pobreza, de encarcelamiento, morirá en la cruz y aún así tendrá un trono. El destino es la encarnación de todos los milagros; nada, excepto el destino le devolvería la vida.*

Entonces permaneció en ese lugar, en su anhelo de ver que la predicción se hiciera realidad, y observó el esqueleto. Percibió un perfume celestial de incienso en medio de la noche. Oculto detrás de un árbol, vio cómo el esqueleto recuperó sus miembros. Parecía una persona que acababa de despertar de un sueño profundo cubierta de ungüentos celestiales. Entonces Samdhimatti, vistiendo una túnica magnificente y una corona, recuperó la memoria de su pasado y se inclinó con reverencia ante su Gurú, Isaana.

Este relato revela que Samdhimatti, conocido también como el espíritu de Dios, fue clavado en una estaca, pero resucitó al igual que Jesús.

Natha Namavali

Jesús pertenecía a la secta de los Esenios, al igual que Juan el Bautista. Juan bautizó a Jesús en un río y la ceremonia que se utilizó fue muy similar a la que se lleva a cabo hoy en día entre los *yoguis* al hacer sus abluciones en los ríos sagrados de la India. En el Canto del yogui, que entonan los Natha yoguis, también se menciona Isha y Juan el Bautista.

> *Amigo mío, ¿a qué país viajó Ishai y a qué país viajó Juan? Amigo mío, ¿dónde está el más importante de todos los gurús y dónde descansa tu alma? Amigo mío, Ishai viajó hacia Arabia, Juan hacia Egipto. Amigo mío, Ishai es el más importante de todos los gurús. La mente del yogui sólo descansa en los yoguis.*

Los Natha yoguis de las Montañas Vindhyachal dan a sus escrituras el nombre de Natha Namavali. Entre las vidas de los grandes gurús de este culto, que se describen en este Sutra, hay un gurú llamado Ishai Natha. Llegó a la India a los catorce años de edad y después de dieciséis largos años como Tapsiya, logró entender la ciencia del estado de conciencia conocido como *Samadhi.* Entonces regresó a su país y empezó su ministerio. Sin embargo, los judíos que eran sus enemigos, conspiraron contra él y lo mandaron crucificar. En el momento de la crucifixión Ishai Natha entró al estado *Samadhi.* Al verlo así, los judíos pensaron que estaba muerto y lo sepultaron en una tumba. Pero en ese momento, uno de sus gurús, el gran Chetan Natha, estaba inmerso en una meditación profunda en los Himalayas. En su visión vio las torturas que estaba sufriendo Ishai. Así que hizo que su cuerpo fuera más ligero que el aire y voló a la tierra de Israel. El día de su llegada hubo truenos y relámpagos, pues los dioses estaban enojados y todo el mundo tembló. El Chetan Natha tomó el cuerpo de Ishai Natha de la tumba, lo despertó de su estado *Samadhi* y lo llevó a la Tierra de los Arios.

Esta información que aparece en el *Natha Namavali* establece la supervivencia de Jesús en la cruz y su viaje a Oriente. Es interesante que en este Sutra también se nos informe que Isahi Natha estableció su Ashram en las regiones bajas del Himalaya.

Fuentes tibetanas

Los discípulos y devotos llevaron el mensaje de Jesucristo a Partia, Sogdiana, Gandara y otras regiones de Asia Central durante el primer siglo. Los budistas de estas regiones conocían bien a Jesús, pues ellos lo consideraban el futuro Buda. Hipólito lo menciona en un texto muy antiguo del *Libro de la revelación,* de la tierra de los Seres en Partia. Hipólito incluso nos informa que el *Libro de Elxai* se originó en Partia. Según este autor, Elxai lo recibió de los Seres de Partia. En esa época, *Seres* se refería a una nación que producía seda y vivía arriba de la India; es decir que se refiera a los chinos o a los tibetanos. Como la ruta comercial de la seda pasaba por Partia, los Seres de Partia son los chinos o los tibetanos que viajaban al territorio de Partia. Por tanto, los lectores del *Libro de Elxai* suponían que era una especie de Evangelio Chino o Tibetano.[13]

Es un hecho histórico que Hipólito fue Obispo de Roma aproximadamente en el año 200 d.C. El hecho de que mencione de manera específica el *Libro de la revelación* muestra que en el siglo III, los cristianos de occidente conocían los textos orientales de contenido judío y cristiano. Elxai era la encarnación de Dios y su secta creía en encarnaciones sucesivas de seres celestiales. También sabemos que los budistas creen en la encarnación de Buda, o en los Bodhisattvas, y no puede ponerse en duda que existe un paralelismo entre ambas doctrinas. La historia señala que los ebionitas también tenían este tipo de creencias. Por lo tanto, no es sorprendente que nuestra búsqueda entre los fragmentos encontrados en monasterios budistas haya localizado textos que contienen algunos detalles sobre la vida desconocida de Jesucristo. Por consiguiente, es muy necesario encontrar documentos que tal vez estén sepultados bajo las enormes colecciones de manuscritos que hay en los *Gumpas* de Ladakh y del Tibet.

Uno de estos documentos lleva el título de *Grub-tha Tams-chand kyi Khuna dan Dod-thsul Ston-pe Legs Shad-gyi Melon,* que significa: La historia de la religión y las doctrinas; el espejo de cristal. En su forma original, es un antiguo manuscrito chino que Le-zan Cbhes-Kyi Nima tradujo a la lengua tibetana.[14] Contiene la siguiente información:

> *Yesu, el maestro y fundador de la religión, nació en forma milagrosa y se proclamó Salvador del mundo. Ordenó a sus discípulos que observaran las diez promesas, entre las que prohibió el asesinato y proclamó el logro del gozo y la felicidad eternos a través de las buenas obras. Predicó que las malas acciones sumergen a las personas en el infierno, donde hay tormentos y sufrimiento eternos. Un pecado que se comete estando uno consciente, no puede tolerarse y es imperdonable. Este es uno de los resultados que brotan de las doctrinas de nuestro Buda en relación con las virtudes. Su doctrina no se extendió ampliamente, pero sobrevivió en*

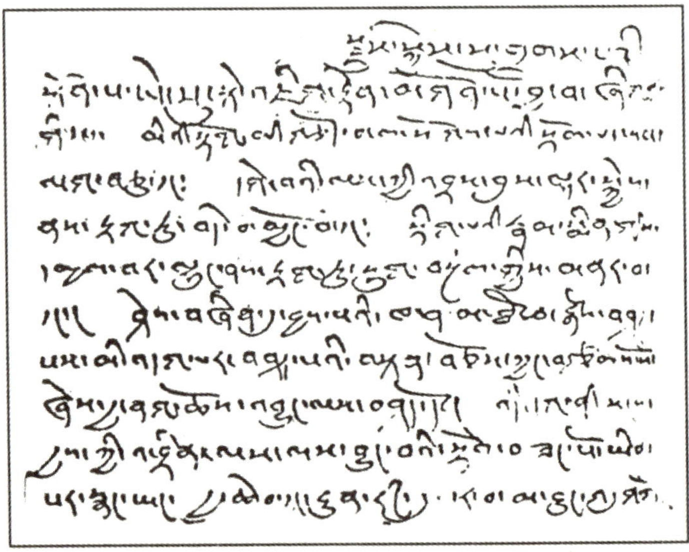

Manuscrito tibetano sobre Jesús.

> *Asia durante mucho tiempo. Esta información proviene de los textos chinos sobre religiones y doctrinas.*

Lo anterior revela claramente que los budistas sentían una gran reverencia hacia Jesús, a quien se le menciona como Yesu, la versión aramea de su nombre. También muestra que los chinos conocían el nacimiento milagroso de Jesús.

La vida desconocida de Jesucristo

Nicolás Notovitch, un viajero ruso, visitó Afganistán en 1887. Desde ese país viajó a Cachemira ese mismo año. Como había decidido regresar a Rusia pasando por Karakoram, viajó hacia Ladakh, pasando por Zojila y llegó a Leh el 1 de noviembre de 1887. Permaneció en el monasterio de Hemis durante varios días con los *Lamas* o monjes budistas.

Durante su estancia, descubrió los documentos tibetanos sobre los primeros años de la vida de Jesucristo en el monasterio de Hemis. Transcribió estos manuscritos con la ayuda de un intérprete, el Dr. Marx, de la Misión Moravia de Leh, quien cuidó de él durante su enfermedad y escribió en su diario una nota sobre los hallazgos de Notovitch.[15]

Nicolas Notovitch regresó a Rusia y mostró su manuscrito a las autoridades en Kiev, quienes le pidieron que no publicara lo que había ocurrido. Entonces fue a Roma y un Cardenal en el Vaticano le ofreció un soborno para que le entregara el manuscrito, pero él se negó a aceptarlo. Fue a París buscando la ayuda de una casa editorial para publicar su manuscrito, pero nadie estuvo dispuesto a ayudarle. Finalmente, en 1890, sus notas se publicaron en Nueva York, con el título *La vida de San Issa.* Esta misma obra, publicada en 1984 con el título *La vida desconocida de Jesucristo,* puede dividirse en tres partes. La primera parte trata sobre las condiciones que llevaron a su reencarnación. La segunda parte trata sobre sus viajes y sus estudios en India hasta los 29 años de edad. La tercera parte trata sobre su ministerio en Palestina. Después de su publicación, el libro provocó muchas controversias entre los eruditos cristianos. La presencia de Jesús en la India antes de su crucifixión había sacudido los cimientos del cristianismo. Algunos eruditos cristianos dudaron que existiera un autor llamado Notovitch, y otros dudaron incluso que existiera un monasterio llamado Hemis. Aseguraban que *La vida desconocida de Jesucristo,* era una falsificación y un fraude. En respuesta a estos alegatos, Nicolás Notovitch anunció su existencia y también dio los nombres de varias personas que lo habían conocido durante sus viajes. Pero la Iglesia Anglicana lo condenó y lo criticó. Al hacerlo, la iglesia contrató los servicios del famoso orientalista de Oxford, Max Muller, para que refutara los hallazgos de Notovitch.

En esa época, la India era parte del Imperio Británico, y los ingleses podían hacer cualquier cosa para retirar estos documentos de Ladakh. En su ataque contra Notovitch, la Misión de la Iglesia Cristiana en India contrató los servicios de Ahmad Shah, un nuevo cristiano, y del profesor Douglas del Colegio Agra del Gobierno, para refutar los textos tibetanos que Nicolás Noto-

Nicolás Notovitch, que tradujo los manuscritos del Monasterio budista Hemis.

vitch había encontrado. Ahmad Shah vivió en Ladakh de 1894 a 1897 y publicó un libro titulado, *Cuatro años en el Tibet.* Admite que su único propósito al visitar Ladakh era refutar el hallazgo del ruso Notovitch, un manuscrito que hasta entonces había sido desconocido y que presentaba una versión tibetana de la vida de Jesucristo de los 12 a los 30 años de edad. El profesor Douglas visitó Ladakh en 1895 para realizar las investigaciones necesarias. Más tarde escribió que la obra de Notovitch era una falsificación literaria.[16] Debido a la fuerza de su artículo, cayó sobre Notovitch una nueva ola de condenas e insultos. A partir de entonces, la práctica habitual de la Iglesia ha sido rastrear, comprar, confiscar y robar documentos antiguos que se refieran a la vida de Jesús en el Oriente.[17]

Manuscritos de Asia Central

Asia Central ha sido el hogar de varias civilizaciones exóticas. También ha sido la sede de vastos imperios. Hubo un periodo en el que muchas culturas, como la griega, la budista y la islámica, florecieron en esta región. En ella han nacido numerosos profetas, filósofos y hombres grandes. La vastedad y la riqueza de sus diversas culturas puede describirse con un enunciado: todos los grandes museos del mundo poseen tesoros de esta región, y sin esos tesoros, los museos se empobrecerían. Es un hecho histórico que los buscadores de tesoros provenientes de occidente han robado enormes cantidades de tesoros inapreciables de los templos, mezquitas, tumbas, cuevas y sitios de Asia Central. Entre los principales saqueadores, mencionamos a Aurel Stein de Inglaterra, Albert LeCoq de Alemania, Seven Hedin de Suecia, Paul Pelliot de Francia, Langdon Warner de Estados Unidos y Otani de Japón.

En 1907, Stein robó miles de manuscritos y documentos de las cuevas Tunhang. En estos manuscritos se utilizaron varios alfabetos semitas. Es seguro que algunos de los manuscritos escritos en arameo tenían que ver con Jesús. Stein le ocultó intencionalmente al mundo esta información para proteger al cristianismo y declaró: *"Estos manuscritos contienen enseñanzas de Mani, que son muy similares a las de Cristo".*[18] Aunque esta declaración sólo contenía una verdad parcial, sirvió como advertencia a la Iglesia, que empezó a asignar misiones especiales para buscar documentos relacionados con Jesús para destruirlos. Así, mucha información sobre Jesús se ha destruido o se ha ocultado.

Obras persas

Existen varias obras persas y árabes poco usuales que proporcionan información valiosa sobre Jesús. Estas obras vienen de Irán, Asia Central y Cachemira. En lo que se refiere a Cachemira, sus registros escritos, sean antiguos o modernos, establecen que este pueblo desciende de una de las tribus de Israel. Mulla Nadri fue el historiador más destacado de Cachemira, y comenzó su obra *Tarikh-i-Kashmir* durante el reinado del Sultán Sikander (1378-1416). El siguiente historiador fue Mulla Ahmad, que escribió su libro *Waqaya-i-Kashmir* en 1426. En estas dos obras se afirma de manera categórica que los habitantes de Cachemira son semitas. Otro libro de historia que menciona este hecho es *Hashmat-i-Kashmir,* escrito por Abdul Quadir en 1748. Afirma que los habitantes de Cachemira son hijos de Israel, y que llegaron desde *Tierra Santa.* Algunas de las obras persas más importantes y extrañas, que proporcionan información útil sobre Jesucristo, aparecen a continuación.

Rauza Tus-Safa

Esta es una obra en siete tomos que presenta biografías de profetas, reyes y califas. La escribió Mir Mohammad en el año 1417 d.C. (año hégiro 836). Describe la odisea de Jesucristo en su viaje de Jerusalén a Nisbis.

Tawarikh-i-Kashmir

Esta es la famosa obra de Mulla Nadri, el primer historiador musulmán de Cachemira. Describe los acontecimientos que llevaron al segundo ministerio de Cachemira, cuando Jesucristo llagó a esta ciudad y declaró ser el Hijo de Dios, nombrado como Mesías y como el Profeta enviado al valle. Mulla Nadri dice lo siguiente en su *Tawarikh-i-Kashmir*:

> *En ese entonces, Hazrat Yuzu-Asaph, que llegó de Tierra Santa a este Valle Sagrado, proclamó que era profeta. Dedicaba sus días y noches a la oración, y habiendo alcanzado una alta esfera de virtudes espirituales, se declaró profeta ante los habitantes de Cachemira.*
>
> *Leí en un libro de los hindúes que este profeta era en realidad Hazrat Issa, el Espíritu de Dios, que tomó el nombre*

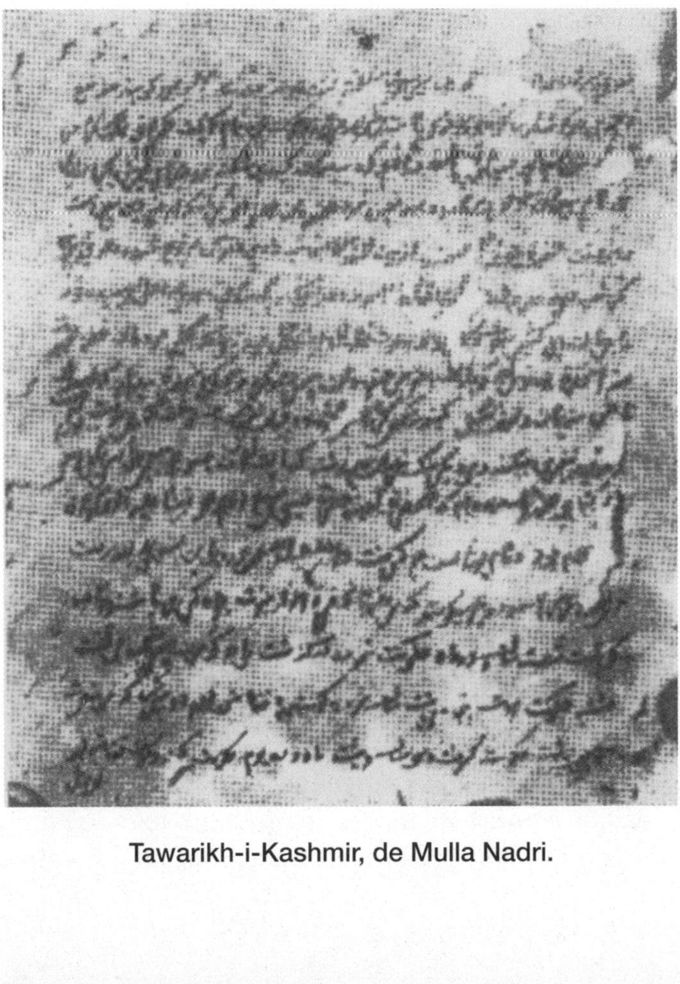

Tawarikh-i-Kashmir, de Mulla Nadri.

> *de Yuzu Asaph en Cachemira. Pasó la vida en el valle, y después de su muerte, se le llevó a descansar en Anzimar, Srinagar. También se dice que el aura de su vocación profética emana desde la tumba de este profeta.*

El ya fallecido Sahibzada Basharat Salim Sringar, Kashmir, que afirmaba ser descendiente de Hazrat Yuzu-Asaph, hizo estos comentarios sobre el libro *Tawarikh-i-Kashmir,* de Mulla Nadri:

> *El libro persa de Mulla Nadri, Tawarikh-i-Kashmir es un auténtico documento histórico que contiene detalles convincentes de gran magnitud sobre nuestra familia; es decir, la familia del Santo Yuza Asaf. De hecho, este valioso documento histórico pertenece a nuestra familia y mi padre que ya murió, el Reverendo Sahibzada Ghulam Mohiyuddin, lo tuvo como posesión privada.*

Kamal-ud-Din

Kamal-ud-Din, conocido también como *Kashful Harial* o como *Ikmal-ud-Din* en persa, fue escrito por el gran autor oriental Shaikh-us-Sadiq Abi-Jafar Muhammed, conocido como Al Shaikh Said-us-Sadiq, que murió en Khurassan en el año 962. En su famoso libro describe los viajes de Yuzu-Asaph. Los orientalistas de occidente consideran que esta importante fuente de información es muy valiosa. El primero que la imprimió fue Aga Mir Bakar en la Imprenta Sayyid-us-Sanad en Irán en 1782. Más tarde el profesor Muller de la Universidad de Heidelberg la tradujo al alemán. Al Shaikh Said-us-Sadiq viajó mucho a lo largo de su vida y reunió mucho material para esta y sus otras 300 obras.

En este libro se menciona el primer viaje de Jesús a Sholabeth, o Ceylán, y a otros lugares. También se menciona el segundo viaje del Señor que terminó en Cachemira. Sus frases y enseñanzas también se mencionan brevemente; son similares a las frases de Jesús que aparecen en los Evangelios. También se menciona que cuando estaba a punto de morir, Yuzu-Asaph mandó llamar a su discípulo Tomás y le expresó su última voluntad para que continuara su misión. Le dijo a Tomás que le preparara una tumba en el mismo lugar donde expirara. Entonces extendió las piernas hacia occidente, mantuvo la cabeza hacia el oriente, y expiró.

Entonces Yuzu-Asaph, después de viajar por muchas ciudades, llegó al país que se conoce como Cachemira. Lo recorrió a lo ancho y a lo largo y se quedó ahí hasta su muerte. Dejó su cuerpo terrenal y se elevó hacia la Luz. Pero antes de su muerte mandó llamar a uno de sus discípulos, de nombre Ba'bad, quien solía servirle y estaba bien versado en todos los temas. A él le comunicó su última voluntad diciendo: "Ha llegado el momento en que debo salir de este mundo. Cumple con tus obligaciones en forma adecuada". Luego le pidió a Ba'bad que le preparara un sepulcro en el lugar donde muriera. Entonces extendió las piernas hacia el occidente y la cabeza hacia el oriente y murió. Que Dios lo bendiga.

Ahwal-i-Ahrliyan-i-Paras

Agha Mustaffa escribió esta obra en persa; narra las parábolas de Yuzu-Asaph, como se registraron en la tradición persa. Menciona que Yuzu-Asaph llegó a Persia desde el occidente, que predicó allá y que tuvo muchos seguidores. Este libro se publicó en Terán en 1909.

Tarikh-i-Azami

Khawaja Muhammad Azam de Deemedari es uno de los historiadores famosos de Cachemira. Concluyó su historia de Cachemira en 1827, y se le conoce como Tarikh-i-Azami. La obra se imprimió por primera vez en Lahore, en 1814 d.C. En ella escribe:

Además del sepulcro (de Syed Nasir-ud-Din in Khaniyar) hay una tumba. La gente de la localidad sabe a ciencia cierta que aquí yace un profeta que llegó a Cachemira en la antigüedad. Este sitio se conoce como el lugar del Profeta. En un libro de historia leí que llegó aquí desde un lugar muy lejano después de sufrir grandes tribulaciones.

Se dice que un príncipe, después de numerosas penitencias y perseverancia, y debido a su devoción y sus plegarias, llegó a ser el Mensajero de Dios para la gente de Cachemira. Al llegar a Cachemira, invitó al pueblo a aceptar su religión y cuando murió se le llevó a reposar a Anzmarah. En ese libro, se dice que el nombre del Profeta era Yuzu Asaph. Anzmarah está en Khanyar. Muchos fieles piadosos, y en especial el guía espiritual del autor, Mulla Inayatullah Shaul, dicen que cuando visitaron la tumba, fueron testigos de gracias divinas y bendiciones proféticas.

Ain-ul-Hayat

Ibn-i-Muhammad Hadi Muhammad Ismail, el autor de *Ain-ul-Hayat,* dedica un capítulo a Yuzu Asaph. El nombre del capítulo es: *Descripción de los sucesos relacionados con Yuzu Asaph.* En él menciona los diversos viajes de Yuzu Asaph e incluye detalles sobre sus enseñanzas.

Viajó a muchas ciudades y predicó a sus habitantes. Al final, llegó a la ciudad de Cachemira. Invitó a sus habitantes a actuar con rectitud y vivió ahí hasta que llegó el momento de su muerte. Su Sagrado Espíritu dejó su cuerpo terrenal y él fue a descansar con Dios. Pero antes de su muerte mandó llamar a su compañero Ba'bad, hizo un testamento y le pidió que construyera un sepulcro para él. Se recostó con la cabeza hacia el Oriente, extendió sus piernas hacia el Occidente y partió hacia el lugar de la Eternidad.

Wajeez-ut-Tawarikh

Khwaja Nabba Shah, conocido como Ghulam Nabi Khanyari, escribió la historia de Cachemira en 1896: el título de su obra es *Wajeez-ut-Tawarikh.* Al referirse a la tumba de Sayyid Nasir-uddin, también describe el Sepulcro de Yuzu-Asaph con estas palabras:

> *La tumba de Syed Nasir-uddin está en Mohalla Khanyar, que también se conoce como Razabal. Ahí también se encuentra la tumba de Yuzu-Asaph, el Profeta. Él era un príncipe que llegó a este lugar. Gracias a sus oraciones y debido a su piedad, llegó como mensajero para el pueblo de Cachemira y predicó para sus habitantes. Se dice que esto ocurrió cuando gobernaba el Rajá Gopadatta. Había un orificio en el muro occidental de la Tumba y de él brotaba el aroma de almizcle. Una mujer llegó a presentar sus respetos acompañada de su hijo. ¡El niño se orinó en el orificio y la mujer se volvió loca!*

Tawarikh-i-Kashmir

Pir Ghulam Hassan Khuihami (1833-1898) fue un célebre historiador de Cachemira, que compiló su monumental historia de Cachemira en cuatro tomos. El primer tomo se concentra en la geografía y el segundo aborda la historia política de Cachemira desde la antigüedad hasta 1896. El tercer y cuarto tomos contienen la vida y obra de los santos, eruditos y poetas desde el Medioevo hasta la época moderna. El Tomo III lleva el título de Tarikh-i-Aulia-i-Kashir. En él menciona la tumba de Yuzu Asaph diciendo:

> *Se dice que en ella yace un Profeta que surgió en la antigüedad para el pueblo de Cachemira.*

Después, Pirzada Ghulam Hassan cita a Khwaja Muhammed Azam y dice:

> *Este hombre era un príncipe y después de muchas plegarias alcanzó la categoría de profeta (Darja-i-Paighambari). Su sepulcro está en Khanyar y se conoce como la Tumba de un Profeta (Qabr-i-Paighambar).*

Hasmat-i-Kashmir

En 1748, Abdul Qadir escribió un libro en lengua persa sobre la historia de Cachemira, con el título de *Hashmat-i-Kashmir.* En él menciona la tumba de un profeta que pertenecía al *Pueblo del libro.* Dice que esta tumba se encuentra en Khanyar, en Sringar, Cachemira. Los musulmanes utilizan la frase *Pueblo del libro* para referirse a los seguidores del judaísmo y el cristianismo. Este autor escribe:

> *Los habitantes de la región afirman que esa es la Tumba del Paighambar-i-Ahl-i-Kitab (Profeta del Pueblo del Libro).*

El término Ahl-i-Kitab significa el pueblo que fue bendecido con las escrituras de la revelación, como la *Santa Torah,* la Santa Biblia y el Santo Quran.

Waqiat-i-Kashmir

Bad uddin Qasim (1741-1781) escribió un libro en lengua persa, titulado *Waqiat-i-Kashmir, Janat Nazir.* Al referirse a la tumba de Yuzu Asaph, dice:

> *Según afirman los que saben de esto, uno de los discípulos de Jesús está sepultado ahí. De esta tumba emanan gracia y bendiciones Divinas.*

Vale la pena mencionar que este autor relaciona la tumba con uno de los discípulos de Jesucristo, sin mencionar su nombre. Sin embargo, el hecho de que mencione que la tumba data del periodo de Jesús, es significativo.

Viajes en Asia Central

El Capitán Henderson tradujo el libro, *Viajes en Asia Central,* que Meer Izzut-oollah escribió de 1812 a 1813. El Capitán Henderson trabajaba en la Oficina de Relaciones exteriores del Gobierno de la India. El libro se imprimió en la imprenta del Departamento de Relaciones Exteriores en Calcuta, India, en 1872. Meer Izzutoola inició su viaje a Asia Central el 20 de abril de 1812, y puso por escrito todo lo que vio y escuchó.

Su obra contiene el relato de su viaje a Bokhara e incluye descripciones de lo que ocurría cada día del trayecto: de Attock a Cachemira, de Cachemira a Ladakh, de Ladakh a Yarkand, de Yarkand a Kashghar y de ahí a China. Viajó de Kashghar a Samarkand, de Samarkand a Bokhara, de Bokhara a Balkh, y de ahí a Kabul. Este libro representa un relato interesante que hace reflexionar al lector sobre las similitudes entre los budistas y los cristianos. Entre otras cosas, nos habla de la escultura que representa a Jesucristo, a la Trinidad y a la Biblia, que fue revelada a los tibetanos en un idioma que en la actualidad ha llegado a ser ininteligible. Hipólito había mencionado que *El libro de la revelación* y *El libro de Elxai* se habían originado en la tierra de los Seres de Partia. La palabra "Seres" se refiere a la región productora de seda en China y en el Tibet. Supuestamente, estos dos libros son una especie de Evangelio para los chinos y los tibetanos.

La crucifixión descrita por testigos oculares

La editorial Indo-American Book Company publicó este libro en Chicago en 1907, como una segunda edición y como parte de la Supplemental Harmonic Series. En la introducción se afirma que el contenido del libro se publicó por primera vez en 1873, pero que se retiró de circulación y se destruyeron todos los ejemplares, junto con las planchas para su impresión. No obstante, un ejemplar llegó a manos de un masón prominente del Estado de Massachusetts, quien lo conservó hasta 1907. El libro es una traducción de un manuscrito en latín que pertenece a la Fraternidad Masónica de Alemania. El libro se volvió a publicar en 1907. Contiene la traducción de una carta escrita por un miembro de la Orden de los Esenios a un compañero que estaba en Alejandría, sólo siete años después de la crucifixión, la cual describe el método que se usó para salvar a Jesucristo de morir en la Cruz.

El evangelio acuariano de Jesucristo

Levi H. Dowling compiló *El evangelio acuariano de Jesucristo* antes de 1907, después de muchos años de estudio y meditación silenciosa. El Evangelio narra la historia de Jesucristo y contiene un registro completo del periodo que él pasó en el Tibet, en India, en Persia, en Egipto y en Grecia. Levi estudió las religiones del mundo y es posible que haya consultado los siguientes libros para obtener información para su obra:

1. *La crucifixión descrita por testigos oculares,* 1873.
2. *La vida de San Issa,* 1890.
3. *La vida desconocida de Jesucristo,* 1894.

Masih Hindustan Mein

Masih Hindustan Mein se presenta en lengua urdu; es un trabajo de investigación llevado a cabo por Mirza Ghulam Ahmad, fundador del Movimiento Ahmadía del Islam. Este tratado se tradujo del urdu al inglés con el título, *Jesús en la India.* La obra original se publicó en 1908. La tesis principal que se presenta en este trabajo de investigación es el hecho de que Jesucristo escapó a la muerte de cruz y después viajó a la India buscando a las tribus perdidas de Israel. La porción más importante del tratado se relaciona con las similitudes entre el budismo y el cristianismo. El autor opina que Jesucristo viajó a la India después de la crucifixión y que los seguidores de su religión introdujeron sus enseñanzas en las escrituras budistas. Este importante trabajo de investigación aborda el hecho de que Jesucristo escapó de la muerte, describe su recuperación y cómo sanó de las heridas de la crucifixión, habla de su viaje a oriente en busca de las tribus perdidas, y menciona su muerte en Cachemira. Como fundador de una nueva secta del Islam, Mirza Ghulam Ahmad escribe con celo religioso, mezclándolo con sus creencias, aspiraciones y enseñanzas. Por esa razón los argumentos que provocó esta obra han tenido un efecto tremendo en el pensamiento musulmán y han causado inquietud en el pensamiento cristiano.

Las puertas de la India

La casa editorial Macmillan and Co. de Londres, publicó *Las puertas de la India,* escrito por el Coronel Sir Thomas Holdich, en 1910. Holdich investigó las rutas que utilizaban los exploradores hacia el interior de la India. Afirma que en tiempos remotos diversas tribus o grupos de personas emigraban del Oriente Medio o se les deportaba. Viajaban a Persia y luego se dirigían a la zona noreste de la India. También declara que, durante varios siglos, hubo una ruta de fácil acceso desde Mesopotamia a Afganistán. Escribe:

> *Entonces ocurrió que los habitantes de los pueblos de Asia Occidental: egipcios, israelitas, judíos, fenicios, asirios, babilonios, e incluso griegos, se transportaron a grandes distancias por tierra y hubo un movimiento de la raza humana en esa región del mundo que ha complicado infinitamente la ciencia de la etnología. No existe una tribu importante en el interior de la India que no haya llegado de algún lugar. Llegaron de Persia y de Media, de Aria y Escitia, de Grecia y Arabia, de Siria y Mesopotamia. Su llegada por lo general puede rastrearse históricamente y se ha comprobado que sus tradiciones en cuanto a su origen son auténticas. Pero hay un pueblo importante que adoptó el nombre de Ben-i-Israel. Ellos afirman que descienden de Kish, quien adoptó una extraña mezcla de Ley Mosaica y reglamentos hinduistas. Tienen una festividad que extrañamente concuerda con la Pascua, odian a los judíos por tradición y nadie ha podido sugerir que tengan otro origen, excepto el que ellos afirman tener con una fuerza determinada. Este pueblo es el que rige en Afganistán.*

Qabr-i-Masih

A partir de los estudios etnológicos sobre los habitantes de Cachemira, Mufti Mahammad Sadiq escribió un libro en lengua urdu titulado *Qabr-i-Masih,* que se publicó en 1936. Este autor es un erudito de renombre y proporciona evidencias para probar la tesis de que los habitantes de Cachemira son de raza semita. Trata este tema en forma extensa para mostrar paralelismos entre las palabras de la lengua hebrea y de la lengua de Cachemira. Al proporcionar evidencias concluyentes, muestra que los habitantes de Cachemira han adoptado los mismos rituales, costumbres y hábitos que son característicos de los judíos. Su obra contiene un capítulo sobre la tumba de Yuzu Aspah y presenta evidencias históricas que muestran que Yuzu Aspah es el nombre que los habitantes de Cachemira dieron a Jesucristo.

Como él era misionero de los Ahmadías, su obra mezcla sus creencias personales y su manera de pensar. Sin embargo, *Qabr-i-Masih* es una obra muy útil que es el fundamento de otra obra más profunda escrita por Khwaja Nazir Ahmad, quien escribió *Jesús en el cielo y en la tierra,* en 1952.

El complot de la Pascua

En este libro, Hugh J. Schonfield proporciona una interpretación novedosa de los acontecimientos de la vida de Jesucristo. En su opinión, Jesús fue un actor que deliberadamente se concentró en la tarea de dar cumplimiento a las profecías que contiene el Antiguo Testamento sobre la venida del Mesías y deliberadamente planeó ser crucificado. Los eruditos europeos tienen la tendencia de entretejer este tipo de relatos fantásticos sobre la vida de Jesucristo.

Cristología del Nuevo Testamento

Los fundamentos de cristología del Nuevo Testamento, por R. H. Fuller, es un excelente estudio del Jesús histórico a la luz del mensaje y los testigos de la Iglesia después de la resurrección. Se esfuerza por establecer un vínculo entre las enseñanzas contenidas en los Evangelios y las escrituras antiguas del judaísmo helénico y otros cultos misteriosos.

El evangelio del Nazareno narrado de nuevo

Robert Graves y Joshua Pedro se unieron para llevar a cabo un estudio objetivo sobre las enseñanzas de Jesucristo, y su obra incluye algunos de los libros apocalípticos originales que se descartaron por orden del Obispo de Roma. Estos dos autores escribieron otro libro titulado *Jesús en Roma,* que aborda la vida de Jesucristo después de la crucifixión. Los jesuitas quemaron ambos libros.

Asrar-i-Kashir

El Dr. Aziz Ahmad escribió *Asrar-i-Kashir* en lengua urdu, y el libro se publicó en 1964. Es el primer estudio antropológico y etnológico sobre Cachemira. Representa un esfuerzo por realizar un estudio comparativo entre los rituales, las costumbres, el arte, la arquitectura, los ornamentos y los ritos de los israelitas y los de los habitantes de Cachemira. El autor aborda numerosos temas, y debido a eso no logra hacer justicia a cada uno de ellos. Además, cuando el autor no puede encontrar una autoridad o una referencia, recurre a la ayuda de la inspiración divina o de los sueños e intenta probar así sus puntos de vista. En este sentido, esta obra resulta defectuosa e incompleta. No obstante, es un libro valioso, pues nos anima a abordar disciplinas como la lingüística, la etnología y la cultura, que hasta la fecha no se han tomado en cuenta.

Una misión en Bokhara

Una misión en Bokhara se publicó originalmente en 1845. Joseph Wolf, un judío que se convirtió al cristianismo y llegó a ser clérigo anglicano, nos dice que encontró israelitas en Persia, Kurdistán, Khurasán, Kokand, Bokhara y Samarkand. Descubrió que los judíos de Bokhara y Khurasan no tenían conocimientos sobre ciertos hechos históricos relacionados con los judíos, por ejemplo, la historia de Jesús. Él sintió que esto era una prueba de que estos judíos eran descendientes de las diez tribus que nunca regresaron a Palestina después de la cautividad en Babilonia.

Jesus Nichtam Kreuz Gestorben

En la Catedral de San Juan en Turín, Italia, se conserva una reliquia religiosa de importancia mundial que se dice es el sudario con el que sepultaron a Jesucristo. En esta pieza de lino, de 5 metros de largo y 1.09 metros de ancho, se puede ver la imagen negativa de un hombre que tiene heridas similares a las que sufrió Jesucristo. Este sudario es sin duda muy antiguo. Su historia se conoce a partir del año 544 cuando el Obispo Eulalio declaró que la imagen encontrada en Edessa en el año 540 no era obra de manos humanas. En 1898, cuando esta reliquia se volvió a mostrar al público en Italia, un fotógrafo de nombre Secondo Pio la fotografió en detalle. Después de revelar las placas de vidrio en su cuarto oscuro, descubrió que el rostro del hombre crucificado tenía un gran parecido con las imágenes de Jesús. La fotografía mostró el cuerpo con las marcas de las heridas, con la marca de la lanza en el costado derecho y con las manchas de sangre causadas por los clavos. A partir de entonces, científicos, médicos y eruditos han presentado sus hallazgos a favor o en contra de la creencia religiosa de los cristianos.

Jesus Nichtam Kreuz Gestorben, escrito por Kurt Berna, en alemán, y publicado por Verlag Hans Naber, en Stuttgart, Alemania, se dio a conocer en 1952. Es un estudio científico del Sudario de Turín, las marcas de quemaduras, la impresión del cuerpo y las marcas de sangre que hay en él. A partir de este estudio, Kurt Berna llegó a las siguientes conclusiones:

a) La Sábana Santa es el sudario en que fue sepultado Jesucristo.
b) Después de bajarlo de la cruz lo colocaron en esta sábana de lino.
c) No estaba muerto en ese momento, las marcas de sangre que hay en el lino muestran que había flujo sanguíneo.

Jesús en un cielo en la tierra

Este es un trabajo de investigación estándar realizado por Khwaja Nazir Ahmad que se publicó por primera vez en la Misión y Fideicomiso Literario de Woking, en la Mezquita de Woking, Inglaterra en 1952. A partir de entonces han aparecido numerosas ediciones. El libro está bien documentado y contiene una bibliografía exhaustiva. El autor pertenece a la comunidad Ahmadía y mezcla sus creencias con los hechos históricos con la intención de destruir la doctrina cristiana. Dice:

> *La interrogante que estoy a punto de abordar podría tener como resultado la aniquilación del aspecto más grandioso y valioso de lo que los cristianos han querido creer sobre Jesús, su salvador.*

A pesar de esta importante falla, el libro contiene material valioso sobre la vida oculta de Jesucristo. La información que contiene sobre las diez tribus perdidas y sus vínculos raciales con los habitantes de Afganistán y Cachemira es una contribución valiosa a la investigación histórica.

El desmoronamiento de la cruz

El autor de esta obra es Mumtaz Ahmad Faruqui, y fue publicada por la casa editorial Ahmadiyya Ahjuman Ishaat-i-Islam, de Lahore, Paquistán. Este libro es básicamente un resumen de *Jesus Nichtam Kreuz Gestorben* ("Jesús no murió en la cruz"), pero contiene una síntesis de los estudios científicos que se han realizado en relación con el Santo Sudario de Turín. El autor incluye en el apéndice extractos traducidos de la obra de Kurt Berna. Como el título del libro indica, el autor, que es miembro de la comunidad Ahmadía, intenta acabar con la fe cristiana.

Jesús murió en Cachemira

Esta obra, escrita por Andreas Faber Kaiser, apareció primero en español con el título *Jesús vivió y murió en Cachemira.* La casa editorial ATE, de Barcelona, España, lo publicó en 1976. La casa editorial Gordon and Cremonesi, de Londres, publicó la versión en inglés en 1977. El autor quiso compilar un breve expediente con todo lo que se conoce sobre la segunda vida de Jesucristo y sobre su muerte en Cachemira. El propósito primordial del libro es informar al mundo occidental sobre asuntos que son de vital importancia para la fe cristiana. Al final dice:

> *No se cuenta con una prueba definitiva, y por esta razón creo que la tumba en cuestión debería abrirse para realizar una investigación científica. Además propongo que, con el fin de llegar a la verdad de manera científica y objetiva, se convoque un congreso mundial de eruditos bíblicos, lingüistas, orientalistas y especialistas en Islam y en historia antigua. Sólo así será posible llegar a una conclusión firme y libre de prejuicios.*

El autor presenta todo el material útil de la investigación que el Profesor Hassnain ha llevado a cabo sobre el tema, e incluye un reconocimiento para él en su libro.

> *El Profesor Hassnain es una autoridad en los campos de arqueología y antropología en Cachemira. Ha realizado extensas investigaciones sobre la historia antigua de estas tierras y sus habitantes, con mucho cuidado y sinceridad. Él es la única autoridad viviente, después de Khwaja Nazir Ahmad, que ha llevado a cabo extensas investigaciones en relación con la Tumba de Jesús en Cachemira. Él me proporcionó todo el valioso material original y me ayudó a producir este libro.*

La Sábana Santa de Turín

En este libro sobre la Sábana Santa, Ian Wilson reúne todos los hechos históricos y científicos sobre el sudario de Jesucristo, que se preserva en la Catedral de San Juan en Turín, Italia. Este valioso libro menciona la presencia de sangre humana y de granos de polen en las fibras de la tela, lo que muestra que pudo haber cubierto el cuerpo de Jesucristo. Le llevó doce años investigar la verdad sobre esta reliquia. Reconstruye la historia del Santo Sudario a lo largo de los últimos dos mil años.

Die Messias Legitimation Jesu

Esta obra de Helmut Goeckel aborda varios temas relacionados con la Cristología. El autor rastrea el concepto de un Mesías en el Antiguo y en el Nuevo Testamento. Después de rastrear la historia de varias religiones, el autor describe en detalle el surgimiento y la caída del judaísmo. Su obra tiene un capítulo muy útil sobre los Esenios de Qumran. Después, el autor se concentra en la vida de Jesucristo, en su ministerio en Palestina y en su misión en el Oriente. El autor comenta las similitudes entre el cristianismo y el budismo y termina su libro con una cronología.

Los años perdidos de Jesús

Por primera vez, la autora Elizabeth Clare Prophet reúne el testimonio de cuatro testigos oculares que estudiaron los manuscritos tibetanos que proporcionan una descripción detallada del trayecto de Jesucristo desde Jerusalén hasta la India. Con el cuidado de una discípula decidida que se transforma en detective, ella narra la intrigante historia de la controversia internacional que surgió cuando Nicholas Notovitch descubrió los manuscritos tibetanos en 1887. La autora une las piezas sueltas de los primeros años de la vida de Jesús y revela que de los trece a los veintinueve años de edad, fue estudiante y maestro en la India. Según ella, lo que Jesús dijo más tarde en Palestina, lo había aprendido en la India entre los budistas.

El Rey de los judíos

Este libro, publicado en 1987 por el Dr. Johan Forsstrom, es en realidad una tesis que él presentó para que se le otorgara un título académico en la Universidad Ruhunu de Sri Lanka. Dedicó este libro al *Jeshua o Jesús, el hebreo budista que murió en Srinagar, Cachemira, en el año 110 d.C.* Según el autor, la crucifixión es un relato extravagante e increíble. Dice que fue otro al que crucificaron y que Cristo se casó y viajó a Francia. Él afirma que Jesús era otra persona que viajó a la India en dos ocasiones y fue sepultado en Cachemira. Los capítulos 4 y 5 de su libro tratan sobre las enseñanzas de los budistas y los esenios. El autor abiertamente ataca al cristianismo, y esta actitud supera la fuerza de sus pensamientos. El último capítulo proporciona información valiosa sobre temas como *el budismo y el pensamiento griego, el budismo y el Islam, y el budismo* y *el vegetarianismo.* También es importante la información que da sobre el ya fallecido Bashharat Saleem, quien afirmaba ser descendiente de Jesucristo. Esta obra contiene mucha información sobre los libros de los Esenios.

Salvar al salvador

Abubakr Ben Ishmael Salahuddin es el autor de *Salvar al salvador,* que él mismo publicó en 2001 en Illinois, Estados Unidos. Examina la teoría relacionada con el hecho de que Jesucristo sobrevivió físicamente después de la crucifixión y que su tumba se encuentra en Srinagar, Cachemira, en la India. Afirma ser un firme creyente Musulmán Ahmadi, y siente que debe desprenderse de sus creencias personales y ser justo e imparcial. El autor inicia su obra describiendo a Jesús a la luz de fuentes islámicas, como el *Quran* y el *Hadis.* Luego explica los vínculos entre Jesús y el budismo. Cita las obras de Nicolas Notovitch y de Khwaja Nazir Ahmad, *La vida desconocida de San Issa* y *Jesús en un cielo en la tierra.* El capítulo 9 menciona importantes fuentes orientales, documentos y manuscritos que le proporcionó el profesor Hassnain. En *Salvar al salvador,* el autor intenta explorar las creencias religiosas íntimas que tanto aprecian los seguidores de las religiones más importantes del mundo. A ese respecto, este libro definitivamente se opone a las creencias y los dogmas cristianos y favorece las causas y las actividades de los Ahmadías.

Jesús y Moisés

Gene D. Matlock es el autor del libro, *Jesús y Moisés están sepultados en India,* que fue publicado por Authors Choice Press en Nueva York en el año 2000. El libro es el resultado de una larga y meticulosa investigación que realizó el autor en la que estudió todo el material relacionado con investigaciones sobre historia bíblica.

En 1980, el autor recibió el *impacto de su vida* al descubrir que el bíblico río "Cophen" se encuentra en la India. Después decidió profundizar más y descubrir la tierra original de los hebreos en la India. Basó su teoría en las similitudes lingüísticas entre el hebreo y algunos idiomas de la India, y descubrió que la totalidad del territorio bíblico fue conquistado por habitantes de la India en épocas prehistóricas. Su teoría es que Abraham, llamado Brahama, el dios Creador del hinduismo, fue *"el fundador de los mundos"* y de las religiones más importantes, entre ellas el judaísmo, el cristianismo y el Islam. Las tribus perdidas de Israel nunca se perdieron, sino que regresaron a su lugar de origen. A este respecto, describe los clanes de Yadava, que aseguran ser descendientes de los hebreos. Había en Israel nombres que correspondían a muchos otros clanes y tradiciones de la India relacionadas con los Khapirus. Sin embargo, incluso las raíces de las Tribus Perdidas están sepultadas en lo profundo de la prehistoria de la India. Los Yadava de la India se conocieron como Yehudis en Palestina.

El autor cita varios libros para proporcionar abundantes evidencias arqueológicas y lingüísticas con el fin de descubrir las tradiciones y leyendas relacionadas con los grandes reyes judíos, Saúl, David y Salomón, en Afganistán, Paquistán y la India.

Cristo: El Libro de las dudas y el Libro de la verdad

Markus von Friedland, un erudito de renombre en Suiza, es el autor de las siguientes obras:

1. *Cristo – Qué sucedió después del Gólgota.*
2. *Cristo – El libro de las dudas.*

3. *Cristo - El libro de la verdad.*
4. *Cristo - Una trilogía de relatos.*

Estos libros tratan sobre la vida de Cristo antes y después de la crucifixión; tratan sobre la vida de Tomás en el sur de la India y con las tres vidas de Lars Andronikus Porsenna, un príncipe etrusco que acompañó a Jesucristo en sus viajes.

Los años ocultos de Jesús

El Dr. Hans Juergen Trebst publicó en 2005 el resultado de su investigación sobre la obra de Nicolás Notovitch, *La vida desconocida de San Issa.* La obra se publicó en alemán y en inglés con el título, *Los años ocultos de Jesús.* Es una investigación genuina, hasta el último detalle. El autor es equilibrado e imparcial hasta la última palabra.

Génesis 2

En el principio existía la Palabra y la Palabra estaba con Dios, y la Palabra era Dios.

—San Juan

EN EL PRINCIPIO Dios hizo el cielo y la tierra. Como la tierra no podía verse, creó la luz y la separó de las tinieblas. También ordenó que hubiera un firmamento en medio de las aguas, para que hubiera una separación entre las aguas. Por lo tanto, el agua se reunió en un receptáculo y apareció la tierra seca. Así iniciaron la existencia la tierra y el mar. Después de crear la vida animal, Dios creó al hombre a su imagen.[1]

Esta es la historia de la creación que nos dieron los semitas de la antigüedad. Toda la obra de la creación se completó en seis días y el séptimo día se santificó como el día de descanso o el Sabbath. Cuando los hombres empezaron a multiplicarse y tuvieron hijas, los hijos de Dios llegaron a esta tierra. Al ver a las hijas de los hombres, se enamoraron de ellas y las tomaron como esposas. Estas mujeres les engendraron hijos que eran seres humanos perfectos o seres superiores. Se puede interpretar que la historia de la unión de los hijos de Dios y las hijas de los hombres significa que Dios envió ángeles para que desarrollaran el código genético de la especie humana que vivía en la tierra. Para explicarlo en su totalidad, citemos el Antiguo Testamento.

> *Cuando los hombres comenzaron*
> *a multiplicarse sobre la tierra*
> *y les nacieron hijas,*
> *los hijos de Dios vieron que éstas eran hermosas,*
> *y tomaron como mujeres a todas las que quisieron.*[2]

Estos versículos dicen con toda claridad que los hijos de Dios vinieron a esta tierra y fecundaron a las vírgenes. Estos hijos de Dios no eran seres míticos sino seres superiores. Además, al tomar esposas no lo hicieron dentro de un sistema de monogamia, sino en cierta clase de poligamia. La frase "a todas las que quisieron" señala el hecho de que las hijas de los hombres se unieron con varios seres superiores, y como resultado llegó a existir la raza humana. Para llevar a cabo esta creación, fue necesario crear genes perfectos para la especie humana. Esta hipótesis se explica más ampliamente en esta cita del Antiguo Testamento:

> *Entonces el Señor dijo:*
> *"Mi espíritu no va a permanecer*
> *activo para siempre en el hombre,*
> *porque este no es más que carne;*
> *por eso no vivirá más de ciento veinte años".*
> *En aquellos días -y aún después-*
> *cuando los hijos de Dios*
> *se unieron con las hijas de los hombres*
> *y ellas tuvieron hijos,*
> *había en la tierra gigantes:*
> *estos fueron los héroes famosos de la antigüedad.*[3]

Esto revela que los gigantes habían mancillado a las mujeres de la tierra, y Dios quería establecer una vez más los genes de los seres humanos. Envió a sus hijos a fecundar a las hijas de la tierra, quienes engendraron una nueva especie de hijos que podían vivir casi ciento veinte años. También parece que Dios modificó la estructura de la edad de los nuevos seres humanos, que se dice fueron héroes famosos.

Algunos eruditos han intentado explicar este desarrollo genético como algo místico, diciendo que esos matrimonios entre los hijos de Dios y las hijas de los hombres deben considerarse mitológicos, y que su unión debe clasificarse como una unión espiritual. Esa explicación es absurda cuando se trata de un experimento científico como el perfeccionamiento de un gen. Ya se explicó que el único propósito de enviar hombres superiores a esta tierra fue desarrollar el código genético de los seres humanos, con ese propósito, la unión entre las parejas fue física y no espiritual; sobre todo tomando en cuenta lo que el propio Dios admite:

> *Mi espíritu no va a permanecer activo*
> *para siempre en el hombre,*
> *porque este no es más que carne.*[4]

Aquí, Dios se refiere al hombre como carne y se refiere a sí mismo como carne, y "la palabra" también abarca a Dios en el significado de carne. Por lo tanto es claro que los hijos de Dios no eran seres espirituales o de naturaleza efímera; eran seres físicos más poderosos que los gigantes, y tuvieron una unión física con las mujeres de este planeta.

Esta explicación parece estar de acuerdo con la opinión científica moderna. La única pregunta se relaciona con los hijos de Dios. ¿Quiénes eran? ¿Dios tuvo hijos en realidad? Tal vez la respuesta a esta pregunta se encuentre en la existencia de seres humanos y hombres superiores en otros planetas, los cuales descendieron a esta tierra y salieron de ella después de fecundar a las hijas de la tierra. ¿Dónde fueron después de producir seres que se describen como "héroes famosos"? ¡O bien murieron aquí al llegar a una edad de ciento veinte años o regresaron a sus planetas!

El globo

Se dice que la distribución actual de los continentes es el resultado del movimiento de las masas individuales de tierra. Ese movimiento ocurrió hace millones de años. En cierta época, Asia, África y América estaban unidas. Dios creó un firmamento en medio del agua, y el resultado fue la aparición de la tierra. Por consiguiente, el Antiguo Testamento se refiere a la creación de la tierra y al movimiento de las diversas masas terrestres que en la actualidad se conocen como continentes. Incluso en el presente, las cordilleras altas como el Himalaya y los Alpes son unilaterales y se extienden a lo largo de la tierra y los océanos. Estas cordilleras atraviesan la tierra y los mares de América del Sur, África, Arabia, Asia y Antártica.

Si vamos más allá de los límites de la imaginación, descubriremos que la parte media de América del Norte y América del Sur estaban más cerca del Mediterráneo; que México, España, Palestina, Ladakh, Corea y Japón estaban en la misma longitud. Hubo un periodo en el que el mundo era una sola unidad terrestre. Esto podría explicar los relatos sobre Jesucristo que encontramos en las tradiciones antiguas de México, España, Palestina, Irán, Ladakh, Cachemira, Asia Central y Japón. Tal vez en el pasado remoto se conoció a Jesús en muchas tierras, y es posible que su venida más reciente haya ocurrido durante el reinado de Herodes en el primer siglo a.C.

De ser así, tal vez debemos buscar a otros hijos de Dios que en uno u otro periodo llegaron a los países antes mencionados. ¿Hubo un solo Jesús o fueron muchos? Todo esto es un misterio. Si Jesús vino a la tierra cuando los continentes no se habían separado, entonces las tradiciones sobre su existencia en México, Palestina, Ladakh y Japón podrían explicarse con facilidad. Otra conclusión sería que Jesús pudo haber vivido en épocas anteriores y que renació en varias ocasiones.

Cuando nació Jesucristo, la región que actualmente se conoce como Oriente Medio estaba dividida entre los asirios, los babilonios, los persas, los griegos y los romanos. Todos estos pueblos tenían sus propios dioses y diosas. Se consideraba que todos sus reyes, profetas, legisladores y maestros eran dioses o representantes de dioses. En ciertos periodos, estos dioses terrenales pensaban que eran hijos de Dios. Dios no sólo había creado a su imagen al hombre que conocemos como Adán, sino que había creado una mujer para él. Cuando Eva dio a luz a su primogénito, declaró que "había recibido un hombre de manos de Dios". Los seres humanos empezaron a multiplicarse y se dividieron en tribus. Estas tribus emigraron a varias partes de la tierra y fundaron numerosas culturas.

Durante al menos medio millón de años, la especie humana se esparció en diversas partes del globo. Estos grupos humanos iban de un lugar a otro. En el periodo Paleolítico superaron la etapa salvaje y empezaron a establecerse en el Oriente Medio. En esa región, el periodo Neolítico comenzó en el año 6000 a.C.[5]

Diversas culturas

Es posible que hace 20 000 000 años, nuestros ancestros hayan dado el primer paso, pero el hombre que podría considerarse el fundador de cierta clase de civilización apareció hace casi 500 000 años. Utilizaba implementos de piedra y era caníbal. Vivía en cuevas y fosas. En el año 8000 a.C. salió de ellas y empezó a vivir en aldeas. Ese fue el inicio de la civilización en el Oriente Medio y en el Lejano Oriente. La urbanización empezó aproximadamente en el año 7000 a.C. y la cerámica se introdujo años más tarde. El poblado neolítico más antiguo que se conoce estaba en Jericó, y los primeros agricultores que viajaron a Europa, al Norte de África y a la India y se mezclaron con la población de estas tierras, eran originarios del Oriente Medio.[6] La palabra "caucásico", que se relaciona con la región cercana al Cáucaso, y que se utiliza para describir a la raza mediterránea, abarcaba desde el Atlántico hasta la India. Por consiguiente, incluye países como España, Turquía, Arabia, Irán, Armenia, Afganistán y Cachemira. En vista de que los hallazgos arqueológicos de Mesopotamia y Turkmenistán muestran evidencias de su naturaleza trans-asiática, es evidente que esta cultura tenía una gran afinidad con la civilización del Río Indo. También es un hecho que la cultura del

Indo durante su periodo cumbre se extendió mucho más allá de sus límites y por consiguiente, puede suponerse que las culturas de Egipto, Irán, Afganistán, Sind, el Punjab, Cachemira, Ladakh, Tibet y Asia Central fueron facetas de la misma cultura, aunque tienen características especiales de cada región. A partir de su epicentro, esta civilización avanzó de una región a otra y ha dejado su impacto en la religión, las artes y la arquitectura. Esa es la razón de que encontremos objetos paralelos de interés arqueológico en toda la región, y en diferentes lugares o sitios. En el periodo prehistórico tardío, surgieron culturas sedentarias en Egipto, Nubia, Palestina, Siria, Armenia, Asia Menor, Mesopotamia e Irán. Todos estos países recibieron olas sucesivas de inmigrantes y fueron testigos del surgimiento y la caída de numerosos imperios.[7]

Se ha comprobado sin lugar a dudas que los habitantes de Mesopotamia viajaron hacia el noroeste de la India aproximadamente en el tercer siglo a.C. Los esqueletos que se encontraron en Mohenjodaro y en Harappa incluyen a la raza mediterránea. Esto muestra que toda la región, desde Palestina hasta la India, se pobló con una raza que debió seguir heredando la misma afinidad cultural. Por lo tanto, cuando decimos que Jesucristo visitó el oriente, no es necesario considerar este hecho como algo único. La tendencia migratoria de las tribus durante la era Mesolítica fue del occidente hacia el oriente, donde sale el sol, y el hombre había ansiado encontrar la morada del Dios Sol.

La civilización del Indo

La civilización del Indo se desarrolló aproximadamente en 2000 a.C., con la fundación de Mohenjodaro y Harappa en el noroeste de la India. Estos pueblos establecieron relaciones comerciales y culturales con los pueblos de Afganistán, Irán, Siria y Egipto desde épocas muy remotas. En realidad fue una proyección de la civilización de Mesopotamia. De modo que es evidente que la India estableció una relación con los países del Oriente Medio y del Asia Occidental mucho antes de la llegada de Jesucristo.

Los hallazgos arqueológicos en Cachemira, Ladakh y Asia Central tienen vínculos muy cercanos con las culturas de Egipto, Asiria y Sumeria. Aunque nuestras investigaciones son muy limitadas, estos hallazgos son importantes para establecer la existencia de vínculos entre los semitas y los arios en épocas muy remotas.

En los sellos cilíndricos de Asiria encontramos siete puntos o círculos con el Sol, la Luna y la Estrella Venus. Estos puntos o círculos representan dioses o diosas de la mitología. Hemos encontrado un sello similar en Mohenjodaro, que se conoce como el sello de las siete hermanas. También se ha establecido que muchos de los sellos del Indo se encontraron al hacer excavaciones en Mesopotamia. Esos sellos con círculos también se han encontrado en Irán. Esto revela por una parte, cierto vínculo entre Mesopotamia y Mohenjodaro, y por otra, cierto vínculo entre Irán y Ladakh. El Río Indo fluye desde Ladakh y Cachemira hacia el Mar Arábigo. La civilización del Indo, como la entendemos ahora, se localizaba en Ladakh, Cachemira, Afganistán, Panyab y Sind. Esta civilización floreció de 2400 a 1700 a.C. y está entre las cuatro civilizaciones más conocidas del mundo antiguo.

En Hoi-Nar, Phalgham, en Cachemira, el Departamento Estatal de Arqueología ha localizado un sitio de importancia donde se encontraron tejas de ladrillo que muestran dos animales levantándose sobre sus patas traseras y con los cuellos entrelazados formando un círculo. Este motivo ocurre comúnmente en el arte asiático, desde Egipto hasta Cachemira. La placa del Rey Nar-Mer, que se conserva en el Museo Nacional de El Cairo, representa a dos animales con sus cuellos entrelazados formando un círculo; el mismo motivo que aparece en las tejas que se encontraron en Hoi-Nar, en Cachemira. ¿Existió algún vínculo entre Hoi-Nar y el Nar-Mer de Egipto? Podría mencionarse que Nar-Mer afirmaba tener origen divino y ser un dios encarnado.[8]

Se han encontrado motivos similares en vasijas procedentes de Egipto que muestran dos animales en esa misma postura. Los dos motivos son tan exactos y similares que causan asombro. Esto muestra que artistas egipcios llegaron hasta Cachemira poco antes del primer siglo d.C.

Encontramos estos motivos en antigüedades tibetanas que muestran a dos animales frente a frente, levantando las patas delanteras. Este motivo es común en el arte de Asia, desde Mesopotamia hasta Siberia.[9]

Las esfinges de Egipto se conocen en todo el mundo, pero es una extraña coincidencia encontrar una esfinge con cuerpo de león y cabeza humana cerca de la tumba de Kepachen en Chonggye, en el Tibet.[10]

Los egipcios veneraron al toro y a la vaca en tiempos prehistóricos. En Mohenjodaro hemos localizado muchos sellos y piezas de terracota con motivos de toros. Los sumerios consideraban que el león era una deidad, y su mitología se copió también en el oriente.[11]

Desde el punto de vista etnológico, los habitantes de Irán, Afganistán y Cachemira son el mismo pueblo. El dominio político de Irán sobre las regiones del noroeste de la India empezó con la conquista de Panyab a manos de Darío en el año 512 a.C., y la región permaneció bajo su influencia hasta el segundo siglo d.C. cuando los Kushanas llegaron a la prominencia.

A lo largo de esos cuatro siglos, la civilización y la cultura que Irán heredó de Judá penetró en el norte de la India. En este periodo llegó a la India la escritura Kharoshti de los hebreos. La influencia de Irán sobre su arte y arquitectura fue enorme, e incluso se copiaron las efigies de los cuatro leones en el pilar de Ashoka de Sarnath y la famosa Chacra Dharma, de los pilares de los palacios en Persépolis en Irán. Es extraño que los números de la escritura Kharoshti se encuentren en todas las tejas que se encuentran en las excavaciones de Harwan, Ahan, Kurhom, Hoi-Nar y Mattan, en Cachemira.

Contactos entre Oriente y Occidente

Desde tiempo inmemorial han existido contactos entre el oriente y el occidente. Además de las rutas marítimas, había rutas terrestres para el comercio y también para propósitos políticos. Es un hecho histórico que hubo migraciones constantes del occidente hacia el oriente durante el periodo antiguo y medieval de nuestra historia, en busca de mejores recursos naturales como alimentos, agua y madera. Contamos con muy pocas referencias sobre las rutas reales que usaban las tribus nómadas durante sus migraciones. Sin embargo, es claro que existieron vínculos entre los países del Oriente Medio y la India, Afganistán, Asia Central y Tibet. Darío Histaspes fue quien colonizó Afganistán y algunas partes de Asia Central con griegos cautivos y esclavos capturados en la guerra. También se sabe que el comercio marítimo entre Egipto, Siria y la India, y la navegación a lo largo de las costas existieron mucho antes de que los europeos llegaran a la India.

Herodoto menciona también los asentamientos en Bactria, seis siglos antes de la llegada de Jesucristo. Persia deportó a los sirios a Asiria en tiempos remotos, y después de la caída de Sumeria en el año 721 a.C., las tribus de Israel se vieron obligadas a dispersarse por Asia Central, Irán y Afganistán. A lo largo de numerosos siglos, se continuó transportando a los griegos, los israelitas, los sumerios y los asirios hacia el Lejano Oriente. Los casitas, conocidos también como kash, kish o kush, viajaron por Persia, Afganistán y Asia Central rumbo a Cachemira. En sus viajes, establecieron asentamientos a los que dieron el nombre de Kash, Kish o Kush, y esos pueblos, ciudades o países todavía se conocen como Kashan en Persia, como Kashghar en Asia Central y como Cachemira y Kishtwar. Se podría señalar que, desde tiempos remotos, ha existido una ruta fácil que va desde Arabia hasta Persia, y luego a Afganistán y al norte de la India hacia Cachemira, el Tibet y la Cordillera de Pamir.

Dioses antiguos

Según la tradición, Dios bendijo a Noé y a su familia y se multiplicaron y sus descendientes llenaron toda la tierra. Algunos miembros de esta familia se establecieron en el fértil valle del Tigris y el Éufrates, donde construyeron grandes ciudades, desde las cuales sus habitantes viajaron a Egipto, a la India y a otros países. Abraham, que fue el dios de una tribu, hizo un largo viaje hacia Canaan, acompañado de su pueblo. Cruzaron el Sinaí y llegaron a Egipto. Sara, la esposa de Abraham era muy hermosa y fue llevada al palacio del Faraón, quien la recibió.[12]

Pero poco después la llevaron de nuevo con Abraham, quien regresó a Canaan con su tribu. Cuando Abraham y Sara ya eran viejos, Dios visitó a Sara y ella concibió un hijo.[13] Abraham tenía cien años de edad cuando su anciana esposa le dio un hijo a quien llamaron Isaac. ¿Cómo visitó Dios a Sara?

> *El Señor se apareció junto*
> *al encinar de Mamré*
> *alzando los ojos, divisó a tres hombres*
> *que estaban parados cerca de él*
> *ellos le preguntaron:*
> *"¿Dónde está Sara, tu mujer?".*
> *"Ahí en la carpa", les respondió.*
> *Entonces uno de ellos le dijo:*
> *"Sara tendrá un hijo".*[14]
> *El Señor visitó a Sara como lo había dicho,*
> *y obró con ella conforme a su promesa.*
> *En el momento anunciado por Dios,*
> *Sara concibió*
> *y le dio a Abraham un hijo en su vejez.*[15]

Tomando en cuenta lo anterior, se deduce que Dios, acompañado de otros dos dioses, visitó la carpa de Abraham en el valle de Mamré. Los tres tenían apariencia humana, y Abraham les preparó tres porciones de buena comida: eligió un ternero tierno y bien cebado y se lo entregó a un joven quien de inmediato se puso a prepararlo. En cuanto las viandas se prepararon, se las sirvió y ellos comieron.[16]

Después de disfrutar esa deliciosa comida, le preguntaron dónde estaba su esposa y Abraham les permitió verla dentro de la carpa. Sara se rió y preguntando cómo podría concebir y dar a luz a un hijo.[17] Después Dios visitó a Sara en el tiempo que él había señalado, y le cumplió lo que le había prometido.[18] Dios estuvo con ella y ella engendró a un hijo que se llamó Isaac. También es claro que el Dios que estuvo en contacto con Sara fue

Yavéh y que gracias a él Sara concibió y el dio a Abraham un hijo en su vejez.[19]

Este es el segundo incidente que se relata en la Sagrada Escritura en el que los hijos de Dios fecundan a las hijas de los hombres. En diversas mitologías, encontramos que el dios celestial fecunda a Ghe, la virgen terrena. Shiva, el dios del cielo, que sostiene la luna en sus manos, se enamoró de Parvati, la doncella de las montañas del Himalaya.[20]

Para algunas personas, estos hijos de Dios son seres inmateriales santos y sabios que adoptan una forma humana hermosa de luz resplandeciente. En el caso de Abraham, se les preparó un festín especial, uno de ellos preparó el ternero y todos disfrutaron de las viandas, así que no se puede considerar que fueran seres inmateriales. ¡En épocas prehistóricas, también se les llamaba ángeles y se decía que visitaban la tierra!

Moisés el legislador

Dios eligió a Moisés como su representante para dar a conocer sus leyes al pueblo. Era pastor de profesión y se encargaba de las ovejas de su suegro, Jetró, sacerdote de Medián. Cuando llegó cerca de la montaña de Dios, se le apareció un ángel en el fuego que ardía en un arbusto. Entonces Dios se reveló a Moisés y declaró:

> *"Yo soy el que soy".*
> *El Señor, el Dios de sus padres,*
> *el Dios de Abraham, el Dios de Isaac*
> *y el Dios de Jacob.*
> *Este es mi nombre para siempre,*
> *y así seré invocado en todos los tiempos futuros.* [21]

Los eruditos han interpretado en diferentes formas esta frase misteriosa: Yo soy el que soy:

> *Ehyeh Aser Ehyeh*
> *Ego IIMI Ho On*

I-a-o-u-e
Ya-weh
I-a-v-e
Ye-uo
Yo
[Yod hay vuv hay: yhvh—Yahweh]

Como se les ordenó, Moisés y Aarón, su hermano, rescataron a los hijos de Israel de la esclavitud del faraón. Los sacaron de Egipto y después de vagar errantes, los guiaron hasta el Sinaí. Ahí fue donde Yavéh le dio a Moisés la ley con la cual debería guiar a su pueblo.

Moisés llevó a estas tribus a la Montaña de Dios para que recibieran "el fundamento de su unidad nacional y la constitución de su comunidad religiosa". En su estado de exaltación, aceptaron de inmediato las prerrogativas y los deberes de la elección divina que hacía de ellos una nación santa, un pueblo sacerdotal en medio de la humanidad, y los guardianes de los intereses espirituales de la humanidad.[22]

Los Diez Mandamientos

Una comparación de las dos versiones de los Mandamientos que aparecen en el Éxodo y en el Deuteronomio, revela que los Mandamientos no son diez, sino que son más. Esta es la versión de las escrituras más antiguas:

1. No tendrás otros dioses delante de mí.
2. No te harás ninguna escultura y ninguna imagen.
3. No te postrarás ante ellas, ni les rendirás culto.
4. No pronunciarás en vano el nombre del Señor, tu Dios.
5. Acuérdate del día sábado para santificarlo.
6. Honra a tu padre y a tu madre.
7. No matarás.
8. No cometerás adulterio.
9. No robarás.
10. No darás falso testimonio contra tu prójimo.

11. No codiciarás la casa de tu prójimo.
12. No codiciarás la mujer de tu prójimo.
13. No codiciarás ninguna otra cosa que pertenezca a tu prójimo.[23]

Esta es otra versión tomada del Deuteronomio:

1. No tendrás otros dioses delante de mí.
2. No te harás ninguna escultura y ninguna imagen.
3. No te postrarás ante ellas ni les rendirás culto.
4. No pronunciarás en vano el nombre del Señor, tu Dios.
5. Observa el día sábado para santificarlo.
6. Honra a tu padre y a tu madre.
7. No matarás.
8. No cometerás adulterio.
9. No robarás.
10. No darás falso testimonio contra tu prójimo.
11. No codiciarás la mujer de tu prójimo.
12. No codiciarás ninguna otra cosa que le pertenezca.[24]

Estos fueron los mandamientos, los estatutos y los juicios que Moisés le enseñó a su pueblo.

Yavéh ordenó que los seguidores de Moisés no veneraran a los dioses de naciones extranjeras. Se prohibió la idolatría, pero la gente siguió esculpiendo imágenes de madera, de piedra y de metal para venerarlas. Los mandamientos enfatizaban el carácter sagrado del matrimonio y prohibían toda relación ilícita. En ellos se ordenaba que todos tenían que trabajar durante seis días pero que el séptimo debería dejarse libre para pensar en Dios. Yavéh eligió a los seguidores de Moisés como su pueblo especial para que diera a conocer sus palabras por todo el mundo. Era una clase sacerdotal, como los Brahmanes de la India.[25]

El manual que guiaría a la nación recibió el nombre de Torah o libro de instrucciones. Se escribió sin vocales ni puntuación, de modo que se le pudieran dar muchas y variadas interpretaciones. Se le leía al pueblo y el pueblo lo ratificaba. De vez en cuando, los sacerdotes complementaban las palabras originales de Yavéh, y también registraron la muerte de Moisés en la Torah. Naturalmente, no era posible que ese suceso formara parte del Libro durante la vida de Moisés. Por cierto, podría mencionarse que la creación de estos Mandamientos se atribuye a Hammurabi, Rey de Babilonia, que vivió 1700 años antes de Cristo. Al parecer Moisés, que vivió 1220 años ante de Cristo, tomó gran parte de los mandamientos de Hammurabi, cuyo texto completo se encontró en Susa, grabado en veintiuna columnas horizontales.[26]

Existe una controversia relacionada con la identidad del dios que reveló estos mandamientos: ¿Fue Dios o fue Yavéh? Ya antes se mencionó que Yavéh fue quien fecundó a la esposa de Abraham cuando visitó a Abraham como un hombre joven con otros dos compañeros en las planicies de Mamré.[27] Un antropólogo ha señalado que Yavéh fue originalmente el dios tribal de Canaan, y que Moisés se había casado con la hija de un sacerdote que pertenecía a la Orden de Yavéh. Se dice que Yavéh le ayudó a Moisés en su combate contra el Faraón de Egipto. También se dice que hizo numerosos milagros, y se pensaba que gracias a sus esfuerzos, el Faraón y su ejército perecieron en el mar. Tal vez era el propio Dios, tal vez era Dios encarnado, el hijo de Dios o el dios de la localidad. También se le conoce como el dios de misericordia; al igual que Avalokiteshvara Buda. Los judíos le han atribuido a Dios dos cualidades: la misericordia y el poder.

Fue Moisés quien unió a los Hijos de Israel como una nación, y Aarón le ayudó en su tarea. Después de su hazaña al sacar de Egipto a las tribus de Israel, aproximadamente en el año 1220 a.C., les dio la ley, y todas estas tribus acordaron aceptar a Yavéh como su Dios. Por consiguiente, se dio forma a una unidad entre los pueblos dispersos gracias al impulso religioso de un Dios común, que los adoptó para toda la eternidad como sus hijos. Moisés les enseñó a venerarlo y en esa forma estableció el fundamento para el monoteísmo espiritual.

María la consorte

Aarón le ayudó a Moisés porque su hermana María era la consorte principal de Moisés. Miriam es la forma antigua del nombre de

María, y en el Antiguo Testamento se le menciona con ese nombre. Cuando Moisés y sus seguidores cruzaron el mar, ella tomó un pandero y danzó con las demás mujeres cantando:

> *Canten al Señor,*
> *que se ha cubierto de gloria:*
> *él hundió en el mar*
> *los caballos y los carros.*[28]

Moisés la nombró profetisa principal de la nación, un honor que por primera vez se otorgaba a una mujer. Hasta entonces, el llegar a ser profeta sólo había sido privilegio de los hombres. En esa forma, Moisés como profeta y María como profetisa, conservaron la supremacía sobre el pueblo, y Aarón actuó como sumo sacerdote, para apoyar esa supremacía. Pero el vínculo que unía a estas tres personas no pudo continuar durante mucho tiempo, ya que Moisés se enamoró de una mujer etíope. Por consiguiente, Aarón y María empezaron a hablar contra Moisés.[29]

Mientras tanto, los amalequitas lanzaron un ataque contra los seguidores de Moisés y él nombró a Josué como comandante de la nación Israelita. Gracias a su intercesión y a sus plegarias, los amalequitas fueron derrotados. En esa forma, pudo fundar la religión y el estado de las tribus de Israel.

La muerte de Moisés

Cuando Moisés tenía ciento veinte años de edad, Dios le habló diciendo:

> *Sube a la montaña Abarim*
> *al Monte Nabo,*
> *que está en la tierra de Moab,*
> *y observa la tierra de Canaan,*
> *que yo les doy a los hijos de Israel;*
> *muere en el monte al que subas,*
> *y reúne a tu pueblo,*
> *así como tu hermano Aarón murió en el monte*

porque desobedeciste
mi palabra entre los Hijos de Israel,
porque no me alabaste
entre los Hijos de Israel,
verás la tierra a distancia,
pero no entrarás en ella.[30]

Tomando en cuenta lo anterior, deducimos que Dios se enojó con Moisés porque desobedeció su palabra y no lo alabó entre los israelitas. Por lo tanto, se le ordenó a Moisés que viajara al Monte Nebo en la tierra de Moab y muriera ahí. De hecho, esta fue una prueba terrible para Moisés, pero como él siempre había sido leal y obediente a la voluntad de Dios, realizó este, su último viaje. Al llegar al lugar que se le había indicado, murió de agotamiento. Esta es una cita del Antiguo Testamento:

Moisés subió de las estepas de Moab
al monte Nebo, a la cima del Pisgá ,
[frente a Jericó, y el Señor le mostró todo el país:
Galaad hasta Dan, todo Neftalí,
el territorio de Efraím y Manasés,
todo el territorio de Judá hasta el mar Occidental,
el Négueb, el Distrito y el valle de Jericó
-la Ciudad de las Palmeras- hasta Soar].
Allí murió Moisés, el servidor del Señor,
en territorio de Moab, como el Señor lo había dispuesto.
Él mismo lo enterró en el Valle, en el país de Moab,
frente a Bet Peor,
y nadie, hasta el día de hoy, conoce
el lugar donde fue enterrado.
Cuando murió, Moisés tenía ciento veinte años,
pero sus ojos no se habían debilitado, ni había disminuido
su vigor.[31]

El relato anterior, aunque es muy breve, está lleno de significado. Por primera vez en el Antiguo Testamento, el tiempo y el espacio se reducen tanto que es difícil comprender la trágica odisea que se le ordenó realizar a Moisés. Tenía ciento veinte años de edad, pero su visión no se había debilitado ni había disminuido su vigor. Tomando en cuenta la descripción que se da en el texto, es evidente que viajó por tierra y por mar para llegar al lugar de su destino final. Un análisis minucioso de su itinerario, deja en claro que viajó a una ciudad donde había palmeras, luego a Segor o Zoar, luego a Jericó y de ahí se dirigió a la campiña.

De ahí tuvo que cruzar el páramo y el desierto y toda la tierra de Judá hasta llegar al mar occidental; es decir, al Mar de Arabia. Después de cruzar las tierras de Efraím y Manasés, fue a Neftalí. De ahí, cruzó Dan y Phasga, que también se conoce como Pisgá. Al llegar a la cumbre del Monte Nabo, que también se conoce como Nebo, expiró y entregó el espíritu. Fue sepultado en la tierra de Moab, frente a Bet Peor.

Es evidente que para encontrar el sitio donde sería sepultado, realizó un largo viaje hacia Moab, cerca de Bethpur, y murió ahí. También se dice categóricamente que nadie sabe donde está su tumba, incluso en nuestros días. La mayoría de los eruditos han intentado encontrar todos los países que Moisés visitó, pero ha sido en vano. Algunos eruditos incluso tuvieron que admitir que era inútil tratar de reconocer estos países y lugares, pues son desconocidos.[32]

Aunque parezca extraño, algunos nombres de los lugares cercanos al sepulcro de Moisés pueden identificarse con sitios en el valle de Cachemira, si se consultan los mapas que se publican en India. Regresaremos a este tema cerca del final de este capítulo.

Las sectas

Es necesario ofrecer algunos detalles sobre las sectas o comunidades religiosas que vivieron en Palestina antes de la llegada de la era cristiana. La más prominente era la de los hebreos que habían restaurado el Templo de Jerusalén y habían desarrollado una sociedad bien estructurada y un movimiento religioso guiado por los Levitas, a quienes se les conocía como los sacerdotes de Jehová. Las otras castas sacerdotales se conocían como los Zadokitas y los Aaronitas; se decía que sus iniciadores fueron

Zadok y Aarón. Los judíos creían en un Dios que supuestamente cuidaba al mundo e impedía su destrucción. Estaban divididos en varias tribus y sectas. Después del censo imperial del año 6 o 7, los judíos finalmente entendieron sin lugar a dudas que eran súbditos de los romanos. Había algunos entre ellos que incitaban al pueblo en nombre de la religión y se les conocía como celotes. La mayoría eran fariseos, que esperaban acabar con el dominio de los romanos a través de la intervención divina. Entre ellos había un grupo de bautistas que esperaban la llegada del Mesías en el futuro cercano. Lo saduceos pertenecían a la alta clase aristócrata que formó una alianza con el gobierno. Aparte de todas estas sectas estaba la Orden de los Esenios quienes vivían en sus propias aldeas. Tenían una cultura secreta relacionada con los ángeles y otros temas místicos. Realizaban frecuentes abluciones y vestían de blanco.[33]

Los esenios profesaban una disciplina más severa y estaban muy unidos entre ellos. Seleccionaban a los hijos de otros hombres y los formaban de acuerdo a sus normas. Sentían gran aprecio por las obras de los escritores de la antigüedad y podían conquistar el dolor mediante su fuerza de voluntad.[34]

Los hebreos

Tribus neolíticas ocuparon Palestina aproximadamente en el año 4000 a.C. Estos pueblos antiguos vivían en cuevas. Más tarde, tribus de Canaan, del norte de Arabia, de Babilonia, Armenia y Egipto ocuparon esta región. Estas olas de nuevos pobladores continuaron hasta el año 1446 a.C., cuando Moisés volvió a Egipto. Los cananitas daban el nombre de khabiru a las tribus provenientes de Armenia, nombre que posteriormente se cambió a hebreos. Por consiguiente, las primeras tribus judías se conocieron como hebreas y su lengua se conoció como la lengua hebrea. Moisés combinó estas tribus, formó una nación y les dio una religión. Después de consolidar su posición, los hebreos atacaron Egipto quemando y saqueando muchos poblados. Pero los hititas acabaron con su supremacía aproximadamente en el año 1293 a.C. Más tarde, los hebreos llegaron a conocerse como judíos.

Los judíos

El término "judío" se deriva de Judá, o seguidor del judaísmo. Esta es la forma en que aparece en diversos idiomas:

Judaeus - latín
Loudaios - griego
Yhudai - arameo
Yhudi - hebreo
Yahud - árabe
Yahudi - urdu
Yehud - lengua de Cachemira

Por cierto, podría comentarse que en el pasado, el prefijo Ju-o Jeo-se utilizaba en todos los nombres en Cachemira.

Los hijos de Israel

Los israelitas o Hijos de Israel se conocen como Bani-Israel en el oriente. Jacob tuvo doce hijos de sus esposas y concubinas legales, y de ellos brotan las doce tribus de Israel. Se formaron dos divisiones, tomando en cuenta su descendencia materna: los hijos de Leah y los de Raquel. De modo que Rubén, Simeón, Levi, Judá, Isacar y Zabulón, se reconocen como hijos de Leah, y José y Benjamín como hijos de Raquel. El linaje inferior de las concubinas produjo dos grupos de hijos, uno estaba formado por Gad y Aser, y el otro por Dan y Neftalí. Sin embargo, todos reconocían ser hijos del mismo padre.[35]

Lucharon entre ellos por el dominio de tierra santa, y el resultado fue que Josué los dividió en dos grupos e hizo que se establecieran en una Palestina dividida. Saúl unió a estos grupos y Salomón les dio prosperidad. Pero debido a sus luchas internas, se dividieron de nuevo y dos tribus se perdieron. Más tarde, las diez tribus que quedaron fueron esclavizadas por diversos reyes y por esa razón se dispersaron en diferentes territorios. También se mezclaron con otras nacionalidades y perdieron su identidad. En Palestina sólo permanecieron rastros de ellas. Debido a esto, el destino de las diez tribus ha llegado a ser un misterio.[36] Por lo tanto, la misión de los profetas hebreos era buscar estas tribus y hacer que se establecieran en la tierra santa.[37]

En el siglo VI a.C., los judíos fueron perseguidos y tuvieron que huir hacia Siria y Babilonia. En años posteriores, la mayoría fueron arrestados y encarcelados. La persecución de los judíos continuó a lo largo de siglos; se les asesinaba, se les encarcelaba o se veían obligados a huir. Durante el periodo de los reyes indo-griegos, la mayoría de los judíos, que eran diestros en muchas artes, emigraron hacia Afganistán, Bactria y las zonas de montes en Gilgit. En periodos posteriores se perdieron en los diversos territorios, pues habían viajado a zonas distantes. Se dice que llegaron a Gaznah y al país de Kush donde fluye el río.[38]

También llegaron a las afueras de Cachemira y se establecieron en Hazara. Existe información definida sobre las tribus hebreas de Hazara, que se dedicaban al comercio.[39] Hazara se encuentra al suroeste de Cachemira. Varios autores han confirmado la presencia de judíos en los países de Asia Central.[40]

Los hebreos en Egipto

La historia de los asentamientos hebreos en Egipto es muy antigua y se inicia cuando llegaron a Egipto y trabajaron como agricultores. Continúa durante el periodo en que los hicsos gobernaron Egipto. Moisés los reunió y los indujo a salir de Egipto. Ramsés II los hizo trabajar en construcciones. Aproximadamente en el año 1230 a.C. se revelaron contra los egipcios. En tiempos de David, alcanzaron la supremacía en la región que actualmente se conoce como Israel. David estableció su base de operaciones en Jerusalén, que llegó a ser un centro político y religioso para los hebreos.[41] Durante el reinado de Salomón, construyeron la ciudad capital en Jerusalén, con sus caseríos, sus mercados y su famoso templo. Pero en épocas posteriores se dividieron en dos grandes grupos, y a consecuencia de ello, los egipcios saquearon Israel y destruyeron el Templo de Jerusalén. Durante el periodo que siguió, sufrieron angustias inenarrables y se les transportó a tierras extrañas como esclavos.

Aproximadamente en el año 590 a.C., Psamético de Egipto los utilizó como mercenarios, pero una vez más lograron salir de ese país.

Los hebreos en Persia

Más o menos en el año 539 a.C. Ciro el Grande derrotó a los babilonios. Los judíos celebraron esta derrota, pues habían sufrido a manos de los babilonios quienes quemaron el Templo de Jerusalén. La mayoría de los judíos fueron llevados a Babilonia como esclavos y se les obligó a trabajar en labores agrícolas. Ciro el Grande no sólo los liberó de la esclavitud, sino que les permitió establecerse en Palestina. Se les permitió establecer su estado y construir su templo en Jerusalén, con el patrocinio del Emperador. Después de recuperar su libertad y su categoría, la mayoría se establecieron en Persia y llegaron a ser comerciantes ricos. Entonces empezaron a viajar hacia el este y llegaron hasta Asia Central. No obstante, consideraban que Jerusalén era el centro de su espiritualidad, donde Menajém había establecido un estado. Los persas consideraron que el poder Menajém se estaba incrementando demasiado y lo derrocaron aproximadamente en el año 485 a.C. Podríamos mencionar, por cierto, que los judíos pensaron que Ciro el Grande había sido su salvador y lo deificaron en sus escritos. No obstante, los judíos no sólo ejercieron influencia sobre los seguidores de Zoroastro en Persia, sino que recibieron influencia de las doctrinas extranjeras. Por consiguiente, el resultado de esto fue un código ético y religioso mezclado. Fue una fusión afortunada del pensamiento judío con el zoroastrismo. En este periodo, el arte y la arquitectura persa entraron a Palestina, y los judíos construyeron ahí grandes y lujosas villas. Pero durante el periodo que siguió, el pueblo y la clase sacerdotal, bajo la dirección de Esdras, se opusieron a estas influencias y lograron establecer una posición ortodoxa. Prohibieron el modernismo y las ideas extranjeras, e incluso obligaron a los judíos a abandonar a sus esposas persas. Por esta razón los judíos de Palestina se aislaron por completo de los israelitas de otras tierras.

División de Bani-Israel (los hijos de Israel)

Bani-Israel y su decadencia se inició con la muerte de Salomón. Después de gobernar durante cuarenta años, su hijo, Roboam, subió al trono. Varias tribus de Bani-Israel se unieron para presentar sus demandas ante el nuevo rey, quien las rechazó mostrando desprecio.

Diez de estas tribus se encolerizaron, nombraron a Jeroboam como su rey y a su reino lo llamaron Israel. Sólo dos tribus permanecieron fieles a Roboam y dieron a su reino el nombre de Judea. A partir de ese periodo, se inició la división entre los Hijos de Israel. Ambos reinos libraron numerosas batallas y se destruyeron mutuamente. Babilonia destruyó el reino de Judea en el año 597 a.C. y los asirios destruyeron el Reino de Israel en el año 721 a.C. Después de esta destrucción las diez tribus quedaron cautivas y se establecieron en Jorasán, Irán y Sind.[42]

Los judíos en Grecia

Aproximadamente en 600 a.C. las tribus de los judíos establecieron contacto con los griegos. Al hacerlo, adoptaron la arquitectura y las artes de Grecia. Durante este periodo, los judíos lucharon entre sí y se dividieron en numerosas sectas. En el año 323 a.C., Alejandro Magno conquistó Egipto y los judíos que se encontraban en Egipto le ayudaron. Por consiguiente, recibieron numerosos privilegios. Consideraban que Alejandro los había liberado y se unieron a su ejército como mercenarios. Cuando Alejandro pasó por Palestina y Siria, los judíos lo recibieron gozosos. Alejandro marchó hacia Persia y la sometió fácilmente. Después de estas victorias, invadió lo que había sido el territorio persa en la India. Llegó al Río Beas y sus tropas se rehusaron a seguir adelante. Por lo tanto, estableció algunas guarniciones al mando de comandantes griegos para que custodiaran sus dominios en oriente.[43] En esta forma, sus mercenarios judíos no sólo se establecieron en el noroeste de la India, sino también en otras regiones.

La Torah se tradujo al griego aproximadamente en 260 a.C., y gracias a su contacto con los griegos, los judíos se extendieron hacia las playas al norte del Mar Mediterráneo.

Los israelitas en Afganistán

Las primeras tribus que se establecieron en la región que actualmente se conoce como Afganistán fueron las de Bactria y Escita. Los sumerios, los persas, los armenios y los afganos pertenecen a la misma raza que los originarios del Cáucaso de raza mediterránea. Sin embargo, entre los afganos predominan los de origen armenio. Es un hecho histórico que Afganistán ha sido un país importante, pues desde tiempos remotos han pasado por ahí las rutas que van hacia la región persa, Asia Menor, Cachemira y Asia Central. De hecho, la palabra "afgano" viene de la lengua Armenia y significa "montañeses". Esto establece un vínculo histórico entre los afganos y los cautivos sirios en Armenia.[44]

La genealogía de algunas de las tribus afganas se remonta a los profetas hebreos y algunas de ellas afirman que descienden de la tribu israelita de Kish. Esto mostraría que los afganos son lo que queda de las diez tribus perdidas de Israel. Tanto Asiria como Persia establecieron colonias en Afganistán, con cautivos provenientes de Siria, que eran judíos. Por esta razón, algunas de las tribus que están en Afganistán siguen llamándose *Bani-Israel,* los Hijos de Israel. Durante la ocupación árabe se convirtieron al Islam.[45]

Entre las tribus de Afganistán encontramos nombres que indican su conexión con los griegos desde épocas prehistóricas. Pero durante la invasión de Alejandro los griegos no sólo se establecieron en diversas regiones de Afganistán, sino que también establecieron ahí sus reinos. Es interesante saber que se dice que aproximadamente setenta sacerdotes de Israel se establecieron en Herat, Afganistán. Algunos profetas de Israel están sepultados en Balh, y el famoso viajero del mundo, Ibn-i-Betuta, menciona, con especial énfasis, que la tumba de Ezequiel se encuentra en este lugar. Samuel, otro profeta de los judíos, está sepultado a la vera del camino que va de Hamadán a Jorasán, y otro profeta de Israel está sepultado en Rang-barang, cerca de Bajoor, en Afganistán.[46]

Es interesante notar que los afganos conservan los nombres de sus tribus incluso en nuestros días, y los utilizan como un segundo apellido. Entre estas tribus los clanes más prominentes son: *Amma-zye, Davood-zye, Abrahim-zye, Sh-emoo-zye, Yusuf-zye, Ayub-khel, Haroon-khel, Issa-khel, Ishaq-khel, Mysa-khel, Sulaiman-khel, Yayah-khel, Yaqoob-khel, Yunus-khel,* y *Zakaria-khel.*[47] Todos estos clanes poseen linajes ancestrales que se remontan directamente a Jacob. Documentos relacionados con sus derechos también se preservan en los archivos de rentas públicas de cada región de Afganistán, Chitral y Peshawar.

Los afganos se consideran *Bani Israel* o Hijos de Israel. Dicen que llegaron a Ghore y a Bamean durante el reinado de Nabucodonosor. Se convirtieron al Islam respondiendo a los esfuerzos de Khalid ibn al-Walid, aproximadamente en el año 633 d.C. Como recompensa a los servicios que le prestaron durante las guerras contra los infieles, se les honró con el título de Butan, que en la actualidad ha cambiado a Pathan.[48] Algunos afganos afirman que descienden de Cush y Ham y se consideran *Bani Israel.* Han mezclado la ley mosaica con su código moral.[49]

Los judíos en la India

Existe una teoría según la cual el origen de los semitas, como el de los arios, se encuentra en la India, y que más tarde emigraron hacia occidente. Además, se puede señalar que la extraordinaria persistencia de la comunidad judía tiene su origen en el sistema de castas de los hindúes, según la cual los brahmanes nunca se mezclan con otras personas ni permiten que otros se unan a su casta. Por otra parte, no puede negarse que hubo mucho movimiento entre el noroeste de la India y el Medio Oriente durante épocas remotas. Incluso en el presente hay asentamientos hebreos en la costa occidental de la India, en Bombay, Cochin, Kerala y Tamil Nadu. En Kerala, los judíos se dividen en judíos blancos y judíos negros. Estos grupos no se mezclan; se tratan con desprecio pues cada grupo afirma pertenecer a los seguidores originales del judaísmo. Llegaron a Kerala hace 2000 años y el rey les otorgó tierras. Uno de sus jefes, José Rabban, recibió el titulo de *Srinadon Moplah.*[50]

Investigaciones recientes han revelado la existencia de vestigios de *Bani Israel* en Burma, Nagaland y Cachemira. Los miembros de la comunidad Pashtoon que vive en Gutli Bagh, Ganderbal, en Cachemira, aseguran que ellos descienden de los Hijos de Israel. Dicen que llegaron de Afganistán, donde viven las otras tribus de *Bani Israel.* Fueron seguidores de Moisés y después se convirtieron al Islam.[51]

Se nos informó que las primeras dos tribus deportadas a Afganistán fueron la de Gad y la de Rubén. Esto ocurrió cuando Asurnasirpal gobernaba Asiria. Quizás esta migración ocurrió en la última década del siglo VIII a.C. En lo que se refiere a estas dos tribus, la de Rubén siguió su camino hacia Hazara y Cachemira, mientras que la de Gad se estableció de forma permanente en Afganistán. A los descendientes de la Tribu de Gad se les conoce como Gadd-rani en la actualidad. Según otra fuente, esta deportación de judíos a Afganistán continuó de forma organizada hasta el reinado de Nabucodonosor (539 a.C.).[52] Es interesante saber que en Cachemira a Nabucodonosor se le conoce como *Bakhatnasser,* y se han tejido muchos relatos en relación con este nombre. En Cachemira, se aplica el calificativo de *Bakhatnasser* a alguien que es un dandi o un pillo.

Las tribus de Israel que sufrieron persecuciones se establecieron en las zonas de colinas y valles de Cachemira, Hazara, Gilgit y Chitral. La mayoría han cambiado de religión de tiempo en tiempo, y han sido budistas, shivaístas y musulmanes. Muchos escritores han señalado que su fisonomía, su conducta y sus hábitos muestran que son descendientes de la antigua raza de Israel.[53]

Los misioneros cristianos han testificado que los habitantes de Cachemira son descendientes de los hebreos.[54] También se han encontrado evidencias relacionadas con la existencia de literatura judía. Se dice que un misionero cristiano consiguió en Cachemira un antiguo manuscrito de la Torah en hebreo.[55]

Otro escritor, que dirigió el establecimiento de asentamientos humanos en el valle de Cachemira en el siglo XIX, declara que la mayoría de los habitantes de Cachemira pertenecen a la raza semita. Por lo general, los rasgos faciales de sus mujeres son parecidos a los de las mujeres judías. Al parecer, los habitantes de Cachemira son las tribus perdidas de Israel.[56]

Cachemira

Los habitantes del valle de Cachemira dan a este valle el nombre de Kasheer ya que fue el sitio donde se estableció una raza conocida como Kash o Cush, que era de origen semita. Estas personas fundaron las ciudades de Kash, Kasham y Kashgar. Kash se encuentra en Bujara, Kashan se encuentra en Irán y Kashgar está en el Turquestán de China.

Desde tiempos muy remotos, Cachemira se conoce como un paraíso en la tierra. Se ha dicho que muchos pacientes que sufren de fiebre y problemas estomacales se recuperan bebiendo agua de sus manantiales. En ocasiones, las mujeres estériles han quedado preñadas en esta región. El Dios todopoderoso ha colmado de bendiciones a esta tierra, y por eso se le llama tierra bendita. Las Sagradas Escrituras de Oriente la han aclamado diciendo que es una tierra de dicha. Además, es un hecho histórico que muchos profetas y santos del mundo han visitado Cachemira durante su vida.[57]

La palabra Kashur se usa para referirse al lugar donde habita el pueblo Kashur y también significa "aquellos que comen carne". Los hindúes creen que como sus santuarios religiosos se encuentran en el valle, Cachemira también significa el Jardín de Salomón, y se dice que Salomón vivió ahí 100 años antes de Cristo.[58]

Para salvarse durante la invasión de Alejandro, algunas de las tribus judías se dispersaron hacia los valles de las montañas del Himalaya. También llegaron a Cachemira y al Tibet pasando por Afganistán.[59] Estos pueblos llevaron consigo sus reliquias religiosas. Claudio encontró en Cachemira una copia antigua de la Torah escrita sobre piel, que mide 16 metros de largo.[60]

Vistas panorámicas de Cachemira.

La tribu Kush

Kush o Cus fue hijo de Cam, que fue nieto de Noé.[61] Fue el fundador de la tribu Kash o Cus, que se estableció en el oriente. Esta tribu fundó Kash, una aldea cerca de Bagdad. Sus habitantes dieron a los ríos, las montañas, las ciudades y los países el nombre de su ancestro Kash o Cus. En Mesopotamia, fundaron un reino, y el río Kashan que se encuentra en esta región es una prueba de ello. También fundaron Kash-mar, una aldea que se encuentra cerca de Nishapur en Irán. Esta tribu también avanzó hacia Asia Central y fundó muchos asentamientos humanos: Kash-mohra, una aldea de Merv; Kash, una aldea en Bokhara. Kash-band y Kash-ania, aldeas de Samarkand, fueron sus asentamientos en Asia Central. En Mesopotamia, la tribu fundó poblaciones como Kash-kar, Kash-hil, Kash-ek y Kash-u. El macizo montañoso conocido como Hindu Kush lleva su nombre, y ellos también fundaron un asentamiento al sur de estas montañas que se conoce como Kash-more.

Babar, el fundador de la dinastía Mogol en la India, señala en sus memorias que la etimología de la palabra Cachemira tiene su origen en la tribu Kash o Cus, que habitaba en ese valle.[62] Esta tribu se estableció en la región que en la actualidad se conoce como Kash-tawar, en el Distrito Doda de Cachemira. Al otro lado de la cordillera Pir-Panjal, estos pueblos se establecieron en el valle de Cachemira. Kush-tawar, que se encuentra en el Distrito Pulwama, Kash-nag, un manantial del Distrito Anantnag, y la aldea de Isae-Kush, llevan el nombre de esta tribu. Estos pueblos siguieron a su líder, Kash-yapa hasta el valle, y según una antigua tradición, el nombre de Cachemira se deriva del nombre de este líder. Sin embargo, no existe evidencia lingüística que apoye esta idea, ya que la fábula relacionada con Kash-yapa y sus descendientes tiene dimensiones astronómicas.[63] Si Kash-yapa hubiera extraído las aguas del valle o hubiera establecido a sus descendientes en alguna zona del valle, su ciudad capital habría recibido el nombre de Kash-yapa-nagar o Kash-yapa-pur, tomando en cuenta la etimología de ese periodo. Según las investigaciones geológicas más recientes, se ha establecido que hace millones de años, el valle de Cachemira era un lago, y que sus aguas encontraron una salida en el angosto desfiladero de Baramulla.[64]

Sin embargo, no se puede negar que la tribu Kush o Cus estableció su reino en el valle, y la historia menciona a varios reyes de esta tribu, como Utpa-la-Kusha e Hirneya-Kusha.[65] Este último también se menciona como el héroe de un cuento de hadas en el *Katha-sarit-sagara,* una antigua obra escrita en sánscrito en Cachemira. También menciona a su padre, diciendo que es uno de los reyes de Cachemira. No sólo está el hecho de que una de las tribus semitas, la tribu Kash o Cus, se haya establecido en el valle, también existen evidencias históricas sobre la llegada de otras tribus de Israel a zonas cercanas al valle de Cachemira. Las tribus que se mencionan en el Antiguo Testamento y las tribus que conservaron sus nombres en Cachemira, se mencionan también en otras obras.[66] El Libro de Esther presenta la historia de un rey que gobernó un área que abarcaba desde la India hasta Etiopía, y cuyo reino constaba de 127 provincias. Dice:

> *Era el tiempo de Asuero, aquel que reinó sobre ciento veintisiete provincias, desde la India hasta Etiopía. En aquellos días, mientras el rey Asuero tenía instalado su trono real en la ciudadela de Susa, en el tercer año de su reinado, ofreció un banquete a todos sus oficiales y servidores. Los jefes del ejército de los persas y de los medos, los nobles y los gobernadores de provincia se reunieron en su presencia. Así, durante largo tiempo —¡ciento ochenta días!— él hizo ostentación de la fastuosidad de su gloria real y del magnífico esplendor de su grandeza.*[67]

Este relato establece contactos muy antiguos entre la India y el Oriente Medio. Durante su reinado los judíos se establecieron por todo el imperio, y como resultado, Haman, el nuevo ministro de la corte, se quejó de que la gente se había esparcido en el extranjero y se había dispersado entre los pueblos de todas las provincias del reino.[68]

El *Nila-mata-Parana* es una obra antigua escrita en sánscrito que aborda las leyendas relacionadas con el origen de Cachemira, sus habitantes, sus lugares sagrados y sus rituales. Menciona a las siguientes tribus que se establecieron en el valle de Cachemira, cuando ésta surgió de las aguas del lago:

1. Nagas, quienes veneraban al dragón y eran similares a los Sohak, escitas de Media.
2. Pishacas, las tribus que vivían entre el Hindu-kush y Kapisa, el Kafiristán moderno.
3. Darvas, los hijos de Dara, descendientes de Judá.
4. Asueros, la tribu del emperador Asuero.
5. Gandharas, el pueblo de Gandhara
6. Juhundaras, las tribus de Ghazni.
7. Sakas, los escitas.
8. Khashas, los descendientes de Cus, el hijo de Noé.
9. Tanganas, las tribus de Asia Central.
10. Mandaves, los descendientes de Mandu.
11. Madras, tribus de la antigua Sakala.
12. Antagiris, tribus de las montañas.
13. Yavanas, los extranjeros o los jónicos.

De esta lista, los Darvas, los Asueros y los Khashas son ante todo las tribus judías. En lo relacionado con los Asueros, la tribu que lleva el nombre del emperador Asuero, merecen una mención especial. Fueron el pueblo famoso que ayudó a los assakenoi a ofrecer resistencia contra los griegos. Alejandro Magno dio a sus gobernantes el título de sátrapas.[69] Es evidente que, al igual que la tribu de Cus, los Asueros alcanzaron la prominencia en Cachemira.

El advenimiento de Buda

Según las crónicas budistas que se preservan en el monasterio de Henis en Ladakh, existieron muchos Budas antes de la época en que *Sakyamuni* Buda llegara a este mundo. Se dice que fue el rey de tres mil mundos de seres sufrientes. Según estas crónicas, hay Budas que tienen supremacía y poder sobre la transmigración.[70] Los gobernantes del mundo se dividieron en dos categorías: los gobernantes Buda y los gobernantes que no eran Buda.

Los primeros vinieron a este mundo a hacer el bien a la humanidad y a salvarla de sus sufrimientos. *Sakyamuni* Buda era el hijo de Dios y su madre era la mejor y la más pura de las hijas de los hombres. Era virgen cuando dio a luz a Buda.[71] El Demonio tentó a Buda en varias ocasiones pero él no sucumbió a tales tentaciones. Durante el periodo de las tentaciones, ayunó durante cuarenta días. Hizo numerosos milagros y predicó sermones impactantes ante las multitudes. Hablaba en parábolas y explicaba temas espirituales utilizando analogías físicas.[72] Mostró el camino para llegar a la perfección de las virtudes y así alcanzar el *nirvana,* o la dicha eterna.

Poco después de su muerte, el liderazgo de la comunidad quedó en manos de Sriputra, que hizo lo mismo que hizo Pablo con las enseñanzas originales de Cristo. Enfatizó los puntos de vista ortodoxos y el resultado fue que surgieron divisiones en el Sangha Budista. El Primer Concilio Budista para zanjar diferencias se llevó a cabo en Rajagarha. El Segundo Concilio se celebró más o menos cien años más tarde en Vashali, pero no tuvo mucho éxito. Los budistas se dividieron en dos sectas principales conocidas como Therevada y Sarvastivada.

El tercer Concilio Budista se llevó a cabo en Pataliputra en el tercer siglo a.C. Lo convocó Ashoka el Grande para zanjar las diferencias entre las escuelas ortodoxa y progresista. Ashoka prestó un servicio invaluable al budismo cuando envió misioneros hacia las regiones orientales y occidentales de las fronteras de la India. Durante su reinado, el budismo logró una posición segura, no sólo en la India, sino en el extranjero, en el centro del Tibet, en Burma, Tailandia, Afganistán, Persia y Cachemira. Descubrimos que una misión budista procedente del Río Ganges en la India, llegó a la corte de Filadelfus en Alejandría (285-246 a.C.). El rey era un patrono de la cultura y había conseguido los libros sagrados hebreos para que se les tradujera. La misión budista, procedente de la India, no sólo recibió la bienvenida en la corte, sino que el rey se convirtió en su patrono, pues tenía un gran interés en las leyes y las escrituras antiguas.[73]

La población judía de Alejandría vivía en un sector al norte de la ciudad. Es probable que la misión budista que llegó de la India se estableciera cerca de la comunidad judía. Los budistas Therabeda ejercieron tanta influencia sobre la Orden de los Esenios que se les llegó a conocer como "Terapeutas". Filo dice que los terapeutas eran los Esenios que por su propia voluntad se retiraban a la soledad y dedicaban su tiempo a estudiar la religión y la naturaleza, debido al amor que sentían por la piedad y las cosas celestiales. "Viven en varios lugares de Palestina y Egipto, y en este país su congregación más grande está cerca de la ciudad de Alejandría".[74] Seguramente los vínculos que existen entre los budistas de la India y las comunidades que vivían en Egipto y Palestina datan del tercer siglo a.C.

El siguiente acontecimiento importante en la historia del budismo es la conversión al budismo de Menendera, rey de una dinastía bactria de origen griego. El rey fue derrotado por Nagasena, el famoso filósofo budista de Cachemira, en una discusión que se llevó a cabo en un sitio cercano a Cachemira. Parece que a partir de entonces, los indo-griegos aceptaron las doctrinas del budismo.[75] En el primer siglo, los Kushan surgieron como la dinastía más importante en el norte de la India, lo que incluía a Afganistán. Kanishka convocó el Cuarto Concilio Budista en Cachemira. A partir de entonces, el budismo *Mahayana*, o progresista, penetró en Asia Central desde Cachemira y luego se extendió hacia China y Corea, y de ahí a Japón. En este periodo encontramos en Cachemira a un santo que llegó de tierras lejanas y dijo que se le conocía como *Ishveraputra*, o Hijo de Dios, y como *Kanyagarbha*, o nacido de una doncella. Retomaremos este tema en las páginas siguientes.

Características judías

Muchos eruditos han señalado que los habitantes de Cachemira preparan sus tumbas de acuerdo al modelo de las tumbas judías. A esas tumbas se les da el nombre de *Mosai* y están orientadas de oriente a occidente. Los Guijjar de Cachemira, que son musulmanes, dicen que son descendientes de Israel. Su ropa, al igual que la forma de arreglar su cabello, tiene un estilo peculiarmente judío. El zagual, o remo, que usan los boteros de Cachemira

tiene forma de corazón y es popular incluso en la actualidad. Esos remos jamás se han usado en otros países, sólo en Palestina y en Cachemira. Los boteros de Cachemira aseguran ser descendientes del profeta Noé. En la arquitectura antigua de Cachemira vemos que las escalinatas siempre parten desde el oeste. Esto no ocurre en la arquitectura antigua hindú, musulmana o budista.

En Aish Muqam, encontramos el báculo de Moisés, que recibe el nombre de Asai-Sharif, que significa báculo de gran estima.

La tumba de Moisés

Las circunstancias de la muerte de Moisés están rodeadas de misterio.[76] Lo único que se sabe sobre la tumba de Moisés es que fue sepultado en el valle de Moab, cerca de Bethpeor, que se encuentra en una región lejana de oriente. Se cree que Moisés fue sepultado en la colina de Nebo, frente al valle de Lolab en Bandipur, en Cachemira. Se cuenta con textos históricos que muestran que Moisés viajó a Cachemira. Algunas de las ciudades y colinas todavía llevan su nombre. También se dice que Moisés viajó a Cachemira en los últimos días de su vida.[77] Fue sepultado en la colina de Nebo, en Bandipur. Muchos devotos de Cachemira visitan su tumba.[78] Según algunas personas, Moisés fue a Cachemira a predicar la palabra de Dios.[79] Los judíos creen que Moisés desapareció y fue a la Tierra de la Promesa, en un lugar lejano de oriente.[80]

Es sorprendente que los cinco lugares que se mencionan en relación con la Tierra de la Promesa: Bethpeor, Hesbun, Pisgá, Monte Nebo y el Valle de Moab, de hecho existan en Cachemira incluso en nuestros días. Según los eruditos de occidente, ninguno de estos lugares se ha identificado. Pero el mapa oficial de la India revela que todos ellos pueden localizarse en la zona de Bandipur. Bethpeor se conocía antes como Behatpur, en Cachemira y ahora se conoce como Bandipur.[81] Hasbon se conoce ahora como Hashba, Pisgá se conoce como Pish, Moab se conoce como Mowu y Nebo se conoce como Nebo o Nil-toop.[82] Todos estos lugares de hecho existen en la zona donde se encuentra la tumba de Moisés.

Moisés era un profeta y Dios le ordenó que no entrara a Palestina y que muriera en la colina de Nabo.[83]

> *Moisés subió de las estepas de Moab al monte Nebo, a la cima del Pisgá, frente a Jericó, y el Señor le mostró todo el país: Galaad hasta Dan, todo Neftalí, el territorio de Efraím y Manasés, todo el territorio de Judá hasta el mar Occidental, 3 el Négueb, el Distrito y el valle de Jericó —la Ciudad de las Palmeras— hasta Soar.*
>
> *Y el Señor le dijo: "Esta es la tierra que prometí con juramento a Abraham, a Isaac y a Jacob, cuando les dije: —Yo se la daré a tus descendientes—. Te he dejado verla con tus propios ojos, pero tú no entrarás en ella".*
>
> *Allí murió Moisés, el servidor del Señor, en territorio de Moab, como el Señor lo había dispuesto.*

Tuvo que obedecer las órdenes, y viajó a Cachemira. La gente creyó en él y su tumba se conoce como el santuario del "Profeta del Libro".[84]

Asentamientos judíos

Después de establecerse en Cachemira, los judíos fundaron muchas aldeas y ciudades, algunas de las cuales existen en la actualidad. La llegada de grupos de judíos a Cachemira continuó durante muchos siglos y también siguieron adoptando las religiones locales. Sin embargo, hubo un periodo en el que los habitantes de Cachemira detuvieron la infiltración de judíos, y sólo permitían la entrada al valle de uno o dos judíos al año.[85]

Por consiguiente, no es extraño que los nombres de muchos lugares que aparecen en la Torah y en la Biblia también se encuentren en Cachemira. Se invita al lector a estudiar la siguiente tabla, que muestra los nombres de lugares que aún existen.

Ashma	Ashma
Ashar	Ashew
Astera	Astore
Babal	Babel
Balbor	Balpura
Benatpore	Bandipor
Karan	Karan
Mattan	Mattan
Nabo	Nabo
Dore	Dore
Haroon	Harwab
Pisgá	Pis
Uri	Uri
Gólgota	Gilgit

Los judíos acostumbran venerar a Dios todos los días, oran con regularidad, estudian con intensidad, y tienen reglamentos sobre la alimentación que se conocen como Cashrut. Insisten en separar a los hombres y a las mujeres en la sinagoga. Además, no permiten que haya música durante las ceremonias religiosas. Los habitantes de Cachemira también tienen estas costumbres, y son muy meticulosos en lo relacionado con el estudio intensivo, las oraciones, las leyes relacionadas con los alimentos y la separación de hombres y mujeres durante la oración. No se toca música instrumental en las ceremonias religiosas comunitarias.

El impacto de las migraciones judías

La migración judía ejerció una gran influencia en el lenguaje, las costumbres y el comportamiento de los habitantes de Cachemira. El ámbito de este libro no nos permite incluir una explicación detallada de las similitudes entre los israelitas y los habitantes de Cachemira, pero se presenta una visión general del impacto de la influencia judía.

Hay muchas palabras hebreas en el lenguaje actual de Cachemira. Se calcula que representan el nueve por ciento, y esas palabras hebreas se siguen utilizando.[86] El hebreo ha ejercido influencia en el lenguaje de Cachemira a lo largo de casi dos mil años.[87] Las primeras tribus judías que llegaron a Cachemira desde Asia Central, hablaban arameo, y este idioma gradualmente se convirtió en el lenguaje de Cachemira.[88]

El lenguaje de Cachemira

Las tribus aborígenes que se establecieron en el valle de Cachemira después de que surgió de las aguas, desarrollaron su propio lenguaje, que podría denominarse la lengua original de Cachemira. Pero con la llegada de otras tribus, como los arios casitas, el lenguaje sufrió cambios. No obstante, las investigaciones revelan que las palabras originales, los modismos y los proverbios son una mezcla de muchos idiomas, como el arameo, el hebreo, el sánscrito y el persa.[89] Los casitas eran un linaje relacionado con los arios, cuyas hazañas están rodeadas de misterio. Se les menciona como Kish en el Antiguo Testamento. Llegaron a ser gobernantes de Babilonia aproximadamente en 1780 a.C. y dieron el nombre de Kish a su ciudad capital.[90] Establecieron un poblado en Persia y lo llamaron Kashan. Después de cruzar el macizo montañoso conocido como Hindu-Kush, fundaron Kashgar en Asia Central. Cruzaron el Río Indo y se establecieron en Kishtawar y en Cachemira. A las tribus casitas también se les ha llamado semitas; viajaron hacia el noroeste de la India y se establecieron en esa región. Encontramos en Cachemira rastros de los alfabetos brahmi y kharosti en la forma de las inscripciones, las losas y los números. Es un hecho que estos dos alfabetos se derivan del alfabeto arameo, que prevaleció en Mesopotamia en el quinto siglo a.C. Por esa razón, el lenguaje actual de Cachemira contiene un 30% de palabras persas, 25% de palabras árabes y

45% de palabras provenientes del sánscrito y otros idiomas, incluyendo el hebreo.[91]

Asimismo, muchas ceremonias que se acostumbran en Cachemira, como las del nacimiento, el matrimonio y la muerte, son iguales a las que prevalecen en Palestina. El periodo de purificación de las mujeres abarca más de un mes en ambas culturas. Los matrimonios de acuerdo a la ley del levirato, en que la mujer se casa con uno de los hermanos de su marido cuando éste muere, o el hombre se casa con la viuda de su hermano para que no se pierda su descendencia, son comunes entre los judíos y también entre los habitantes de Cachemira. El duelo por los difuntos dura cuarenta días en ambas culturas. Incluso los ataúdes tienen el mismo diseño. Los judíos siempre orientan sus tumbas de este a oeste, y se han encontrado ese tipo de tumbas en Cachemira, con inscripciones en hebreo.

Los judíos y los habitantes de Cachemira tienen hábitos alimenticios similares, como el comer pescado ahumado y utilizar el aceite exclusivamente para cocinar.

Lingam, la Piedra Sagrada

Los pandits de Cachemira tienen la costumbre de venerar diariamente la piedra sagrada conocida como Lingam. En todos los santuarios hay una piedra que cubren de flores e incienso, y sobre la que derraman agua y aceite. Para ellos, esta piedra es el falo de Shiva y un símbolo de la creación. A nivel individual, los pandits sienten una gran reverencia hacia ciertas rocas y piedras que se han erigido en muchos lugares, como Jegar, Galeed y Mizpa.[92]

En el Antiguo Testamento encontramos muchos textos que describen la acción de ungir piedras sagradas. El siguiente pasaje es un ejemplo:

A la madrugada del día siguiente,
Jacob tomó la piedra
que le había servido de almohada,
la erigió como piedra conmemorativa,
y derramó aceite sobre ella.[93]

La piedra de Moisés.

En tiempos remotos, la religión de la gente de Canaan era el mismo tipo de politeísmo que el que practicaban los Shivitas de Cachemira. Al igual que en Canaan, cada manantial, colina o ciudad, tiene un amo divino o demoníaco. En ambos países, estos amos pueden ser masculinos o femeninos. En Canaan, se les conoce como Baal o Baalah, y en Cachemira se les conoce como Deva o Devi. En Cachemira, a los amos demoníacos se les llama Beru. En la antigüedad, tanto en Canaan como en Cachemira era común venerar al Sol y a la Luna.

En los templos de ambos países había imágenes talladas o esculpidas. También es significativo que en cada templo hubiera un pilar de piedra conocido como Mizpa en Canaan y como Lingam en Cachemira. Los pandits de Cachemira siguen venerando este pilar de piedra, incluso en nuestros días. Podría mencionarse que en el Canaan de la antigüedad las manifestaciones sexuales de la vida estaban bajo el patrocinio de la diosa Astarté. Durante las festividades había música y danzas frente a su altar y los hombres y mujeres se entregaban a orgías. En la India, se sigue venerando a la diosa Astarté bajo los nombres de *Kumari* o

Durga. Los hindúes creen que Shiva y Durga dan impulso a la creación, y por esa razón se les representa con dos símbolos: el Lingam (falo) y el Yoni (vagina). Los kaulas y los shaktas veneran a Shiva y a Darga comiendo carne, bebiendo vino y entregándose a orgías. La práctica de la magia y la brujería estaba muy extendida tanto en Canaan como en Cachemira. Con la llegada de los seguidores del judaísmo, muchas de estas prácticas desaparecieron. Pero lo importante es que existen paralelismos entre Cachemira y Canaan en tiempos remotos.

Según la historia hebrea, cuando Moisés no estaba presente, los Hijos de Israel empezaron a venerar a un becerro. Entre los hindúes, la tradición de venerar a un becerro ha continuado hasta nuestros días. Después de ocupar la tierra de Canaan, los judíos no pudieron evitar el adoptar algunas de las prácticas religiosas antiguas. Adoptaron cierta forma de idolatría y crearon imágenes de toros y serpientes para venerarlas.[94] Entre los hindúes, en la India en general, y entre los pandits de Cachemira, el venerar al toro de Shiva y a las serpientes es una práctica común. Los seguidores del hinduismo sienten una fascinación especial por el *Shank*, y los seguidores del judaísmo han dado gran importancia al *Shofar*. En todas las festividades y ceremonias religiosas, los hindúes tocan el Shank, un cuerno creado con un caracol de mar. Los judíos, por su parte, tocan el Shofar, que es un cuerno de chivo. Es una práctica común tocar el Shofar en la sinagoga todas las mañanas a la hora de hacer oración. De la misma forma, el Shank se toca cada mañana en los templos hinduistas de Cachemira a la hora de recitar las oraciones del *Bhajan*. Tanto los judíos como los hindúes tocan estos cuernos en el punto culminante de sus oraciones. Es una extraña coincidencia que ambas comunidades tengan una oración especial para pedir lluvia pues es una bendición para la tierra.

Entre los hindúes, Dewali es el festival de las luces; y los judíos tienen un festival similar conocido como *Chanu-kah,* durante el que se encienden lámparas de aceite. Ambos festivales conmemoran victorias.

En el mes de *Visakh,* los pandits de Cachemira tienen el festival de Visakh. Se cree que este es un día propicio para beber y comer alimentos especiales. Se celebra en la primera quincena de abril y es similar al festival judío de *Pesakh,* que se celebra al principio de la primavera. En el *Pesakh,* los judíos comen una clase especial de pan.

Hay otro festival de los pandits de Cachemira que merece consideración. Se le conoce como *Til-Ashtami,* y se celebra en el octavo día lunar del undécimo mes del año. Mientras se encienden lámparas y se esparce arroz sobre ellas, el sacerdote principal derrama aceite sobre la piedra sagrada conocida como lingam. Esta ceremonia es similar a la ceremonia de los judíos en la que ungen el tabernáculo con aceite.

Jesús en Cachemira

En las páginas siguientes abordaremos información relacionada con la vida de Jesucristo la cual mostrará que él viajó a Cachemira buscando las tribus perdidas de Israel. En Cachemira, no sólo se cree que Jesucristo honró con su presencia este valle después de salir de Jerusalén, sino que en toda el Asia Central, al igual que en Ladakh y en Tibet, se tiene la firme creencia de que Jesucristo visitó estos países.[95]

Por consiguiente, no es una coincidencia extraña que haya en ellos una docena de poblados y aldeas cuyo nombre se relaciona con el nombre de Jesús, o que se les dio el nombre que tienen para honrar a Jesús. Podría mencionarse desde un principio, que a Jesús se le conoce como Yuzu, Yusu o Issa en Cachemira. Algunos de los lugares que se relacionan con su nombre son:

Ishabar, que significa el lugar de Isa.
Ishmuqam, que significa el sitio de Isa.
Yus midan, que significa la tierra de Yusu.
Yusmarg, que significa el jardín de Yusu.
Yusnag, que significa el manantial de Yusu.

Todos estos sitios reciben visitas de habitantes de la zona y de los turistas que visitan Cachemira. Podría mencionarse que a Jesús se le da el nombre de Yusu en hebreo.

Las crónicas antiguas de Cachemira nos dicen que hace casi 2000 años, el famoso santo Isana vivía aquí y que resucitaba a los muertos. Isa significa Cristo, pues así se le conoce en oriente. Este Isa santo salvó al príncipe de los arios de la cruz y le dio vida. Esta historia corresponde al relato bíblico sobre la resurrección, tal como aparece en la historia antigua de Cachemira.

Es una coincidencia extraña que Cristo haya conocido al Rey de Cachemira un poco antes del año 78 d.C. Su conversación se reproduce en un manuscrito que data del año 115 d.C.[96]

Tal vez a los cristianos les parezca extraño enterarse de que Jesús proclamó su misión profética en Cachemira y murió allá. Y sin embargo, su tumba se encuentra en Khanyar, en Sringar, Cachemira. En ella hay una piedra con la impresión de sus pies.

Tumba.

Todos estos temas se abordarán en las páginas siguientes. En este momento sólo diremos que las investigaciones que se han realizado sobre este tema hasta la fecha, han establecido que Jesucristo visitó la India en dos ocasiones; una a la edad de trece años y la otra después de los cuarenta años. A continuación, presentamos una traducción de un poema escrito en la lengua de Cachemira sobre la tumba de Jesucristo:

Aquí está la tumba,
tan famosa y luminosa:
es el lugar santo del Profeta.
Aquel que se incline ante ella,
recibirá luz y consuelo.
Según la tradición,
hubo un príncipe,
talentoso, piadoso y grande:
él recibió el Reino de Dios;
dedicó su vida al Todopoderoso,
se le ordenó ser Profeta,
un guía para los devotos.
Esta es la Tumba del Profeta
que se conoce como Yuz-Asaph.[97]

El Hijo de Dios 3

Antes de que nada existiera Cristo estaba con Dios

—San Juan

ANTES DE LA difusión del cristianismo existieron en la región muchos cultos mistéricos además del judaísmo. Es natural suponer que tales cultos fueron el fundamento del cristianismo. Todos ellos eran cultos imperiales que surgieron en el oriente y fueron penetrando en el mundo occidental después de la conquista de Alejandro. Estos cultos mistéricos se originaron en India, Irán, Mesopotamia, Egipto y Grecia. Aunque han tenido un efecto limitado en el cristianismo, no puede negarse que forman la base del pensamiento y la mitología cristianos. El budismo también comenzó como un culto mistérico que daba un enorme énfasis al *mukti,* o la salvación del alma. Por consiguiente, el hecho de que se describa a Jesucristo como "salvador" tiene su origen en el pensamiento budista.

El mitraísmo de Irán también comenzó como un culto mistérico. Lo mismo puede decirse de los cultos del maniqueísmo y el mandeísmo en Persia. Podríamos mencionar que el maniqueísmo recibió una gran influencia de las doctrinas budistas sobre el Nirvana y el Pari-nirvana. Mani, el fundador de esta religión, nombró a doce discípulos, como lo hizo Jesucristo, para que propagaran sus doctrinas. La influencia de la mitología hindú se refleja en los escritos de apóstoles posteriores, que narran sucesos relacionados con la pre-existencia de Jesucristo y su reencarnación en este planeta.

La pre-existencia de Jesucristo

Creer en la pre-existencia de Jesucristo significa adherirse al cristianismo. Juan da a entender la pre-existencia de Jesucristo cuando dice:

> *En el principio existía la Palabra.*
> *Y la Palabra estaba con Dios.*
> *Y la Palabra era Dios.*
> *Ella estaba en el principio con Dios.*[1]
> *Y la Palabra se hizo carne,*
> *y puso su morada entre nosotros...*
> *llena de gracia y de verdad.*[2]

Tomando en cuenta lo anterior, deducimos que Jesús existía en el principio con Dios. Después se hizo carne y puso su morada entre nosotros, lleno de gracia y de verdad. El significado sería claro si introdujéramos el nombre de Jesús en donde dice "la Palabra":

> *En el principio existía Jesús.*
> *Y Jesús estaba con Dios.*
> *Y Jesús era Dios.*
> *Él estaba en el principio con Dios.*
> *Y Jesús se hizo carne,*
> *y puso su morada entre nosotros...*
> *lleno de gracia y de verdad.*

Esto haría que Jesucristo fuera igual a Dios y tuviera una interconexión con Él. Al mismo tiempo mostraría que Jesús, que era Dios, vino a esta tierra en forma humana y vivió entre nosotros con gracia y con verdad. La vida de Jesús en este mundo fue la vida terrena de Dios. Esto también significaría que Dios se encarnó en forma humana. También se señala que Jesús bajó del cielo y ascendió al cielo. Antes vivió con Dios en el cosmos, y luego ascendió hacia él.

> *Si al deciros cosas de la tierra,*
> *no creéis, ¿cómo vais a creer*
> *si os digo cosas del cielo?*
> *Nadie ha subido al cielo*
> *sino el que bajó del cielo,*
> *el Hijo del hombre que está en el cielo.*[3]

Aquí, Jesús nos pide que creamos en su ascensión al cielo y en el hecho de que descendió del cielo. No hay razón para no creerle, pues se trata de una alegoría espiritual. Antes de su ascensión, dos hombres vestidos de blanco dijeron:

> *Hombres de Galilea,*
> *¿qué hacéis ahí mirando al cielo?*
> *Este que os ha sido llevado,*
> *este mismo Jesús,*
> *vendrá así tal como le habéis visto subir al cielo.* [4]

En el texto anterior se proclama el advenimiento de Jesucristo que llega del cielo. Él era Dios, vino a la tierra y se fue de ella. Este es el hecho mitológico que se describe en la Epístola a Timoteo:

> *Él ha sido manifestado en la carne,*
> *justificado en el Espíritu,*
> *visto por los Ángeles,*
> *proclamado a los gentiles,*
> *creído en el mundo,*
> *recibido en la gloria.*[5]

Pedro también afirma la pre-existencia de Jesucristo cuando declara que se predestinó a Jesucristo antes de la creación del mundo, pero se nos manifestó en los últimos tiempos.[6]

Algunos eruditos han señalado que la teoría de la encarnación es algo que los apóstoles añadieron posteriormente. Pero la idea de la pre-existencia y la encarnación aparece en el Evangelio de Juan, que es una parte antigua e importante de la Sagrada Biblia. La encarnación de los dioses y las diosas ha sido un dogma básico en casi todas las religiones del mundo. No es sorprendente que las doctrinas sobre la pre-existencia y la encarnación de Jesús, como Dios, tengan el lugar que merecen en la mitología cristiana.

Explicación

Los conceptos de un Dios encarnado, del Hijo de Dios y del Mesías, tienen sus raíces en la antigua mitología egipcia. Es un hecho histórico que en Egipto se consideraba que los faraones eran dioses o seres divinos. Ocurre lo mismo en la mitología hindú. En Asiria, se decía que el Rey era el Hijo de Dios. En Israel, incluso se dice que los ángeles que preñaron a las mujeres humanas eran "Hijos de Dios".[7] En el Antiguo Testamento, la frase "Hijo de Dios" se utiliza en el título que se les da a Abraham, a Moisés y a otros profetas. Pero ningún profeta del Antiguo Testamento ha reclamado para sí la posición de Dios o de Dios Encarnado. Esto es exclusivo de Jesús. La idea de la encarnación es el centro de la mitología hindú y es probable que Jesús se haya familiarizado con ella durante su primer viaje a la India. Él mismo afirma, en tres textos de la Biblia, que es el Hijo de Dios.

Nombre

Después de su advenimiento, Jesucristo llegó a conocerse con diversos nombres y títulos, los cuales mencionaremos a continuación:

Dios: Timoteo cree que Jesucristo es Dios que se manifestó en la carne y vino a la tierra.[8]

Hijo de Dios: El propio Jesús creía que él era el Hijo de Dios. En su conversación con el Rey de Cachemira, dijo que se le conocía como el Hijo de Dios.[9] Se dirige a Dios como Abba, que significa

Padre.[10] Menciona a Dios como Padre en numerosas ocasiones en los Evangelios.

Hijo del Hombre: En el Nuevo Testamento, se llama a Jesús Hijo del Hombre en diecinueve ocasiones.

Emanuel: Se menciona a Jesús como Emanuel, un nombre que se refiere al futuro rey que traería paz y prosperidad al pueblo.[11]

Jesús: Este nombre aparece con frecuencia en el Nuevo Testamento. También se le menciona como Jesús de Nazareth o como Jesucristo.

Josué: Uno de sus nombres más antiguos fue Josué, pero los Evangelios no lo llaman así[12] porque ya existía un Josué en el Antiguo Testamento, de modo que esto también ha causado confusiones.

Jesús: En arameo se le llama Jesu.

Yusu: En todas las traducciones del Nuevo Testamento a lengua urdu, el nombre de Jesús aparece como Yusu.

Yuzu: En lengua persa, se le llama Yuzu o Yuz.

Issa: En árabe, se conoce a Jesús como Issa o Isha.

Iesus: Entre los griegos, se le conoce como Iesus.

Cristo: En los evangelios, se le llama Cristo en numerosas ocasiones. La palabra proviene de la palabra hebrea Masiah, que significa el ungido.[13] El propio Jesús afirmó que Él era el Cristo.[14]

Señor: A Jesús también se le llama Señor durante su vida en la tierra. Pero cuando dijo: "¿Por qué me llamáis: 'Señor, Señor', y no hacéis lo que digo?", dio a entender que no le agradaba este título honorífico.[15]

Mesías: A Jesús también se le conoce como Mesías, pues viajó al oriente y esta palabra significa viajero.[16] En el oriente, esta palabra significa sanador, y Jesús podía curar a los enfermos. Esta palabra o título se utilizó en dos ocasiones en el Evangelio de Juan. Antes de la llegada de Cristo, los judíos esperaron a dos Mesías; el de la dimensión temporal y el de la dimensión espiritual, ambos tenían más o menos el mismo rango.

Nazareno: Según Mateo, cuando Jesús fue a vivir a la ciudad llamada Nazareth, se le llamó Nazareno.[17] Según los primeros cristianos, a ellos también se les conocía como Nazarenos.[18]

Es interesante notar que en el idioma de Cachemira a los cristianos se les dice Nasara o Nasarenos, lo que equivale a Nazareno. Después de ser arrestado por el gobernador romano, Pablo fue acusado de sedición entre los judíos y se dijo que era el cabecilla de la secta de los Nazarenos. De modo que es evidente que para finales del primer siglo a los cristianos se les conocía como Nazarenos entre los judíos en varias partes del mundo. Tal vez este era su título; equivale a *nazir* en árabe y significa una persona cuyo propósito es guiar a la humanidad en el camino recto. Tomando esto en cuenta, Jesucristo ciertamente fue un mensajero de Dios que llegó a Israel. La palabra árabe *nazar* significa "signo" y proviene de la palabra hebrea *Netzor*. En lo que concierne a Nazareth, que también significa "atalaya" o "torre de vigilancia", es posible que este lugar haya tenido vínculos con Qumrán, pues sabemos que ahí había una torre cerca del monasterio. También es evidente que, desde su nacimiento, a Jesús se le educó en zonas cercanas a Qumrán, donde había muchos monasterios de los Esenios.

El uso del nombre de "Jesús" es una invocación con la que se pide la salud, y el nombre de "Josué" viene del idioma sánscrito.[19]

Según Mateo, a Jesús se le conocía como Nazareno porque había viajado a una ciudad llamada Nazareth y había vivido ahí. Esta ciudad se encontraba en la zona central de Palestina; su ubicación exacta era: 32°-40° y 35°-30°.

El nombre "Cristo" es una traducción de la palabra griega *Christos*, que significa Mesías o ungido.

Los manuscritos que se encontraron en Qumrán nos dicen que se esperaba la llegada de dos Mesías, uno sacerdotal y otro soberano. Esta es su descripción:

Y el Sacerdote
y el Ungido

vendrán con ellos,
pues él es el jefe
de toda la congregación de Israel.
Y luego vendrá
el Mesías de Israel
y ante él se sentarán
los jefes de las tribus,
todos los jefes de la congregación,
los sabios de Israel,
cada uno según el rango que le corresponde. [20]

Tomando esto en cuenta, parece que el Mesías de Israel tiene una gran categoría, pues ante él se sentarán los jefes de las congregaciones. Es interesante notar que en Cachemira, los cristianos también reciben el nombre de Kri o *Chri*. Es posible que se les haya dado este nombre como una palabra que proviene de las palabras *Christos* o *Kyrios*, que utilizaban los griegos y los egipcios. Tal vez su significado sea Señor o Dios, y esos títulos se le daban a los reyes durante los periodos más antiguos de nuestra historia.

Yuzu-Asaph

En Cachemira, a Jesús se le conoce como Yuzu-Asaph, y también como Juzu-Asaph. La palabra Yuz o Juz equivale a Yuzu y Jesu, y Yuzu-Asaph y Juzu-Asaph equivalen a Josué, el nombre original de Jesús. Es necesario señalar que Josué fue un profeta importante y asistente de Moisés.[21] Asaph (Josué) compuso varios salmos del Antiguo Testamento.[22] Durante el reinado del famoso Emperador Mogol de la India, Akbar el Grande, se conoció a Jesucristo como Yuzu Kristo. En uno de los poemas de Faizi, el poeta de la corte de los Mogoles, se dice dirigiéndose a Jesucristo:

Ai ke nami too; Yuzu Kristo
Tú, que llevas el nombre de Jesucristo

En una de las historias más antiguas de Cachemira encontramos una explicación de la forma en que se dio a Jesús el nombre de Yuzu-Asaph. Mulla Nadri escribe:

> *En las escrituras antiguas hindúes, encontré que el que asumió el nombre de Yuzu-Asaph fue Jesús, el Espíritu de Dios.*[23]

Además, hay una inscripción en el interior de un templo que a nivel popular se conoce como Takhat-i-Sulaiman, en Srinagar, Cachemira, que contiene los siguientes versos:

> *En este periodo, Yuzu-Asaph proclamó su ministerio; era el año 54. Él es Yuzu, el profeta de los Hijos de Israel.*

Así como el nombre de José equivale a Yosaf en el oriente, el nombre de Jesús se transformó en Yusu. El estudio de los Manuscritos del Mar Muerto revela que *Asaph* o *Yuzu-Asaph* era un nombre místico que se daba a Jesucristo.[24]

Belén

Como Jesús era el Hijo de Dios, el lugar de su nacimiento se ha convertido en un tema de controversias. Mateo y Lucas afirman que Jesús nació en Belén, mientras que Marcos señala que el lugar de su nacimiento fue Nazareth.[25] Es evidente que quienes compilaron el Nuevo Testamento originaron esta controversia. Durante el periodo que estamos estudiando, la región estaba dividida en tres partes conocidas como Samaria, Galilea y Judea. Mateo afirma que Jesús nació en Belén durante el reinado de Herodes.[26] Marcos dice que el país de Jesús era Galilea, y el hecho de que diga que a un profeta no se le honra en su propia patria, es de vital importancia. Lucas afirma que María vivía en Nazareth, una ciudad de Galilea, cuando la visitaron los ángeles enviados por Dios.[27] Menciona que Jesús nació en Belén:

> *Iban todos a empadronarse,*
> *cada uno a su ciudad.*

Subió también José desde Galilea,
de la ciudad de Nazareth, a Judea,
a la ciudad de David,
que se llama Belén,
por ser él de la casa y familia de David,
para empadronarse con María,
su esposa, que estaba encinta.
Y sucedió que, mientras ellos estaban allí,
se le cumplieron los días del alumbramiento,
y dio a luz a su hijo primogénito,
le envolvió en pañales
y le acostó en un pesebre,
porque no tenían sitio en el alojamiento.

Juan guarda silencio en lo que se refiere a este tema, pero insinúa que Jesús es oriundo de Galilea.

Otros decían: "Este es el Cristo."
Pero otros replicaban:
"¿Acaso va a venir de Galilea el Cristo?
¿No dice la Escritura que el Cristo
vendrá de la descendencia de David
y de Belén, el pueblo de donde era David?".
Se originó, pues, una disensión entre la gente
por causa de él.[28]

También se le dan a Jesús los nombres de Jesús de Galilea o Jesús de Nazareth.[29] La antigua ciudad de Nazareth ha dejado muchos rastros. Se localizaba en un nivel más alto de la colina que la aldea actual, y allá, a una altura de 300 metros sobre el nivel del mar, se apiñaban sus casas pequeñas; una de ellas pertenecía a José el carpintero.[30] Es evidente que tenemos que localizar a Belén y Nazareth en esta región.

Balén, conocida como Nosiriyyah, se encontraba en Galilea, en el valle de Esdrasion. Nazareth también era una ciudad de Galilea, que estaba a unas siete millas de Belén. Por lo tanto, es un hecho que Jesús era de Galilea y con toda razón lo llamaban Je-

Belén.

sús de Galilea. También es un hecho que venía de Nazareth, pues sus padres vivían ahí, y por consiguiente, con toda razón lo llamaban Jesús de Nazareth.

Jesús nació en Belén, no en su aldea. Aunque se ha dicho que el sitio de su nacimiento es tema de controversias, parece que no es necesario profundizar mucho el tema. Existen motivos para creer que quienes compilaron los Evangelios no tenían intereses personales al respecto y que la sinceridad de sus propósitos no puede cuestionarse.

José y María

Mateo y Lucas proporcionan dos genealogías de Jesús, en las que encontramos varias discrepancias y errores. Mateo dividió la genealogía de Jesús en tres secciones de catorce nombres cada una. No sólo omitió algunos nombres que aparecen en el Antiguo Testamento, sino que cometió un grave error en la última sección, pues sólo menciona trece nombres entre Jeconías y Jesús. Por consiguiente, Mateo incluye un total de cuarenta y un generaciones, en lugar de cuarenta y dos. Sin embargo, es lo bastante sincero como para decir que José es el padre legítimo de Jesús, y menciona el nombre de Cristo en la tercera sección:

> *Jacob fue padre de José, el esposo de María, de la cual nació Jesús, que es llamado Cristo.*

En lo relacionado con el problema de cómo puede creerse que Jesús es el Hijo de Dios, y en base a qué autoridad debemos creerlo, es importante considerar el hecho de que Mateo menciona que Jesús proviene de la tercera sección de la genealogía. Pero de ser así, entonces el número de generaciones debe reducirse a doce, pues Mateo ya había omitido una generación.[31]

Debe notarse que Lucas también afirma que Jesús es hijo de José.[32] También dice que Adán es hijo de Dios. Cuando tanto Ma-

José, vestido como un ángel, se encuentra con María en el templo.

teo como Lucas declaran que José es el esposo de María y el padre de Jesús, es difícil reconciliar esta afirmación con la teoría del nacimiento virginal. Este problema se abordará más tarde, cuando terminemos de exponer nuestros puntos de vista sobre la genealogía de Jesucristo.

La tradición de compilar genealogías era muy común entre los judíos de Palestina en esa época. Esas compilaciones podían ser genuinas o ficticias, pero de todas formas tenían un propósito. Teniendo en mente esta tradición, cuando consideramos la genealogía de Jesús, llegamos a la conclusión de que las genealogías del Evangelio no se compilaron basándose en la descendencia biológica sino en los requisitos establecidos por mitologías proféticas. Por esa razón, ambos apóstoles introducen el tema de la concepción virginal después de decir que José es el padre de Jesús.

La genealogía que preparó Lucas avanza en forma ascendente desde Jesús hasta Adán y contiene setenta y siete nombres. Además, incluye a Dios como ancestro de Jesús. Por lo tanto, parece que Mateo y Lucas prepararon genealogías divergentes. Pero también es cierto que ambos apóstoles están tratando de establecer el linaje de Jesucristo como descendiente de David.

Aunque los Evangelios rastrean el linaje de José, no se cuenta con información exhaustiva sobre María. Ella fue hija de Joaquín y de su esposa Ana.[33] Su prima Isabel estaba casada con Zacarías. Ella pertenecía a la familia de Aarón.[34] Zacarías era un sumo sacerdote que vivía lejos de las ciudades importantes de Galilea. José se casó con María a instancias de Zacarías y del templo la llevó a su casa. Jesús nació cuando ella tenía catorce años de edad.[35] Surgió una controversia por el hecho de que María estaba comprometida con José cuando se estaba preparando un velo para el templo, y no debía tener relaciones carnales con su esposo.

Según la tradición, Jesús nació en la familia de José, que trabajaba como carpintero en Nazareth. María su madre había estado comprometida con José, y se cree que Jesús nació de una virgen. Es un hecho histórico que los ancestros de Jesús llegaron de Asiria, que es el lugar donde se originó la religión de Zoroastro.

Abraham y los profetas que le siguieron, incluyendo a Moisés, construyeron el edificio del judaísmo basándose en esta religión primitiva. Los esenios también desarrollaron su filosofía a partir de las formas primitivas de los rituales de la religión de Zoroastro. Por consiguiente, José y María tenían en la sangre estos ingredientes primitivos.

Nacido de una Virgen

El tema del nacimiento virginal se ha discutido públicamente y ha causado inquietud y dudas. El cuestionamiento no sólo brota de quienes no son cristianos, sino también de cristianos sinceros, y algunos de ellos han opinado que el nacimiento virginal es absurdo e increíble. Esta cuestión también preocupaba a Lucas, quien presenta el siguiente relato:

Había un sacerdote judío llamado Zacarías, cuya esposa, Isabel, también pertenecía a la clase sacerdotal. No tenían hijos. Un día, cuando Zacarías estaba quemando incienso en el santuario del templo, se le apareció un ángel que le dijo que su esposa le daría un hijo. Zacarías permaneció en el templo varios días y luego regresó a casa. Poco después, su esposa quedó preñada. Al mes siguiente, Dios envió el ángel a visitar a otra virgen, que estaba comprometida para casarse con un hombre llamado José.

Y entrando, le dijo:
"Alégrate, llena de gracia,
el Señor está contigo.
Bendita tú entre las mujeres".[36]

María no estaba acostumbrada a ese trato y se turbó por lo que el ángel le dijo, preguntándose lo que podría significar ese saludo. Cuando ella pensó en alejarse de ahí, el ángel, que quería que ella se quedara, le dijo:

No temas, María,
porque has hallado gracia delante de Dios;
vas a concebir en el seno

y vas a dar a luz un hijo,
a quien pondrás por nombre Jesús.[37]

Para darle seguridad, el ángel añadió:

Él será grande
y será llamado Hijo del Altísimo,
y el Señor Dios le dará el trono de David,
su padre; reinará sobre la casa de Jacob por los siglos
y su reino no tendrá fin.[38]

En ese momento, María estaba totalmente bajo la influencia del ángel, pero en su inocencia, expresó su asombro ante la posibilidad de tener un hijo, ya que era virgen. Pero el ángel, cuya influencia la había dominado por completo, le dijo:

El Espíritu Santo vendrá sobre ti
y el poder del Altísimo
te cubrirá con su sombra.[39]

Lucas usa palabras alegóricas para describir el encuentro del ángel con María. Ahora el ángel "la cubría", la había "dominado". Y para darle seguridad, le dijo:

Por eso el que ha de nacer será santo
y será llamado Hijo de Dios.

Es posible que después del coito con el ángel, María se haya sentido intranquila pues no sabía cómo hablar a sus padres sobre lo que había pasado; pero el ángel la tranquilizó diciéndole que su parienta Isabel también había concebido un hijo en esa forma en su vejez y que ya estaba en el sexto mes del embarazo. Como respuesta, María dijo que ella era la esclava del Señor, y que estaba dispuesta a hacer todo lo que el ángel le pidiera.[40]

Poco después, María viajó a toda prisa a la casa de Isabel. Al escuchar el saludo de María, el niño se regocijó en su seno e Isabel lanzó un fuerte grito:

Bendita eres entre las mujeres,
y bendito es el fruto de tu vientre.[41]

María se quedó en la casa de Zacarías durante tres meses. E Isabel la tranquilizó diciéndole:

¡Feliz la que ha creído que se cumplirían las cosas que le fueron dichas de parte del Señor!

El matrimonio

Por razones obvias, el interés de quienes compilaron los Evangelios se centraba ante todo en Jesús crucificado, y por lo tanto, proporcionan muy poca información sobre José, María y su matrimonio. Por consiguiente, tenemos que buscar la información que necesitamos en otras obras que la Iglesia Católica descartó diciendo que "no eran textos originales". El árbol genealógico de José que presenta Mateo, indica que él pertenece a la familia de David. De manera similar, en el Evangelio de Lucas hay muy poca información sobre la genealogía de María. Su verdadero nombre era Miriam o Mari. Su nacimiento también fue milagroso y se describe en esta forma:

Joaquín y su esposa Ana vivían en Nazareth. No tenían hijos y eso los entristecía. El Evangelio de Santiago, conocido también como el *Protoevangelium Jacobi,* nos proporciona la siguiente información sobre el nacimiento de María:

Rubén, el sacerdote, le dijo a Joaquín que como no le había dado hijos a Israel, no estaba calificado para presentar ofrendas en el Templo. Se entristeció y le habló de esto a su esposa, quien le recordó que ella era estéril y se lamentó diciendo:

¡Ay de mí!
¿A qué me parezco?
No soy como las aves del cielo,
pues las aves del cielo
son fértiles ante tus ojos,
Señor.

Entonces, bajó del cielo un ángel y le dijo que si se le bendecía con un hijo, ella debería llevarlo al templo y ofrecerlo para el servicio de Dios.

Y así, gracias a la voluntad de Dios, Ana dio a luz a una niña y le dio el nombre de Miriam. Cuando la niña cumplió tres años, la llevaron al templo y la dejaron a cargo del sacerdote Zacarías. Ella permaneció en el templo hasta los doce años de edad, cuando la visitó el ángel que Dios envió. Ella habló de esta visita con Isabel, quien la felicitó y le dijo que Dios la había favorecido. Entonces Zacarías, siguiendo la costumbre de los judíos, mandó llamar a los solteros de la comunidad y declaró:

Que cada uno se presente con una vara,
y ella será la esposa de aquel
al que el Señor dé una señal.[42]
Y José dejó a un lado su azuela
y corrió a encontrarse con los heraldos,
y cuando se reunieron,
fueron a ver al sumo sacerdote.
Se colocaron las varas en la fuente
que estaba a las afueras del Templo;
cuando la vara de José subió a la superficie,
bajó una paloma
y se echó junto a ella.

Entonces, de acuerdo a lo que Dios había ordenado, una señal del cielo indicó que María debería ser la esposa de José. Él era un hombre de buenos principios y quiso romper el compromiso.[43] Pero lo acusaron de incontinencia y lo interrogaron para saber por qué se había olvidado del Señor.

Y José no dejaba de llorar,
y el sacerdote le dijo:
Te haré beber el agua de la convicción del Señor;
eso hará que tus pecados
aparezcan frente a tus ojos.[44]

El sacerdote le dio a beber agua sagrada y lo mandó a las colinas. Pero regresó íntegro, pues no se habían encontrado pecados en él. Por tanto, no se le condenó sino que se le pidió que llevara a María a su casa. Entonces, José llevó a María a su casa lleno de gozo y glorificando al Señor de Israel.[45]

Pablo, el principal exponente del dogma cristiano, habla del origen de Jesús de la siguiente manera:

> *Jesucristo, nuestro Señor*
> *...nacido del linaje de David*
> *según la carne.*[46]
> *Dios envió a su Hijo,*
> *nacido de mujer,*
> *nacido bajo la ley.*[47]

En lo que concierne al nacimiento de Jesús, Pablo hace las siguientes observaciones:

a) Jesús nació según la carne.
b) Jesús nació de una mujer.
c) Jesús nació bajo la ley.

Las observaciones de Pablo que se presentan aquí se ven con más claridad cuando leemos lo que Jesucristo tiene que decir sobre el divorcio. Cuando los fariseos se acercaron a él para hacerle preguntas relacionadas con la ley, él dijo:

> *...desde el principio de la creación,*
> *Dios los hizo varón y mujer.*
> *Por eso, el hombre dejará a su padre y a su madre,*
> *y se unirá a su mujer,*
> *y los dos no serán sino una sola carne.*
> *De manera que ya no son dos,*
> *sino una sola carne.*[48]

La afirmación de que Jesús nació bajo la ley y según la carne, es un testimonio de que Jesús nació según las leyes de la naturale-

Santa María.

za, es decir, por la unión de un hombre y una mujer, y en el caso de Jesús ellos sólo pudieron ser José y María.

El Hijo de Dios

Según la ley, la relación marital entre el hombre y la mujer se establecía en el momento de los esponsales (promesa de matrimonio que se hacen y aceptan los novios). También es un hecho que no se les prohibía cohabitar entre los esponsales y la celebración del matrimonio, y podían tener relaciones íntimas poco después de la ceremonia inicial. La celebración del matrimonio podía llevarse a cabo más tarde. La única condición en que acordaban ambas partes era que en el momento de los esponsales, era obligatorio que el novio pagara la "compensación" al padre de la novia. En cuanto se pagaba el dinero, la transacción del matrimonio estaba completa y el esposo tenía todos los poderes sobre su esposa. Según la tradición laica, el novio tenía el privilegio y la obligación de cohabitar con su esposa tan pronto como se llevaran a cabo las promesas de los esponsales.[49]

La teoría mitológica del nacimiento virginal que plantean los Apóstoles Mateo y Lucas no se corrobora en los Evangelios de Marcos y de Juan. Es más, tampoco encontramos ninguna referencia a él en las Epístolas. Por consiguiente, podría argumentarse que al decir "nacimiento virginal" quienes compilaron los Evangelios se referían a un nacimiento milagroso, en el que la madre no sufrió dolor físico. Fue un nacimiento divino porque Dios deseaba encarnarse en la persona de Jesús. Por tanto, el relato según el cual el ángel de Dios visitó a María no debe interpretarse en forma literal. En el mejor de los casos, fue una especie de sueño o ilusión que María tuvo cuando fue a visitar a Isabel.

También es un hecho que el concepto del nacimiento divino era muy popular durante el segundo siglo de nuestra era, y para satisfacer al ego de los creyentes, se introdujeron en los Evangelios ciertos elementos y alteraciones. El resultado neto sólo fue empeorar la confusión.

La versión de los Esenios

Los Esenios tienen una versión diferente del nacimiento de Jesús. El siguiente pasaje explica su punto de vista:

> *Ahora hablaré del origen de este hombre, que amaba a todos los hombres, y por quienes sentía gran estima, para que ustedes tengan un conocimiento completo sobre él. Desde la infancia se le educó para nuestra Hermandad. De hecho, un esenio, que la mujer creyó que era un ángel, hizo predic-*

ciones sobre él. Esta mujer solía imaginar muchas cosas relacionadas con lo sobrenatural y con los misterios de la vida, y sentía un profundo interés y un gran deleite en las cosas que no se podía explicar. Nuestro hermano ha reconocido ante nosotros su participación en estos sucesos, y ha convencido a la Hermandad en secreto para que busque y proteja al Niño. Y nuestra Orden ejerció influencia sobre José, que era un hombre de gran experiencia en la vida, y tenía una profunda devoción hacia la verdad inmortal, para que no abandonara a la mujer ni interfiriera con su fe en la naturaleza sagrada de su experiencia, y para que fuera un padre para ese niño hasta que nuestra Hermandad lo admitiera como novicio.[50]

Este pasaje da a entender que el advenimiento de Jesús se relaciona con los rituales místicos del tantrismo. En varios tratados sobre los tantras hindúes, se dice que los Shakti y los Shakta llevaban a cabo el *Mythuna* sagrado, que bien podría describirse como un coito celestial. La versión que aquí se presenta crea la impresión de que Jesús fue el hijo de un Esenio que María pensó que era un ángel. Si esta versión es correcta, entonces podríamos suponer que el sumo sacerdote de la orden visitó a María, y se le pidió a José que fuera un padre para este niño durante algunos años. Eso establece una relación muy cercana entre los Esenios y Jesús.

Cuando José se dio cuenta de que su prometida ya estaba encinta, quería dejarla. Pero el mensajero especial del sumo sacerdote de los Esenios influyó en él para que no la dejara y para que no interfiriera con sus creencias.

Como José era leal a los Esenios, estuvo de acuerdo en ser el padre del niño hasta que se le admitiera en la Orden como novicio. Esto significa, entonces, que la Orden de los Esenios protegió a Jesús a lo largo de su vida y también en el momento de su crucifixión. Este tema se abordará en los capítulos siguientes.

Jesús fue concebido en una forma única, en la que el proceso natural de fertilización se pasó por alto. Un ángel bajó del cielo a la tierra e introdujo la Palabra de Dios en la vulva de María. El resultado fue que María tuvo un hijo como consecuencia de esta unión divina. Por tanto, se dice que Jesús es el Hijo de Dios. Este título era sólo una metáfora pero con el tiempo adquirió un sentido real. En el pasado, los judíos se habían considerado Hijos de Jehová y se decía que todos los seres humanos eran Hijos de Dios. También es importante notar que en el judaísmo el calificativo de Hijo de Dios se utilizó también para los ángeles que solían tener coitos con las mujeres humanas.

María y Jesús.

> *Cuando los hombres comenzaron a multiplicarse sobre la tierra y les nacieron hijas, los hijos de Dios vieron que estas eran hermosas, y tomaron como mujeres a todas las que quisieron.*[51]

En el Antiguo Testamento, se eliminó al padre terrestre en el caso de Isaac. La idea de la concepción virginal también está presente en las escrituras.[52] No sólo los ángeles visitaron a las vírgenes en la tierra, sino que Dios mismo visitó a Sara en su soledad. "El Señor visitó a Sara como lo había dicho, y obró con ella conforme a su promesa. En el momento anunciado por Dios, Sara concibió... un hijo".[53]

Noé también nació en forma milagrosa. La versión apócrifa del Génesis que se encontró entre los Manuscritos del Mar Muerto nos dice que cuando la esposa de Lamec quedó preñada por la intervención de un ángel, él expresó sus sospechas y declaró que su esposa le había sido infiel.[54] Pero ella lo repudió diciendo que un ángel sagrado había venido a ella.

La mayor dificultad se presenta cuando descubrimos que Marcos no menciona el nacimiento virginal. Es extraño que Juan también guarde silencio al respecto. Es más, Pablo no relata este suceso. Al parecer este concepto no existía en su tiempo o ellos no creían que el nacimiento de un niño fuera posible sin estar presentes los tres elementos que se requieren para una creación: el hombre, la mujer y la energía creativa. En una sola ocasión en el Evangelio de Marcos se dice que Jesús es Hijo de David.[55] Pero es un hecho que Jesús llamaba a Dios su padre. En una etapa posterior de su vida, cuando el rey de Cachemira le preguntó sobre su linaje, él respondió que se le conocía como el Hijo de Dios.[56]

El orden cronológico de los Evangelios es:

Marcos	65-70 d.C.
Mateo	85 d.C.
Lucas	90-95 d.C.
Juan	110 d.C.[57]

Pero las fuentes más antiguas son las Epístolas de Pablo, que fue contemporáneo de Jesús. ¿Por qué guardó silencio en cuanto al nacimiento virginal? Pablo nació en Tarso y estudió con Gamaliel. Después de su conversión en Damasco, fue a Jerusalén y conoció a Pedro y a Santiago, los hermanos de Jesús. Era posible que se le informara sobre el nacimiento virginal de Jesús. Él escribe que Jesús nació en una familia judía, que nació bajo la ley y que tenía hermanos.[58] Es significativo que Marcos, el primer apóstol, y que Juan, el cuarto apóstol, tampoco mencionen el nacimiento virginal. El tema tampoco se trató en las Epístolas. De modo que surge esta pregunta: ¿Quién inventó la historia del nacimiento virginal y por qué lo hizo?

Alguien intentó resolver este enigma diciendo que Dios descendió del cielo para hacerse hombre en la persona de Jesucristo. Si vamos a creer en la encarnación de Dios, como los hindúes, entonces no era necesario que Dios fuera concebido en el vientre de María, pues habría llegado a la tierra sin la ayuda de una mujer. Entre los judíos, al rey se le veneraba como Hijo de Dios.

> *Yo seré un padre para él*
> *y él será mi hijo.*[59]

Los egipcios creían que el rey era en realidad un dios; los asirios, por su parte, creían que era Hijo de Dios. También se entendía que Jesús era Hijo de Dios en un sentido espiritual y no en el sentido literal de la palabra. Este título se le dio después de su bautismo, cuando se le asignó un papel importante como profeta de Dios. Por tanto, el nacimiento de Jesús de una madre virgen expresaba el origen trascendental de Jesús.[60] Esto de inmediato nos transporta a Sumeria, que se encuentra entre las riberas del Tigris y el Éufrates, donde se desarrolló una civilización aproximadamente en el año 4000 a.C. Se cree que el Jardín del Edén se encontraba en este lugar, y se consideraba que esta región era la Tierra de Dios.[61]

Mitología sumeria

Algunos de los mitos de Sumeria nos dicen que los dioses bajaban a la tierra, preñaban a las mujeres y luego regresaban a las estrellas. Enlil, el dios del aire, preñó con semen divino a una doncella terrestre llamada Meslamtaea.[62]

Más tarde, los sumerios establecieron su hegemonía sobre la tierra de Akkad y en la región Elamita, y ejercieron su influencia en la vida cultural de todas las cuencas de los ríos hasta el noreste de Palestina.

Los arqueólogos han encontrado en la región muestras de un alto nivel de la civilización sumeria en su arquitectura clásica, sus textos literarios, sus tablillas de arcilla y sellos cilíndricos. Se ha dicho que algunos de los sellos comprueban el hecho de que estos visitantes extraterrestres perfeccionaron el código genético humano.

Tal vez hubiera sido posible resolver el misterio del nacimiento virginal de Jesús si los censores de Roma no hubieran destruido los manuscritos relacionados con cultos mistéricos que datan del año 400 a.C. Varios siglos más tarde, los compiladores cristianos descartaron los manuscritos antiguos y produjeron el Nuevo Testamento como lo conocemos en la actualidad. Por ejemplo, el Libro de Enoc se descartó diciendo que era profano. Menciona los nombres de los ángeles que se unieron a las vírgenes de la tierra.

Cronología

Como Jesús nació en condiciones sobrenaturales, la fecha de su nacimiento ha creado mucha confusión. Para comprender su misión, los eruditos han intentado descubrir la cronología de su vida. Como se dijo en un principio, el advenimiento de Jesús fue un acto de Dios y debe estudiarse con la creación de este planeta. Si creemos que Jesús era la Palabra de Dios, entonces también debemos creer que Jesús existía antes de la creación del universo. Por esta razón, Juan habla de la Palabra que estaba con Dios.

> *En el principio existía la Palabra*
> *y la Palabra estaba con Dios,*
> *y la Palabra era Dios.*
> *Ella estaba en el principio con Dios.*[63]

También dice esto sobre la llegada de Jesucristo:

> *Y la Palabra se hizo carne*
> *y puso su morada entre nosotros,*
> *llena de gracia y de verdad.*

Es por eso que Lucas menciona a Dios como un antepasado de Jesús.[64] A pesar de las investigaciones, no hemos llegado a la etapa en que podamos encontrar información sobre el Jesús de épocas prehistóricas del que se habla en las mitologías antiguas. Nuestra única opción es continuar investigando la vida y la misión del Hijo de Dios que nació en Palestina y que se conoce como Jesús de Nazareth. Nuestra única opción es considerar a este Jesús en el marco de los documentos históricos.

Tanto Lucas como Mateo señalan que Jesús nació durante el reinado de Herodes, rey de Judea, que se extendió del año 39 al año 4 a.C. Lucas proporciona un indicio adicional:

> *...siendo Cirino gobernador de Siria.*
> *...Subió también José desde Galilea,*
> *...a la ciudad de David, que se llama Belén*
> *... para empadronarse con María,*
> *su esposa, que estaba encinta.*
> *Y sucedió que, mientras ellos estaban allí,*
> *se le cumplieron los días del alumbramiento,*
> *y dio a luz a su hijo primogénito.*[65]

Cirino, conocido también como Quirino, llegó a Siria como delegado en el año 6 d.C., pero también sabemos, por una inscripción romana que se descubrió en Antioquia, que Cirino llegó a Siria en una misión militar aproximadamente en el año 7 a.C., por órdenes de Augusto.[66] Según Lucas, el censo se llevó a cabo en el año que nació Jesús. Por lo tanto, tendremos que fechar el nacimiento de Jesús aproximadamente en el año 7 a.C.

Los cristianos celebran el nacimiento de Jesús del 24 al 25 de diciembre, pues creen que Jesucristo nació el 25 de diciembre del año cero. Dionisio, un monje escita, fijó esta fecha en forma arbitraria en el año 533 d.C. Como no era un matemático experto, no fijó el año cero entre el año 1 a.C. y el año 1 d.C. Es un hecho histórico que los romanos celebraban cada año el nacimiento de Mitra el 25 de diciembre. Ellos veneraban a Mitra como el Salvador de la humanidad. Dieron a este día el nombre de *"Deis Natalis Invicti"*, el nacimiento del invicto. Era un festival romano importante y los primeros cristianos lo utilizaron para celebrar el nacimiento de Jesucristo.[67]

Navidad

Tenemos que admitir que Jesucristo no nació el 25 de diciembre, ya que los Evangelios no mencionan esta fecha ni ninguna otra. Por consiguiente nuestra tarea, en lo que concierne a fijar la fecha de la llegada de Jesús a este mundo, resulta muy difícil. También podría mencionarse que, según los romanos, el Sol nació el 25 de diciembre. El Talmud había profetizado que el Mesías que vendría nacería en el signo de los Peces, que es la constelación del zodiaco que se conoce como Piscis, y que corresponde a mediados del mes de junio. No puede negarse que el advenimiento de Jesús se predijo en las escrituras de la antigüedad, y los judíos lo esperaban con ansia. Según Lucas, Jesús nació en la temporada en que los pastores "dormían al raso y vigilaban su rebaño por turno durante la noche". Los registros de los meteorólogos muestran que en diciembre Palestina sufre heladas, y que los rebaños sólo se sacan a pastar de mayo a noviembre.[68]

Debemos tener en mente que el advenimiento de Jesús a este mundo ocurrió en circunstancias sobrenaturales y fuera de lo normal. María quedó embarazada en el mes de diciembre y Jesús nació en junio, siete meses después. Debe notarse que el cálculo de diciembre a junio o de junio a diciembre tiene como resultado siete meses. La aparición de la estrella que vieron los reyes de oriente se origina en el número 17, por lo tanto, el advenimiento de Jesús puede fijarse el 17 de junio del año 7 a.C. También debe observarse que, además de la estrella de los reyes de oriente, otras dos estrellas se relacionan con el advenimiento de Jesucristo. La Estrella de Horus también se conoce como la Estrella de los Tres Reyes y guió a los sabios de oriente para que pudieran encontrar al niño dios recién nacido. La Estrella de Belén fue el tercer cometa, y apareció en el año 6 o 7 a.C.

Los cometas, las estrellas y los rayos luminosos no sólo causan una fuerte impresión en los seres humanos, sino que tienen un significado especial para los astrólogos y los astrónomos. Su aparición se ha relacionado con sucesos mundiales de importancia, y existen registros de ellos en las obras de astrónomos de la India, de Egipto, de Grecia, del Tibet y de China. Si la posición de las estrellas se calcula en reversa con precisión, es posible localizar con exactitud la aparición o conjunción de diversas estrellas, conocidas o desconocidas. Se han descubierto observaciones que registraron los astrónomos chinos de la antigüedad que mencionan la aparición de cometas y la conjunción de estrellas conocidas.

Los sabios de oriente vieron la estrella y recibieron una señal relacionada con el nacimiento del Buda encarnado. Durante siglos, la información que proporciona Mateo sobre esta extraordinaria estrella ha atraído la atención de los astrónomos. Johannes Kepler fue el primero que observó, en 1603, la conjunción de Saturno y Júpiter en la constelación de Piscis. Después de hacer cálculos astronómicos, mencionó que esto mismo había ocurrido en el año 6 a.C., y en esa forma fechó el nacimiento de Jesús en el año 7 a.C. El erudito alemán Schnabel descubrió una nota sobre la posición de los planetas en la constelación de Piscis que confirma que el año en que ocurrió esta conjunción fue el año 7 a.C. También se descubrió que esta conjunción de estrellas ocurre tres veces al año. Se observó en Palestina el 29 de mayo del año 7 a.C.[69] Esta estrella se conoce como el Cometa Haley, que siempre aparece a intervalos de 76 años y también se vio en 1986.

La visita de los magos

Mateo relaciona el nacimiento de Jesús con la visita a Jerusalén de los sabios de oriente. Por primera vez se establece una relación entre Jesús y el oriente, y esta relación tuvo efectos muy profundos en su vida. Esto se analizará en páginas posteriores, y por el momento nos concentraremos en Mateo:

> *Cuando nació Jesús, en Belén de Judea,*
> *bajo el reinado de Herodes,*
> *unos magos de Oriente se presentaron en Jerusalén*
> *y preguntaron:*
> *"¿Dónde está el rey de los judíos que acaba de nacer?*
> *Porque vimos su estrella en Oriente*
> *y hemos venido a adorarlo".*[70]

Cuando Herodes escuchó esta noticia, se sintió consternado. El anuncio de un rey recién nacido ponía en peligro su soberanía. Reunió a todos sus sumos sacerdotes y les exigió que le dieran el nombre del lugar donde nacería el futuro Redentor. Entonces mandó llamar a los sabios de oriente y les pidió que buscaran al niño y le informaran de sus hallazgos.

Después de esta entrevista, los sabios se pusieron en marcha una vez más, y cuando vieron la estrella sobre Belén, su alegría no tuvo límites. Entraron a la casa donde estaban el niño y su madre, se postraron ante él y lo adoraron. Después abrieron sus presentes y le dieron oro, incienso y mirra. Pero regresaron a su tierra; no pasaron por Jerusalén para darle informes a Herodes. Estos astrólogos de oriente se conocen como los reyes magos de oriente.

¿Quiénes fueron estos hombres sabios que, después de venerar al niño, se fueron a su país siguiendo otra ruta? Algunos eruditos han presentado objeciones con respecto a los Magos y la estrella. Algunos han negado la existencia del pueblo conocido como Observadores de la Luna o de las Estrellas. La arqueología ha probado que había pueblos que se dedicaban a observar la luna o las estrellas. En el oriente se han encontrado numerosas reliquias como tabillas y otros objetos antiguos que ellos grabaron. En Cachemira, Sumeria y Asia Central se han desenterrado tablillas en las que se ven lunas, el Sol y las estrellas. Por consiguiente, la existencia de los Magos no puede ponerse en tela de duda. Los japoneses observan las estrellas y sienten un placer

Visita de los Reyes Magos, en Zadar, Yugoslavia, Siglo X (Museo de Arqueología).

Hombres sabios del Tibet.

Hombres sabios de Ladakh.

especial al observar la Luna y las estrellas durante horas. Es interesante notar que los Magos se mencionan en el *Bhavishya-maha-purana,* un manuscrito de Cachemira que data del siglo II. En tiempos prehistóricos existió en China, Asia Central, Cachemira, Irán y Sumeria, una prominente secta conocida como Los Magos. Las tablillas que se descubrieron en Harwan, Cachemira, con motivos lunares se conservan en el Museo del Gobierno, en Srinagar. También se ha cuestionado el movimiento de una estrella de oriente a occidente. ¿Viajaron los Magos sólo durante la noche, cuando son visibles las estrellas? Estas preguntas son irrelevantes, por razones que se explicarán en los párrafos siguientes.

> *¿Dónde está el rey de los judíos que acaba de nacer?*
> *Porque vimos su estrella en Oriente*
> *y hemos venido a adorarlo.*[71]

Esto muestra que los magos de oriente llegaron buscando al niño porque habían visto su estrella en el firmamento.

> *y al entrar en la casa,*
> *encontraron al niño con María, su madre,*
> *y postrándose,*
> *le rindieron homenaje.*
> *Luego, abriendo sus cofres,*
> *le ofrecieron dones:*
> *oro, incienso*
> *y mirra.*[72]

Esto deja en claro que los sabios de oriente eran hindúes o budistas y que veneraron a Jesús como su Avatar o su dios. Además, le presentaron ofrendas, de acuerdo con sus costumbres.

> *Y como recibieron en sueños*
> *la advertencia de no regresar al palacio de Herodes,*
> *volvieron a su tierra*
> *por otro camino.*[73]

Es significativo que estos hombres sabios guardaran el secreto y se marcharan siguiendo otro camino. Es obvio que durante los tiempos de Herodes había vínculos de comunicación entre oriente y occidente. Estas personas habían llegado desde un país muy lejano.

Debemos recordar que el budismo había llegado a Siria, Jordania y Egipto, mucho antes de la llegada del cristianismo. Había grupos pequeños de seguidores en estas regiones y construyeron pequeños monasterios, conocidos como *"Navviharas"*, o nuevos *viharas*. Más tarde, se conoció a estos lugares como *Nav-bahars*. También es un hecho histórico que una misión budista proveniente de oriente fue bien recibida en la corte de Tolomeo Filadelfo, durante el siglo III a.C.[74]

Esta afirmación revela claramente que mucho antes del nacimiento de Jesucristo los budistas de la India vivían en la región. Desde su llegada, el budismo empezó a ejercer influencia tanto en oriente como en occidente. No sólo se popularizó en oriente, sino que inició su marcha triunfal hacia occidente gracias a Alejandro Magno, que consolidó toda la vasta región del globo que abarca desde Grecia hasta el Punjab. Después de su muerte, el budismo penetró en la región paso a paso. Durante el reinado de Ashoka, todo el territorio de Afganistán, Bluchistán y el sur de Irán, se habían convertido al budismo. El celo misionero de los monjes budistas llevó esta religión hasta Alejandría, abarcando Irán, Mesopotamia y Judá. Se han encontrado restos arqueológicos de la civilización budista en varios sitios de esta región.

El futuro Buda

Venerar a los *devas* y a los *Bodhisattvas* es una de las ceremonias religiosas favoritas de los hindúes y los budistas. Los *devas* o *devatas*, son los dioses o dioses encarnados, y la palabra *Bodhisattva* se refiere a los Budas que vendrán. Los hindúes y los budistas creen en la encarnación de los dioses y en el advenimiento de Budas futuros o seres iluminados. Desde la antigüedad, a los hindúes se les reconoce a nivel mundial por su destreza como astrólogos, y sus astrólogos pueden predecir el futuro. Los budistas están esperando al Buda futuro, y siempre lo están buscando.

Los budistas del Tibet y de Ladakh utilizan el *Tantra* para buscar Budas futuros. Con este propósito, los sacerdotes realizan un estudio minucioso de las señales cósmicas. La sucesión del lama encarnado es un asunto complicado, y se basa en la creencia de la transmigración de las almas. Poco después del fallecimiento del lama, se lleva a cabo una complicada búsqueda en todas direcciones para que un grupo especial de sacerdotes encuentre a un recién nacido. Examinan al recién nacido en

detalle. Le presentan objetos que pertenecían al lama fallecido, por ejemplo, incienso, agua bendita y una copa. También le llevan presentes. Estos artículos se mezclan con otros, y si el bebé toca las cosas que pertenecían al lama fallecido, los sacerdotes declaran que el bebé es el lama encarnado y lo veneran. Este importante acontecimiento provoca gran regocijo. Para buscar al lama encarnado, los sacerdotes consultan libros de astrología y utilizan la ciencia oculta de los números.

Según la mitología budista, cuando un lama muere, su alma se introduce en otro niño, y en esa forma su encarnación se perpetúa de manera involuntaria, mediante la fuerza del *karma*. El bebé encarnado tiene una categoría muy alta y santa, y se le estima mucho.[75] Se le conoce como *Bodhisattva* o Buda futuro.

Esto explica claramente la hipótesis de que los budistas ya habían estudiado las estrellas, de que tenían conocimiento del nacimiento de Jesús y habían viajado desde las lejanas tierras de oriente para venerarlo. Al ver al niño, se postraron ante él y lo veneraron como lo hacen los budistas. También le ofrecieron presentes y otros objetos, como oro, incienso y mirra.[76] Después de establecer su identidad como el Buda futuro, regresaron a su país siguiendo una ruta diferente. Según la costumbre de los lamas budistas, regresarían más tarde para llevarse al niño y venerarlo. Ahora es posible reconstruir los espacios en blanco de la vida de Jesucristo. Basta decir que cuando regresó de Egipto, ellos llegaron y se lo llevaron a la India, de donde regresó muchos años después y proclamó su ministerio en Palestina. Hablaremos de esto en detalle más adelante.

La versión budista

Es interesante incluir la versión budista del nacimiento de Jesucristo, y la citamos a continuación:

> *Entonces llegó el momento en que el Juez misericordioso decidió encarnarse en un ser humano. Y el Espíritu eterno, que habita en un estado de inacción completa y de beatitud suprema, despertó y se separó del Ser Eterno durante un*

> *periodo indefinido, con el fin de mostrar en forma humana los medios de identificarse como persona con la divinidad y de alcanzar la felicidad eterna. Y para mostrar con el ejemplo cómo el hombre puede alcanzar la pureza moral, y para mostrar, separando su alma de su cuerpo mortal, los grados de perfección que son necesarios para entrar al reino de los cielos, que es inmutable y donde la felicidad reina enteramente. Poco después, un niño maravilloso nació en la tierra de Israel, Dios Mismo hablaba por la boca de este niño sobre la fragilidad del cuerpo y la grandeza del alma. Desde sus primeros años, el niño divino empezó a hablar del Dios único e indivisible, exhortando a las almas de quienes se han alejado del buen camino que se arrepientan y se purifiquen de los pecados que pudieran cometer. Vinieron personas de todas partes a escucharlo, y se maravillaron al escuchar los discursos que salían de su boca de niño. Todos los israelitas estaban de acuerdo al decir que el Espíritu Eterno habitaba en este niño.*[77]

La protección de la Orden de los Esenios

Durante la vida de Moisés surgió una Orden entre sus seguidores y sus miembros declararon que ellos amaban y veneraban a Dios con pureza de corazón. Creían que el alma era inmortal y que nada pasaba en este mundo si no era la voluntad de Dios. Vivían en el desierto y su aspiración era llevar una vida recta y honesta. El pueblo los tenía en gran estima pues mostraban una gran bondad hacia los niños, los amaban y les enseñaban todo tipo de conocimientos y ciencias; les enseñaban moral y religión. Después de su nacimiento, un miembro de la Orden de los Esenios puso a Jesús bajo la protección de la Orden. Ellos fueron los que protegieron a José y a María.[78]

En el templo

La ceremonia de la circuncisión de Jesús se realizó a los ocho días de nacido. Al terminar los días de la purificación, sus padres

Admiten a Jesús en la escuela de los Esenios.

fueron al Templo de Jerusalén. Lo llevaron consigo al templo y cuando el sacerdote Simeón lo vio, declaró que él era el Mesías prometido. Sus padres se asombraron, pero Simeón los bendijo y les dijo:

Este niño está puesto para caída
y elevación de muchos en Israel,
y para ser señal de contradicción
¡y a ti misma una espada te atravesará el alma!
a fin de que queden al descubierto
las intenciones de muchos corazones.[79]

En ese instante, Ana, una profetisa, entró a ese lugar y también mostró gratitud hacia el niño.

La masacre

Jesús nació en un periodo en que proliferaba el fervor mesiánico. Los romanos habían subyugado el país donde nació y los judíos querían acabar con ellos. Creían que Dios podría intervenir a su favor y enviar a un Mesías a salvarlos.

> *En esta terrible angustia,*
> *el pueblo recordó a su gran Dios;*
> *imploraron su gracia*
> *y le suplicaron que los perdonara;*
> *y nuestro Padre, en su infinita misericordia,*
> *escuchó sus plegarias.*[80]

Los judíos habían esperado con ansia el nacimiento del Mesías prometido y vivían de las profecías. Muchos videntes habían declarado que el "santo" prometido regiría al pueblo de Israel y que sería el rey de los judíos. Naturalmente, los gobernantes ansiaban encontrar a ese niño y asesinarlo.

Esta era la situación que prevalecía cuando nació Jesús. La profecía aseguraba que el futuro rey de los judíos nacería en Belén. Herodes tenía a sus espías en cada hogar, e hizo su mejor esfuerzo por encontrar al niño milagroso.

José tuvo un sueño perturbador en el que su hijo era llevado a la corte de Herodes. Se alarmó mucho y salió rumbo a Egipto durante la noche.[81] En ese entonces, Jesús tenía apenas dos años. Herodes se sintió burlado, y en un arranque de ira ordenó que todos los niños de dos años fueran asesinados. Esto tuvo como resultado innumerables asesinatos de niños inocentes. Fue un día de gran duelo para los padres cuyos hijos fueron masacrados. Lloraron y se lamentaron y algunos de ellos huyeron a diferentes lugares. En esa época, muchos miembros de la Orden de los Esenios vivían en la frontera de Egipto, y uno de ellos protegió a José y María en su huida.[82]

"Desde Egipto llamé a mi hijo".

(Oséas 11:1--Mateo 2:15)

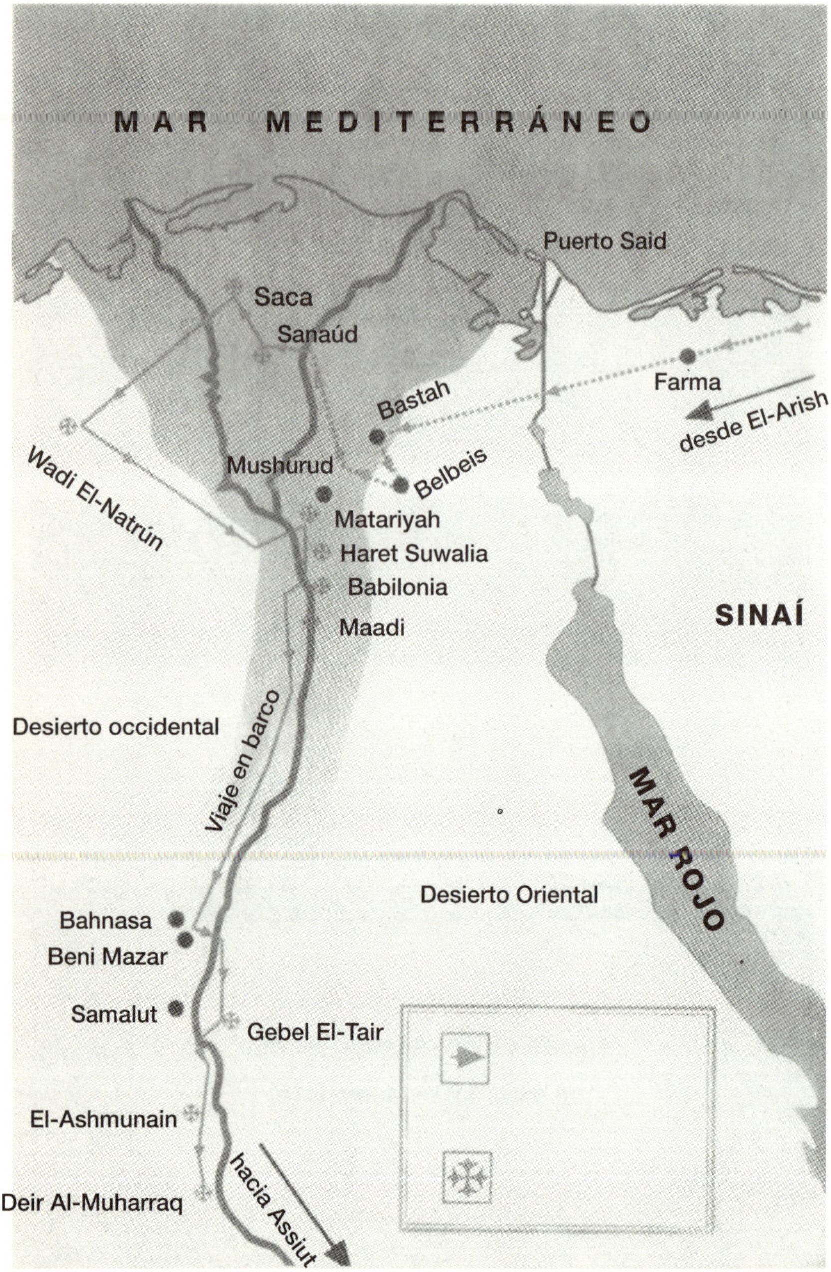
MAR MEDITERRÁNEO
Puerto Said
Saca
Sanaúd
Farma
Bastah
desde El-Arish
Wadi El-Natrún
Mushurud
Belbeis
Matariyah
Haret Suwalia
Babilonia
Maadi
SINAÍ
Desierto occidental
Viaje en barco
MAR ROJO
Desierto Oriental
Bahnasa
Beni Mazar
Samalut
Gebel El-Tair
El-Ashmunain
Deir Al-Muharraq
hacia Assiut

La huida a Egipto

Los Evangelios no proporcionan información sobre la estancia de la Sagrada Familia en Egipto. Sin embargo, los registros apócrifos señalan numerosos lugares donde Jesús estuvo con sus padres en Egipto. Según las antiguas tradiciones cópticas, se hospedaron en los monasterios de Wadi-el-Natrún, Mataria y Al Moharrak.[83] En la Edad Media, el jardín de Mataria era famoso por sus frutos y sus flores, pues no se encontraban en ningún otro lugar en Egipto. También se le conocía como el "Jardín Herbal".[84] En estos monasterios vivían miembros de la Orden de los Esenios quienes, según Filo de Alejandría, eran un total de cuatro mil.[85] Llevaban una vida sencilla como místicos, e investigaban las propiedades curativas de las hierbas, las raíces y las piedras.[86] La aldea de Mataria se encuentra en la ribera derecha del Nilo y la Sagrada Familia encontró refugio en ella bajo la protección de los Esenios. En la actualidad, en el Jardín Herbal se levanta la Iglesia de la Sagrada Familia; ahí también se encuentra la higuera del tronco hueco. Según una leyenda cóptica, Jesús y sus padres se ocultaron en este tronco hueco para salvarse de quienes los perseguían. A continuación presentamos la información que proporcionan los Esenios sobre la Sagrada Familia:

Los Esenios protegieron y guiaron a José, María y Jesús durante su huida a Egipto. Primero los llevaron como invitados a sus moradas cerca de las laderas de las montañas, donde los romanos habían construido un templo dedicado a Júpiter. Después de conocer a las comunidades de los Esenios, aprendieron su forma de rendir culto y se familiarizaron con la ceremonia de comer pan consagrado y beber vino santo. Cuando fueron presentados, se colocó a José en el medio círculo de hombres de la derecha y a María se le colocó entre las mujeres a la izquierda. Todos comieron el pan, bebieron el vino sagrado y cantaron himnos santos. Aquí por primera vez, después de la ceremonia, José renunció por siempre a todo derecho sobre Jesús. Después se le revelaron los signos secretos de la Orden para que se diera a conocer a otros miembros de ella durante su viaje. A partir de entonces, José y María se mezclaron libremente con los miembros de la

Orden en diversos poblados. Tanto José como María, instruyeron a Jesús en el conocimiento de la sabiduría. Los ancianos de entre los Esenios amaban y protegían a Jesús, y él llegó a tener un profundo conocimiento de las escrituras. Cuando el peligro que representaban los romanos terminó en Galilea, José viajó a Nazareth y de ahí regresó a Jerusalén.[87]

El regreso de Egipto

Herodes murió en el año 4 a.C. y Arquelao subió al trono como el siguiente rey de los judíos. José decidió regresar a su tierra natal con su esposa y con Jesús. Para entonces, Jesús ya sabía leer y escribir, era sabio y era diestro en la profesión de su padre. Había aprendido el oficio de su padre y podía hacer instrumentos agrícolas de madera.[88]

Se acostumbraba que los niños visitaran Jerusalén cada año con sus padres. Por eso, al regresar de Egipto, lo primero que hicieron fue participar en una peregrinación al santo templo de Jerusalén. Jesús estaba asombrado de poder participar en la Fiesta de la Pascua y en los rituales que realizaban los sacerdotes. Como había madurado en sabiduría y en conocimientos, se quedaba absorto en las discusiones religiosas y también estudió a los escribas.

Los Esenios

En una casa de Alejandría se encontró un pergamino antiguo que perteneció a los Esenios y que contiene detalles sobre la crucifixión de Jesucristo. Este documento llegó a América por primera vez en 1873, con el título de *Testigo ocular.*

A partir de entonces, se ha mostrado mucho interés en los Esenios, lo que nos permite tener más conocimientos sobre ellos. Josefo describió esta secta como una hermandad secreta que se oponía a los fariseos y a los saduceos. Se reunían lejos de las ciudades, en sus monasterios, conocidos como casas blancas. Vestían de blanco y se interesaban en las propiedades curativas de las hierbas y las piedras. Uno de sus grupos se conocía como Therapentees; vivían en comunidades mixtas pero practicaban el celibato. Los monjes y las monjas de esta orden vivían separados pero se reunían cada séptima semana después de la cena, entonaban himnos y danzaban hasta el amanecer.[89] Otro grupo de Esenios se conocía como los Sampsaeans o adoradores del sol, y en su mayoría vivían en la ribera oriental del Mar Muerto.[90]

Flavio Josefo menciona que en la antigüedad, las tres sectas de fariseos, saduceos y esenios vivían en Egipto, en Siria y en Palestina. Dice que los Esenios eran "la más perfecta de todas las sectas de Palestina". Los miembros de esta Orden seguían las enseñanzas de la no violencia y tenían una alta reputación moral entre los judíos. No comían carne y no creían en sacrificar animales vivos. Todos estos hechos nos hacen creer que los Esenios eran Budistas de origen occidental y guardaban el secreto de su identidad. Es un hecho histórico que poco después de la llegada de Alejandro Magno a la India, aparecieron en Egipto misioneros budistas.[91] También se nos informa que una sección de los Esenios se conocía como "Therapentees". Sabemos que doscientos años después de la muerte de Buda, surgió entre los budistas la primera división de importancia, y se dividieron en dos sectas: los Teravada y los Sarvastivada.[92]

Tanto Eusebio como Allegro hablan de las dos ramas de los Esenios y les dan los nombres de Therapentees y Sampsaeans, y pueden identificarse con los *Teravada* y los *Sarvastivada,* entre los budistas.

Como ya dijimos, durante su larga estancia en Egipto, la Sagrada Familia permaneció bajo la protección de los Esenios. Jesús creció como un niño normal entre los arbustos balsámicos del Jardín Herbal en Mataria. Además de recibir mucho amor de sus padres fugitivos, recibió el cuidado y atención de los Esenios. Los "santos", como se les llamaba, se concentraban en el estudio, en la contemplación y en la meditación. Durante sus años formativos, Jesús siguió su ejemplo. Leyó y reflexionó sobre la literatura sagrada y las prácticas místicas de estas personas. Le entusiasmaban los festivales judíos como la Pascua, Pentecostés y el Tabernáculo.

Lo único que nos relata Lucas es que a los doce años de edad Jesús se perdió a tal grado en sus pensamientos que no pudo darse cuenta de la ansiedad de sus padres.[93] Antes de analizar este relato evangélico, debemos mencionar que a Jesús le encantaba leer los Salmos de David y las penetrantes palabras de Salomón. Cuando cumplió siete años, ya había estudiado todas las escrituras y podía repetirlas de memoria.[94]

Cómo se perdió Jesús y cómo lo encontraron

Lucas nos proporciona el único relato relacionado con estos años, cuando nos describe cómo se perdió Jesús y cómo lo encontraron José y María:

> *Cuando tuvo doce años,*
> *subieron ellos como de costumbre a la fiesta*
> *y, al volverse, pasados los días,*
> *el niño Jesús se quedó en Jerusalén,*
> *sin saberlo su padres.*
> *Pero creyendo que estaría en la caravana,*
> *hicieron un día de camino,*
> *y le buscaban entre los parientes y conocidos;*
> *pero al no encontrarle,*
> *se volvieron a Jerusalén en su busca.*
> *Y sucedió que, al cabo de tres días,*
> *le encontraron en el Templo*
> *sentado en medio de los maestros,*
> *escuchándoles y preguntándoles;*
> *todos los que le oían,*
> *estaban estupefactos por su inteligencia*
> *y sus respuestas.*[95]

Lo anterior nos muestra que sus padres perdieron a Jesús cuando tenía doce años. La Biblia no proporciona información sobre Jesús a partir de entonces y hasta la edad de veintinueve años.

Dónde pasó estos diecisiete años de su vida es un enigma que hay que resolver.

Jesús recibió protección

Los Esenios ofrecen una versión diferente del incidente en el templo, y se incluye a continuación:

> *Cuando Jesús habló con los escribas sobre temas sagrados, sus doctrinas ofendieron gravemente a los fariseos de Jerusalén. Sabían que venía de Galilea y lo despreciaban como despreciaban a toda la gente de Galilea. Cuando el niño divino habló en público en el templo, los Esenios se preocuparon por los peligros que le amenazaban. Sabían que los fariseos se habían reunido en privado y habían decidido expulsarlo de la sinagoga de Sopherim. Entonces sucedió que Jesús se separó de sus padres en la gran ciudad, que en ese momento estaba llena de gente de todo el país debido a la fiesta de la Pascua. Al final, en el cuarto día, sus padres encontraron a Jesús, gracias a la información que recibieron de los Esenios.*[96]

Sucesos posteriores

José y María regresaron con sus demás hijos a Nazareth. Estaban preocupados, pero Jesús les había dicho que no le interesaba la profesión de carpintero y que le gustaría dedicarse al sacerdocio y servir a Dios.[97] Esto revela que ya a la edad de doce años Jesús conocía a fondo las escrituras y se sabía algunas de memoria. ¿Dónde había aprendido todo eso? La respuesta, como señalamos antes, es que sus padres vivieron con él en Egipto, donde el niño estudió con maestros Esenios. Es probable que más tarde estudiara en Qumrán, donde ya había centros de aprendizaje Esenios para las personas interesadas en sus doctrinas. Es un hecho histórico que Jesús era hostil hacia los fariseos. ¿Pero por qué? Tal vez esta actitud lo relacione con los Esenios.

Los Esenios, al igual que los fariseos, observaban meticulosamente la ley de Moisés, el Sabbath y la pureza ritual. También creían en el castigo divino por la inmoralidad y el pecado. Pero a diferencia de los fariseos, los Esenios negaban la resurrección del cuerpo y se negaban a involucrarse en la vida pública. Con algunas excepciones, ellos evitaban el culto en el templo, y se conformaban con llevar una vida ascética de trabajo manual en el aislamiento. El Sabbath se dedicaba por completo a la oración y a meditar la Torah. A quienes calificaban para ser miembros de la Orden, se les pedía que juraran ser fieles a Dios, a ser justos hacia los hombres, a odiar la falsedad, a amar la verdad y a observar fielmente todos los principios de la secta de los Esenios.[98]

Jesús pasó la mayor parte del tiempo en Jerusalén, que está a menos de treinta y dos kilómetros de Qumran. En ocasiones visitaba a los ascéticos que vivían allá y conversaba con ellos sobre temas filosóficos. Josefo menciona que cuando Jesús era niño, era sobresaliente por su sabiduría, cuando sólo tenía catorce años, a menudo lo consultaban los sacerdotes y doctores más importantes de Jerusalén. Venía gente de todas partes a escucharlo y se maravillaban por los discursos que salían de su boca de niño.[99] Con toda seguridad, los Esenios se encargaron de él, cuando era moldeable y se le podía enseñar, y lo instruyeron sobre las escrituras tradicionales judías. Los Esenios odiaban a los romanos, y para dar apoyo moral al movimiento, entrenaron a un grupo de predicadores, incluyendo a Juan el Bautista, quien a menudo predijo:

Después de mí vendrá otro.
Yo no soy digno de inclinarme
y desatar la cuerda de sus sandalias.
Yo los he bautizado con agua,
pero él los bautizará con el Espíritu Santo.

Ellos prepararon a Jesús para el establecimiento del reino Mesiánico.

Los Evangelios guardan silencio sobre la vida de Jesús antes de su ministerio.

Iniciación

Los Esenios le pidieron a Jesús que le dijera a José que había llegado el momento de cumplir la promesa que había hecho en Egipto de renunciar a todos sus derechos con respecto a Jesús. Cuando él regresó a casa, le dijo a José todo lo que tenía que decirle con respecto a esto. En la noche, a la hora indicada, vieron una señal de fuego ascender desde la montaña. De inmediato se dirigieron a la montaña, donde los encontraron los mensajeros de los Esenios, vestidos de blanco. Jesús permaneció con los Esenios durante un año y en ese periodo recibió la iniciación para entrar a su Orden. En la primera ceremonia, se le mostró la manera de entrar a la asamblea, donde los Esenios se sentaban en cuatro grupos separados. Cuando hizo su primer voto, todos se pusieron la mano derecha sobre el pecho, dejando que la mano izquierda colgara a su costado. Esto significaba que sólo los puros de corazón pueden ver lo que es sagrado y santo. Entonces, Jesús hizo el voto de ser indiferente ante los tesoros de la tierra, el poder mundano o el nombre, y estuvo de acuerdo en mantener los secretos de la Orden.

Después del voto, se le llevó a una caverna solitaria, donde tenía que permanecer tres días y tres noches. Después del tercer día, se le vistió de blanco. Después de eso, se le habló de las pruebas y las disciplinas a las que tendría que someterse. Después de un año, cuando terminó el periodo de pruebas y de exámenes personales, se llevó a cabo la ceremonia final de iniciación. Entonces se le condujo a la cámara secreta para el culto y se le admitió como miembro de la Orden. Ahora tenía la libertad de salir al mundo a predicar y a sanar.[100]

José y Jesús

El Nuevo Testamento nos habla de dos personalidades que llevaban el nombre de José; una es José de Arimatea, y la otra es José, el esposo de María.

Esta es la genealogía de José:

Abraham fue padre de Isaac;
Isaac, padre de Jacob;
Jacob, padre de Judá y de sus hermanos.
Judá fue padre de Fares
y de Zará, y la madre de estos fue Tamar.
Fares fue padre de Esrón;
Esrón, padre de Arám;
Arám, padre de Aminadab;
Aminadab, padre de Naasón;
Naasón, padre de Salmón.

Salmón fue padre de Booz,
y la madre de este fue Rahab.
Booz fue padre de Obed,
y la madre de este fue Rut.
Obed fue padre de Jesé;
Jesé, padre del rey David.
David fue padre de Salomón,
y la madre de este fue la que
había sido mujer de Urías.

Salomón fue padre de Roboám;
Roboám, padre de Abías;
Abías, padre de Asaf;
Asaf, padre de Josafat;
Josafat, padre de Jorám;
Jorám, padre de Ozías.

Ozías fue padre de Joatám;
Joatám, padre de Acaz;
Acaz, padre de Ezequías;
Ezequías, padre de Manasés.
Manasés fue padre de Amós;
Amós, padre de Josías;
Josías, padre de Jeconías

y de sus hermanos,
durante el destierro en Babilonia.

Después del destierro en Babilonia:
Jeconías fue padre de Salatiel;
Salatiel, padre de Zorobabel;
Zorobabel, padre de Abiud;
Abiud, padre de Eliacím;
Eliacím, padre de Azor.

Azor fue padre de Sadoc;
Sadoc, padre de Aquím;
Aquím, padre de Eliud;
Eliud, padre de Eleazar;
Eleazar, padre de Matán;
Matán, padre de Jacob.

Jacob fue padre de José, el esposo de María, de la cual nació Jesús, que es llamado Cristo.[101]

José era carpintero de profesión, y trabajaba en Jerusalén.[102] Estaba comprometido con María y había prometido tomarla como esposa en el momento adecuado. Según Mateo, María se comprometió con José cuando ya había concebido a Jesús.[103] Entonces José se casó con María y podo después la llevó a su casa. Cuando vio que estaba embarazada, pensó en repudiarla. Pero el ángel del Señor se le apareció en un sueño y le dijo:

No temas recibir a María, tu esposa,
porque lo que ha sido engendrado
en ella proviene del Espíritu Santo.[104]

Después de casarse con José, María tuvo otros hijos que se considera son hermanos y hermanas de Jesús:[105]

Santiago, José, Judá y Simón.[106]

Todos los Evangelios hablan de los hermanos de Jesús, pero nunca se mencionan los nombres de sus hermanas. Marcos se refiere a ellas cuando dice:

> *¿No están sus hermanas entre nosotros?*[107]

También podría señalarse que Jesús tenía un hermano gemelo, Judas Tomás, llamado también Dídimo.[108]

Según el Evangelio, José huyó a Egipto con su esposa y con Jesús. Después de la muerte de Herodes, un ángel se acercó a él en un sueño y le dijo que llevara al niño y a su madre a la tierra de Israel.[109] Por lo tanto, regresó a Nazareth con María y Jesús. A partir de ahí, no se vuelve a mencionar a José en forma significa-

El hijo del carpintero.
(Pintura que se exhibe en la Iglesia de Nazareth.)
José, el esposo de María, era carpintero. Jesús, el hijo de José, tuvo que aprender carpintería durante sus primeros años.

tiva. También es significativo que José nunca dice que Jesús es su hijo, y María es la única que describe a José como el padre de Jesús.[110] No puede negarse que el propio Jesús nunca se dirige a José como a su padre.

Sólo se dice que al morir José, Jesús hizo la siguiente lamentación:

> *No se romperá ninguno de sus huesos,*
> *ni se cambiará un solo cabello de su cabeza;*
> *nada de tu cuerpo perecerá,*
> *José, padre mío.*[111]

Hay algo más que no podemos pasar por alto. Antes ya hemos dicho que puede suponerse que Jesús fue en realidad hijo de un Esenio, y que se le debía poner en manos de la Orden a los doce años de edad. Cuando él visitó Jerusalén con sus padres, el sacerdote Esenio lo reconoció y Jesús se quedó con su verdadero padre en el templo. Cuando su madre le dijo:

> *Hijo,*
> *¿por qué nos has hecho esto?*
> *Mira, tu padre y yo, angustiados,*
> *te andábamos buscando.*

Él respondió

> *Y ¿por qué me buscabais?*
> *¿No sabíais que yo debía estar*
> *en la casa de mi Padre?*
> *Pero ellos no comprendieron*
> *la respuesta que les dio...*
> *Su madre conservaba cuidadosamente*
> *todas las cosas en su corazón.*[112]

Este incidente podría explicarse diciendo que Jesús encontró a su verdadero padre terrenal. Cuando su madre le dijo que ella y su padre lo habían estado buscando, él les preguntó si no querían que se dedicara a la obra de su verdadero padre. Cuando Jesús les habló de esta manera, no le entendieron. Nadie le entendió excepto su madre, que conservó en secreto el significado de sus palabras. Esto significa que él no trabajaría como carpintero, que era la profesión de José, sino que Jesús tenía que ser predicador.

Itinerario

Uno de los episodios más importantes y más interesantes de la vida de Jesucristo es el que describe su gran deseo de viajar. ¿Por qué abandonó la casa de sus padres después de la Pascua? ¿Qué lo impulsó a salir de Jerusalén; el espíritu de aventura o su deseo de ir en busca de los monjes budistas? Él ya sabía que los magos de oriente habían venido a buscarlo cuando era pequeño. De modo que no es sorprendente que tuviera en su corazón un deseo ardiente de viajar de un lugar a otro.

Es un hecho histórico que durante el periodo que estamos estudiando, las actividades misioneras de los miembros de la Sangha u Orden Budista los habían llevado hasta Alejandría. También es un hecho establecido que los Esenios habían consolidado contactos cercanos con los adoradores del sol en Irán y en Asia Central. Jesús había sido miembro de la Orden de los Esenios y ya había tenido contacto con los místicos y los monjes de la región occidental de Asia. A la luz de estos hechos, intentaremos descubrir los detalles de sus primeros viajes a los países vecinos. Por desgracia, no contamos con suficiente información para reconstruir la historia en su totalidad.

Jesús progresaba en sabiduría, en estatura y en gracia ante Dios y ante los hombres.[113] A los trece años de edad, muchas personas ricas y nobles deseaban tenerlo como yerno.[114] Sus padres acostumbraban visitar Jerusalén cada año para la Fiesta de la Pascua. Al terminarse la celebración ese año regresaron a casa, pero Jesús se quedó en Jerusalén. Viajaron durante un día buscándolo entre sus familiares y conocidos, pero no lo encontraron.[115]

Después de mencionar este incidente, los Evangelios guardan silencio sobre la vida de Jesús, hasta la edad de veintinueve años.

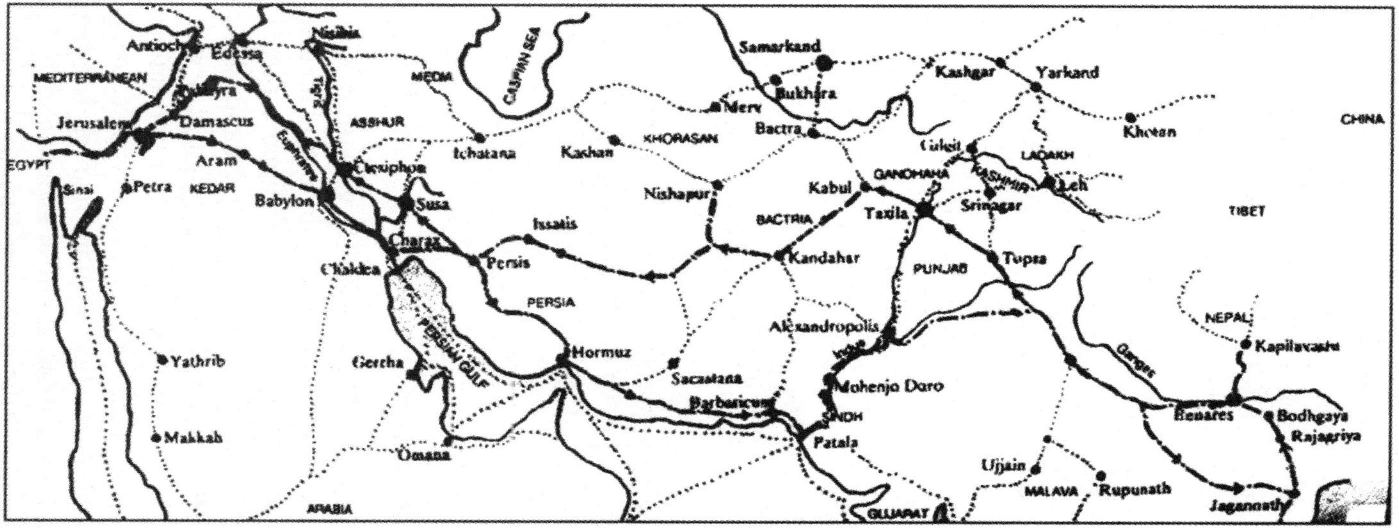

Jesús viaja a la India.

¿Qué vivió durante esos diecisiete años que están ocultos en el misterio? Para completar la historia de la vida de Jesucristo, tenemos que buscar información en otras fuentes. En la edición antigua de la Biblia, nos dice Lucas:

> *Y el niño crecía*
> *y se fortalecía en espíritu,*
> *y estuvo en el desierto hasta el día*
> *en que se dio a conocer en Israel.*

Pero en la nueva edición de la Biblia, se ponen estas palabras en boca de Lucas:

> *Y el niño crecía*
> *y se fortalecía en espíritu,*
> *lleno de sabiduría*
> *y la Gracia de Dios estaba en él.*

Es obvio que la afirmación "Estuvo en el desierto hasta el día en que se dio a conocer en Israel" se cambió por "lleno de sabiduría y la Gracia de Dios estaba en él". La afirmación de que Jesús estuvo en el desierto hasta el día en que se dio a conocer en Israel, indica claramente que dejó el país en esa fecha.

Jesús en India

Jesús dejó a sus padres en secreto y se unió a los mercaderes de Jerusalén para dirigirse a la India "con el fin de perfeccionarse en la Palabra Divina". Fue de un lugar a otro y vivió en paz con la gente de las castas inferiores. Cuando los miembros de castas superiores querían enseñarle algo, él se rehusaba a escucharlos. Creía que "los que privan a sus hermanos de las bendiciones comunes serán también privados de ellas". Jesús fue a los Montes Himalaya, y a los veintinueve años de edad regresó a Israel.[116] Esta información sobre su estancia en la India proviene de los pergaminos tibetanos que Nicolás Roerich descubrió en 1925.

Otra obra oriental importante nos da la edad exacta que tenía Jesús cuando viajó hacia el oriente:

> *Jesús tenía trece años cuando inició su viaje a los países de oriente.*[117]

Creemos que Jesús viajó de Palestina a la India en dos ocasiones, antes y después de la crucifixión. En el Evangelio de los Hebreos se nos informa que Jesús fue a Asiria, de ahí viajó al país de los Caldeos y luego a la India. Hizo muchos milagros en estos países.[118] En ese tiempo, Asiria estaba bajo el dominio de la casa real de Adiabene, y el Rey Ezad había extendido su dominio desde Nisibis hasta Kharax, en el Golfo Pérsico. Josefo afirma que ascendió al trono de Adiabene en el año 36 d.C. Por lo tanto, fue contemporáneo de Jesús. También podríamos mencionar que tanto Ezad como Helena, su madre, fueron sepultados en Jerusalén después de su muerte. En esa época, la ruta comercial hacia la India pasaba por Babilonia y se dirigía a Kharax, que era un centro de reunión para los mercaderes que venían desde el lejano oriente. Es probable que, después de salir de Jerusalén, Jesús haya llegado a Damasco; de ahí, la ruta se dirigía a Babilonia y luego a Kharax en la confluencia de los ríos Tigris y Éufrates. En el Himno del Alma, que aparece en las Actas de Tomás, el príncipe declara que pasó por Babilonia, a su izquierda, y llegó a Mesene que es un lugar de reunión para los mercaderes que vienen de oriente y que se encuentra a la orilla del mar.[119] Creemos que Jesús también siguió esta misma ruta en su primer viaje a la India.

Según las leyendas hindúes, la raza judía tuvo su origen en la India hace siglos. Después de salir de la India, los judíos emigraron hacia occidente. Tal vez la extraordinaria persistencia de los judíos como raza elegida, tenga su fundamento en el sistema de castas hindú. Así como los brahmanes de la India se consideran superiores a otras castas, los judíos también se consideran superiores por ser el pueblo elegido. Los judíos que viven actualmente en la India no se mezclan con otras personas, y tal vez la razón sea su memoria subconsciente del sistema de castas de su país de origen. Esta leyenda se vincula con la leyenda de que Jesús también visitó la India después de que se perdió en el Templo cuando tenía unos trece años de edad. Aunque permanecía en un solo lugar durante periodos muy cortos, aprendió la teoría de la reencarnación de los hindúes, y cuando regresó a su país natal afirmó que él era el Hijo de Dios. El Sutra conocido como *Natha Namavali* también afirma que Jesús, a quien se le da el nombre de Isha Natha, visitó la India a la edad de catorce años, y después de una profunda concentración entendió que Shiva era un gran dios.[120]

El regreso de Jesús

Jesús tenía veintinueve años cuando llegó a la tierra de Israel. Durante su ausencia, los paganos habían sometido a los israelitas a sufrimientos más atroces, y éstos estaban desesperados.[121] Para comprender su situación, tenemos que remontarnos al año 63 a.C. cuando la independencia espiritual y política de Israel llegó abruptamente a su fin. En este año, el general romano Pompeyo, entró a Palestina con su ejército.[122] Pompeyo tomó Jerusalén por asalto e irrumpió en el Templo, donde los fariseos lo recibieron como a un libertador. Pero poco después quedaron desilusionados, y a eso siguieron varias revueltas fallidas. En el año 37 a.C., los romanos pusieron a Herodes de Idumea en el trono. Era un tirano, pero embelleció el templo y construyó un gran número de edificios hermosos. El último periodo de su reinado se vio acosado por deslealtades familiares. Estos conflictos continuaron incluso después de su muerte, y por esa razón los romanos adoptaron la práctica de nombrar gobernadores militares.[123]

En este periodo, los judíos se dividieron en numerosas sectas como las de los fariseos, los saduceos y los esenios. Sus sacerdotes mantenían a estas sectas enardecidas con la esperanza de un Mesías que restauraría su poder político. Fu entonces cuando Juan, el profeta, empezó a predicar en el desierto diciendo:

> *"Conviértanse,*
> *porque el Reino de los Cielos está cerca".*
> *A él se refería el profeta Isaías cuando dijo:*
> *Una voz grita en el desierto:*

Preparen el camino del Señor,
allanen sus senderos.[124]

El nacimiento de Juan

Se sabe poco sobre Juan el Bautista, sólo sabemos que fue hijo de un sacerdote llamado Zacarías, y que nació de Isabel en forma milagrosa. Sabemos que Isabel era prima de María, y que existía entre ellas una gran confianza. Un ángel le informó a Zacarías:

No temas, Zacarías,
porque tu petición ha sido escuchada;
Isabel, tu mujer,
te dará a luz un hijo,
a quien pondrás por nombre Juan;
será para ti gozo y alegría,
y muchos se gozarán en su nacimiento,
porque será grande ante el Señor;
estará lleno de Espíritu Santo
ya desde el seno de su madre.

Como Zacarías ya era viejo, se preguntaba cómo podría Isabel concebir un hijo, pero el ángel le aseguró que Dios lo había enviado para hablar con él y que Zacarías debía guardar esto en secreto.[125]

Los Hijos de Dios

Según la voluntad de Dios, ese mismo ángel preñó a María, mientras estaba en la casa de Zacarías, en una ciudad de Judá. También le informó que su prima Isabel había concebido un hijo de la misma manera, a pesar de su avanzada edad, y que ya estaba en el sexto mes de su embarazo. Entonces, María le confió a Isabel lo que le había pasado y ella la felicitó.

Bendita eres entre todas las mujeres
y bendito es el fruto de tu vientre.[126]

María aceptó la invitación de Isabel y permaneció en casa de Zacarías durante tres meses. Después de eso se casó con José. A partir del relato anterior, podemos establecer estas similitudes entre Jesús y Juan:

a) ambos fueron concebidos por sus madres gracias a la voluntad de Dios.
b) el Espíritu Santo bajó sobre Isabel al igual que sobre María.
c) el poder del Altísimo las cubrió a ambas.

Es obvio que tanto Jesús como Juan fueron Hijos de Dios, y ambos tuvieron que llevar a cabo la misión que la voluntad divina les asignó.

Educación

Después de su llegada a esta tierra, Juan alabó a Dios desde el primer día, y asombró a todos. Creció bajo el cuidado de Isabel y Zacarías, quien, siendo sacerdote, dio a su hijo una buena educación. Como tenía que seguir la carrera sacerdotal, sus padres le instruyeron en todo lo relacionado con las ceremonias del templo, y Zacarías le enseñó las escrituras. Juan también estuvo en contacto con el grupo de hombres santos conocidos como Esenios, quienes le enseñaron sus escrituras. Fue admitido en la Orden de los Esenios, junto con Jesús, cuando ambos eran muy jóvenes. Estuvieron en Jutha, cerca del castillo de Masada.[127] Al paso del tiempo, adquirió una personalidad piadosa e inteligente, que estaba destinada a llevar a cabo una gran misión.

Él creció y su espíritu se fortaleció; vivió en los desiertos hasta el día de su manifestación a Israel.[128]

Profecía

Zacarías hizo una profecía diciendo que en la persona de Juan Dios había creado a un redentor para su pueblo Israel, para que pudiera salvarse de sus enemigos.

Juan el Bautista predicando.
(Tomado de un grabado antiguo.)

Dirigiéndose al niño dijo:

Y tú,
niño, serás llamado
profeta del Altísimo,
pues irás delante del Señor
para preparar sus caminos.[129]

El pueblo estaba lleno de expectativas creyendo que el Mesías llegaría en cualquier momento, y que antes de su advenimiento llegaría el profeta Elías. Por consiguiente, todos creían sinceramente que Elías había llegado en la persona de Juan.

Predicación sobre Elías

Las palabras "estaba en el desierto" pueden interpretarse en el sentido de que Juan recurrió a los santos para recibir de ellos guía espiritual. Los santos podrían ser precisamente los Esenios, que habían establecido pequeñas colonias en el desierto; su centro de operaciones estaba en las cuevas de Qumran. Fue entonces cuando la palabra de Dios llegó a Juan, y él inició su misión desde el Jordán. Predicó el bautismo del arrepentimiento para la remisión de los pecados.[130] Predicó en el desierto diciendo:

> *Arrepiéntanse,*
> *porque el reino de los cielos*
> *está cerca.*[131]

Juan el Profeta predicó entre la gente, los publicanos y los soldados. A la gente le pidió que compartieran sus pertenencias, diciendo: el que tenga dos sacos, que le regale uno al que no tiene ninguno. A los publicanos les dijo que deseaba que sólo cobraran lo que estaban autorizados para cobrar. A los soldados les dijo que no ejercieran la violencia contra nadie, que no acusaran falsamente a nadie y que se conformaran con sus salarios.[132]

Lo anterior revela claramente que Juan el Profeta les exigía a todos el arrepentimiento en nombre de Dios, sin importar que su posición fuera alta o baja. Les decía que el ser hijos de Abraham no era una garantía de salvación. La gente tenía que enmendar su camino y lavar sus pecados con el bautismo.

Declaró:

> *Yo os bautizo con agua;*
> *pero el que viene es más fuerte que yo,*
> *Él os bautizará en Espíritu Santo y fuego.*[133]

Trayecto hacia el Jordán

Jesús estaba consciente de las actividades de Juan, y de su clamor en el desierto diciendo que estaba preparando el camino del Señor. También había escuchado sobre las multitudes que se reunían a escuchar a Juan declarar que alguien más fuerte que él estaba a punto de llegar. Entonces, cuando toda la gente se acercaba a él para recibir el bautismo, el propio Jesús se acercó a él y le pidió que lo bautizara.

Cuando Juan vio que Jesús se acercaba a él, dijo a los que se habían reunido en ese lugar:

He ahí el Cordero de Dios,
que quita el pecado del mundo.
Este es por quien yo dije:
Detrás de mí viene un hombre,
que se ha puesto delante de mí,
porque existía antes que yo.
Y yo no le conocía,
pero he venido a bautizar en agua
para que él sea manifestado a Israel.[134]

Cuando Jesús salió del agua, el Espíritu Santo descendió sobre él como una paloma, y se escuchó una voz del cielo que decía:

Tú eres mi hijo amado
y me complazco en ti.[135]

El Hijo de Dios no podía necesitar el bautismo. Pero como vino a ser un modelo para los hijos de los hombres, el bautismo era un símbolo de la limpieza del alma.[136] Jesús estaba muy ocupado con pensamientos espirituales; necesitaba tiempo para la meditación.

La prueba mística

Ahora Jesús tenía que someterse a una prueba mística en el desierto a lo largo de cuarenta días, que es un número simbólico.

En el oriente, los místicos se someten a este tipo de pruebas, que incluyen meditación y recitaciones a lo largo de cuarenta días, después de lo cual el devoto alcanza un pleno poder espiritual. En ese periodo, el devoto debe luchar contra tentaciones. Cuando el espíritu de Dios descendió sobre Jesús, él ayunó durante cuarenta días y triunfó contra las tentaciones. Por consiguiente, los ángeles vinieron a él y le sirvieron.[137] Jesús solía ir al Valle de Qumran en el Mar Muerto y visitar los monasterios y los santuarios de los Esenios. Tanto los budistas como los Esenios tenían un gran interés en las escrituras antiguas, en la meditación y en el yoga. Los Esenios estaban más interesados en las escrituras antiguas relacionadas con el bienestar del cuerpo, con investigaciones sobre plantas medicinales y sobre el tratamiento de enfermedades.[138] Los Esenios eran los maestros de las ciencias farmacéuticas y medicinales, y un pergamino del Mar Muerto confirma este hecho. De modo que Jesús aprendió yoga y medicina de los Esenios.

Jesús en Grecia

Como Jesús deseaba estudiar con los maestros de Grecia, cruzó las colinas del Carmelo, abordó una embarcación y llegó a Atenas. En una ocasión estaba en el anfiteatro y cuando los maestros griegos le pidieron que hablara, él dijo:

> *Maestros de Atenas,*
> *no vengo aquí a hablar de filosofía;*
> *pero podría hablarles sobre una vida*
> *que va más allá, una vida interior.*
> *Una verdadera vida que no puede extinguirse.*
> *Vuelve a nosotros, corriente mística del pensamiento griego*
> *y mezcla tus aguas claras con las inmensas aguas de la*
> *vida del Espíritu; entonces, la conciencia espiritual ya no*
> *estará dormida, y el hombre sabrá, y Dios lo bendecirá.*

Después de decir esto se hizo a un lado. Los maestros griegos se asombraron ante la sabiduría de sus palabras.[139] Cuando una tormenta se desató en el mar, él rescató a muchos indefensos con la fuerza de un gran poder. Dijo a las multitudes que la oración más eficaz que el hombre puede ofrecer es la ayuda que pueda dar a los necesitados, "pues lo que tú haces por otros, el Santo lo hará por ti".

Juan el Profeta

En la Biblia, a Juan el Profeta se le conoce mejor como Juan el Bautista. "Predicó y bautizó en el valle del Río Jordán, al sur de Jericó, donde un conocido vado cruza el río". Insistía en que los judíos se esforzaran por alcanzar la perfección, siguiendo estrictamente la ley. Les pidió que se presentaran para ser bautizados, y llegó a tener una gran multitud de seguidores. Herodes Antipas recibió un informe de sus actividades y llegó a la conclusión de que este hombre era peligroso.[140]

Juan el Profeta presentó a Jesús ante sus seguidores. Un día, estando presentes dos de sus discípulos, señaló a Jesús y dijo que era el Cordero de Dios.[141] Estos dos discípulos siguieron a Jesús y fueron sus discípulos. Uno de ellos era Andrés, el hermano de Simón Pedro. Pasaron un día con él en su casa. Al día siguiente, Simón también vino a él y se convirtió en su discípulo. Más tarde, también lo siguió Felipe. Días después, Natanael también aceptó a Jesús como el Hijo de Dios.[142]

La Tentación

Jesús estaba lleno del Espíritu Santo, se alejó del Jordán y el Espíritu lo guió al desierto.[143] ¿Por qué fue guiado el Señor al desierto? La respuesta a esta pregunta podría ser que fue allá a contemplar la liberación de la humanidad. La contemplación como base de la liberación se basa en la filosofía oriental y es un camino de sabiduría que se inició en la India más de mil años antes de Cristo. Además de la fórmula hindú, conocida como *Moksha* o liberación del hombre de las ataduras del *karma*, este camino de salvación adoptó diversas formas en el misticismo de Tao y en la iluminación de Buda.[144]

¿Qué otra cosa hizo en el desierto además de dedicarse a la contemplación? Ayunó durante cuarenta días y cuarenta noches, y después experimentó hambre, al igual que Buda. Entonces llegaron a él las tentaciones, como habían llegado a Buda. Este es un paralelo entre Jesús y el Buda, pues ambos fueron al desierto, ayunaron a muerte y trataron de encontrar el camino para la liberación de la humanidad. Cuando llegó a él la primera tentación diciendo:

> *"Si tú eres Hijo de Dios,*
> *manda que estas piedras se conviertan en panes".*
> *Jesús le respondió:*
> *"Está escrito:*
> *El hombre no vive solamente de pan".*[145]

Después Jesús fue llevado a una montaña alta y en un momento se le mostraron todos los reinos de la tierra. La segunda tentación fue:

> *"Te daré todo el poder y la gloria de estos reinos,*
> *porque a mí me ha sido entregada,*
> *y se la doy a quien quiero.*
> *Si, pues, me adoras, toda será tuya."*
> *Jesús le respondió:*
> *"Está escrito:*
> *Adorarás al Señor tu Dios*
> *y sólo a él darás culto."*[146]

Después, Jesús fue llevado a la ciudad santa y se le colocó en el pináculo del Templo. La tercera tentación fue:

> *"Si tú eres Hijo de Dios,*
> *tírate abajo, porque está escrito:*
> *Dios dará órdenes a sus ángeles,*
> *y ellos te llevarán en sus manos*
> *para que tu pie no tropiece con ninguna piedra".*
> *Jesús le respondió:*

"También está escrito:
No tentarás al Señor, tu Dios".[147]

Jesús rechazó estas tres tentaciones. Más tarde declaró lo siguiente en Nazareth el día del Sabbath:

El Espíritu del Señor está sobre mí,
porque me ha ungido para anunciar
a los pobres la Buena Nueva,
me ha enviado a proclamar la liberación
a los cautivos y la vista a los ciegos,
para dar la libertad a los oprimidos
y proclamar un año de gracia del Señor.[148]

La conclusión a la que se puede llegar a partir de todo esto se resume en las palabras con las que Jesús proclama la libertad absoluta de los oprimidos. Traer la buena nueva a los pobres y hacer posible que la humanidad viviera en la paz y en el amor, había sido el sueño de todos los profetas. Pero Jesús anunció con osadía que el cumplimiento de lo que acababa de decir no estaba en un futuro remoto, sino en el aquí y en el ahora.[149]

Jesús en Egipto

Jesús fue a Egipto a encontrarse con los santos esenios. Habló con los maestros ancianos sobre su vida. Ellos convocaron un concilio fraternal y Jesús se presentó ante el hierofante que dijo:

Tu sabiduría es la sabiduría de los dioses,
¿por qué buscar sabiduría
en las salas de los hombres?

Jesús respondió que para alcanzar las alturas, él estaba dispuesto a someterse a la prueba más difícil. Después de recibir del hierofante su nombre y su número místicos, Jesús superó la primera prueba y recibió un pergamino en el que sólo estaba escrita una palabra: sinceridad. Después, Jesús superó la segunda prueba y el hierofante puso en sus manos un pergamino en el que estaba escrita la palabra justicia. Entonces Jesús superó la tercera prueba y recibió un pergamino en el que estaba escrita la palabra fe. Luego superó la cuarta prueba y el hierofante puso en sus manos un pergamino en el que estaba escrita la palabra filantropía. Jesús pasó cuarenta días en el monasterio en meditación profunda. Superó la quinta prueba y el hierofante puso en manos de Jesús otro pergamino, en el que estaba escrita la palabra heroísmo. Después de eso Jesús superó la sexta prueba y el hierofante puso en sus manos un pergamino en el que estaban escritas las palabras amor divino. Y Jesús superó la séptima prueba y el hierofante puso en su frente una diadema diciendo: "Tú eres el Cristo". Entonces se escuchó una voz que hizo que se sacudiera todo el monasterio y que dijo: "Este es el Cristo", y todas las criaturas vivientes dijeron, Amén.[150]

En todas las eras, desde el principio de los tiempos, han vivido siete sabios. Al inicio de cada era estos sabios se reunían para determinar el curso de las naciones, los pueblos, las tribus y las lenguas. Había terminado una era, de modo que los sabios se reunieron en Egipto. Jesús se dirigió a los sabios diciendo:

> *La historia de la vida está bien condensada en estos postulados inmortales. Estas son las siete colinas en las que se construirá la ciudad santa. Estas son siete piedras de cimientos seguros sobre los que descansará la iglesia universal. Las palabras que pronuncio no son mías; son las palabras de aquel cuya voluntad estoy cumpliendo. Y de entre los hombres humildes elegiré a doce hombres, que representarán a los doce pensamientos inmortales, y ellos serán la iglesia modelo. Y cuando llegue una época mejor, la iglesia universal descansará sobre los siete postulados. Y en el nombre de Dios, nuestro Padre, el reino del alma se establecerá sobre las siete colinas. Y todos los pueblos, tribus y lenguas de la tierra entraran en él. El Príncipe de la Paz estará sentado en el trono de poder. Entonces el Dios Trino y Uno será Todo en Todos.*

Jesús terminó su discurso con estas palabras y todos los sabios dijeron: ¡Amén! Después de esto no se dijo nada más, y Jesús siguió su camino y llegó a Jerusalén.

El Llamado

En Galilea, cuando Jesús estaba con sus primeros discípulos, les hizo el siguiente llamado:

> *En verdad, en verdad os digo:*
> *veréis el cielo abierto*
> *y a los ángeles de Dios subir*
> *y bajar sobre el Hijo del hombre.*[151]

Cuando muchas personas lo buscaban para recibir su bendición, él se acercó a ellas y se detuvo en el valle. Elevó los ojos hacia sus discípulos y dijo:

> *Bienaventurados los pobres,*
> *porque vuestro es el Reino de Dios.*
> *Bienaventurados los que tenéis hambre ahora,*
> *porque seréis saciados.*
> *Bienaventurados los que lloráis ahora,*
> *porque reiréis.*[152]

Lo siguieron muchos discípulos y él hizo muchos milagros en diferentes sitios de Israel, Jesús declaró:

> *Y el juicio está en que vino la luz al mundo,*
> *y los hombres amaron más las tinieblas que la luz,*
> *porque sus obras eran malas.*
> *Pues todo el que obra mal aborrece la luz*
> *y no va a la luz,*
> *para que no sean censuradas sus obras.*
> *Pero el que obra la verdad, va a la luz,*
> *para que quede de manifiesto*
> *que sus obras están hechas según Dios.*[153]

Su fama se extendió por toda la comarca. Algunos que temían a Dios se acercaron a él, y los que estaban recelosos venían a discutir con él. Dios les había dado diez Mandamientos a través de Moisés, y Jesús desarrolló los aspectos espirituales de algunos de los Mandamientos diciendo:

> *El Señor nuestro Dios es el único Señor;*
> *y tú amarás al Señor, tu Dios,*
> *con todo tu corazón y con toda tu alma,*
> *con todo tu espíritu y con todas tus fuerzas.*
> *El segundo es: Amarás a tu prójimo como a ti mismo.*
> *No hay otro mandamiento más grande que este".*[154]

Oposición

La predicación de Jesús provocó el antagonismo de los fariseos locales, quienes tenían un punto de vista y una manera de pensar comunitarios, y exigían la observancia estricta de los Mandamientos tal y como aparecen en la Torah. Por su parte, Jesús deseaba liberar a la gente de los rituales, las supersticiones y la ignorancia. Por naturaleza, Jesús era sociable y no creía en las distinciones de castas. Por consiguiente, los fariseos expresaban su oposición hacia él y afirmaban que sus discípulos habían dicho que Jesús aseguraba tener una ascendencia celestial. Lo que él en realidad les había dicho es que Dios lo había enviado como maestro. Los sacerdotes también se convirtieron en enemigos de Jesús, pues veían en su predicación la semilla de la ruina de la clase sacerdotal. Por esa razón, iniciaron una salvaje propaganda en su contra, y lo acusaron de decir que era el Hijo de Dios. Declararon que Jesús estaba poseído de un demonio. Obligaban a la gente a lanzarle piedras y a provocar inquietud en sus reuniones religiosas.[155] Incluso alegaron que él había declarado ser Dios y que esto era una blasfemia.[156] Se llevó a cabo una investigación para averiguar si Jesús era culpable del cargo de blasfemia, pero no pudieron encontrar un solo testigo que corroborara tal acusación. De modo que su fama se extendió en todas direcciones y su nombre se convirtió en una leyenda de la noche a la mañana.[157]

Entonces adoptaron otra estrategia para atacarlo, alegando que sus actividades eran de naturaleza política. Los sacerdotes declararon que Jesús tenía motivos políticos para afirmar que era el rey de los judíos. Poncio Pilato, que actuó como juez en su caso, llegó a la conclusión de que sólo lo hacían para involucrar a Jesús. Les dijo a los sacerdotes y al pueblo que no encontraba irregularidades en Jesús ni en sus sermones.

Persecuciones

Las autoridades en cuyas manos estaba el poder iniciaron una persecución contra los seguidores de Jesús. El primero que arrestaron fue Juan, el Profeta. Cuando Jesús lo supo, él y sus seguidores se dirigieron a la ciudad de Samaria, porque sus habitantes no tenían tratos con los judíos. Muchos fueron a verlo y a escuchar sus sermones.

Jesús sintió indignación a causa de la gente y pensó en viajar a algún otro lugar. Fue a Galilea y muchos discípulos siguieron sus pasos. Fue a predicar a Nazareth y ahí vio a María su madre y a sus hermanos Santiago y Judas. Los habitantes de Nazareth hicieron comentarios sarcásticos sobre él, pero Jesús declaró:

> *En verdad os digo*
> *que ningún profeta es bien recibido en su patria.*[158]
> *"Un profeta es despreciado solamente en su pueblo,*
> *en su familia y en su casa".*[159]

Jesús les recordó a sus discípulos que serían perseguidos por actuar con rectitud. Tendrían que separarse de sus familiares y conocidos. Les dijo que en el pasado se había perseguido a los profetas y que eso podría volver a suceder. Por esa razón, ellos deberían estar preparados para sufrir, pues su reino era el reino de los cielos. Les dijo que él no había venido a destruir la ley sagrada, y que no estaba en contra de ningún profeta que hubiera venido antes que él. Dijo que él sólo había venido a cumplir con su misión y a exhortar a la gente para que no dejara de cumplir con los mandamientos.[160]

María Magdalena.

María Magdalena

Jesús fue a varias ciudades y aldeas a predicar. Durante sus viajes, lo acompañaban sus discípulos y algunas mujeres de las que había expulsado espíritus malignos o a las que había sanado de enfermedades. Entre estas mujeres sobresalían María su madre y María Magdalena. También lo acompañaban otras mujeres como Juana y Susana.[161] Entre todas estas mujeres, María Magdalena amaba a Jesús, y él correspondía a su amor en su corazón.[162] Según la ley judía, era conveniente que Jesús se casara ya que "un hombre soltero no podía ser maestro". Pero de acuerdo a la promesa que había hecho como Esenio, se le exigía practicar el celibato y así preservar su energía vital para el desarrollo mental. El Evangelio de Felipe contiene la siguiente información sobre este tema:

> *Y la consorte del Salvador es María Magdalena; él la amaba más que a todos sus discípulos y a menudo la besaba en la boca. Sus discípulos le preguntaban: "¿Por qué la amas más?", y el Salvador les respondía: "¿Por qué no te amo a ti como la amo a ella?".*[163]

Los miembros de la Orden de los Esenios insistían en que Jesús superara su amor hacia esta mujer, para que su sagrada tarea no se retrasara. Esto fue muy difícil para él, pero aceptó permanecer fiel al servicio de la Hermandad. Jesús y María lloraron amargamente y acordaron separarse.[164] Tal vez en ese momento la situación no era favorable. Herodes Antipas había desatado un reinado de terror contra el pueblo. Todos los días había enfrentamientos entre las masas y los soldados romanos. Juan y sus discípulos se estaban pudriendo en las cárceles. Josefo, el historiador contemporáneo, escribió que Herodes estaba alarmado ante la popularidad de Juan y creía que el bautismo y la predicación de Juan eran las causas principales de los disturbios que había en su reino.[165]

Contacto con quienes sufrían persecuciones

Jesús se mantuvo en contacto con quienes sufrían persecuciones y con los que estaban en prisión. Juan el Profeta escuchó hablar de las obras de Jesús estando en prisión y envió a dos de sus discípulos a verlo.[166] Su mensaje secreto fue: "¿Eres el que ha de venir o debemos buscar a otro?". En otras palabras: "¿Eres nuestro libertador o tenemos que buscarlo en otro lugar?". Jesús les dijo que le dijeran a Juan lo que habían visto y oído.[167] Cuando los discípulos de Juan ya se habían marchado, Jesús le dijo a la multitud que Juan no sólo era un Profeta, que era más que un Profeta, pues había venido a prepararle el camino.[168]

Esta fue una época de intensas expectativas mesiánicas, y por primera vez, Jesús señaló claramente que Juan el Profeta había venido a preparar el camino para su advenimiento. Todos los que lo escucharon empezaron a discutir el tema entre ellos. Mientras que los publicanos creían en las declaraciones de Jesús, los fariseos rechazaban la idea de que él fuera su redentor. Jesús había dicho que él era el Mesías prometido, y que tenía que asumir el papel de Mesías, como lo ordenaba Dios. Pero los fariseos se preguntaban cómo, el Hijo del hombre, que comía y bebía, podía ser su redentor.[169]

La muerte de Juan el Profeta

Por la Biblia sabemos que Juan el Profeta fue encarcelado y asesinado a causa de Herodías. También sabemos, gracias a un relato proporcionado por Josefo, que Herodes Antipas se enamoró de Herodías, que era esposa de su hermano, durante un viaje a Roma.[170] Esta dama tenía una hija muy hermosa llamada Salomé. Tal vez Herodes sentía una pasión extravagante por la madre y la hija. Salomé solía sentarse cerca de Herodes y halagarlo con sus danzas.[171] Juan el Profeta había hablado contra Herodes en el templo diciendo:

> *Has vivido en pecado,*
> *ustedes los gobernantes son adúlteros.*[172]

Es obvio que la causa principal del arresto de Juan el Profeta fue que había denunciado la relación de Herodes con Herodías y con su hija Salomé. Herodes también tenía que enfrentar un problema político, ya que su primera esposa era hija de Aretas, el rey de Arabia. Con el propósito de vengar el insulto de Herodes contra su hija, Aretas estaba preparado para la guerra y Herodes tenía que defenderse.[173] En segundo lugar, según la tradición judía, estaba prohibido casarse con una cuñada o con su hija.

Juan estaba preso en la fortaleza de Maqueronte, que se encontraba en el lado oriental del Mar Muerto. Herodías y Salomé exigieron que se decapitara a Juan. Herodes estuvo de acuerdo y mandó llamar a un verdugo, quien decapitó a Juan el Profeta y envió su cabeza para que la madre y la hija la vieran.[174]

Después de lograr la ejecución de Juan el Profeta, Herodías exclamó:

> *Este es el destino de todo hombre que se atreve a hablar con desdén sobre las acciones de sus gobernantes o a criticarlas.*

La cabeza de Juan el Profeta fue lanzada a sus discípulos. Ellos recogieron el cadáver y le informaron a Jesús de esta tragedia. Llevaron su ataúd a un cementerio cercano a Hebrón y lo sepultaron.[175] Juan fue decapitado aproximadamente en el año 34 d.C., poco antes de la batalla entre Herodes Antipas y Aretas.

Jesús viajó por barco a ese lugar para rendir homenaje al héroe caído. Después de esto se internó en un desierto cerca de la ciudad de Betsaida. Una gran multitud lo siguió. Cuando se dio cuenta de que estas personas tenían la firme intención de declararlo rey, huyó hacia una montaña. Todo esto muestra que la gente deseaba expulsar a los romanos y quería tener un líder que tuviera la valentía necesaria para dirigirlos. Jesús sintió que no podía confiar en esta gente pues no eran sinceros. Él quería elevarlos en el aspecto espiritual y moral, y por eso les dijo:

> *No dediquen más tiempo del necesario*
> *a preocuparse por cosas materiales.*

Cuando les digan a los demás
lo que está mal en ellos,
deténganse de vez en cuando y obsérvense.
Traten de entender lo que Dios quiere de ustedes.
Respondan al mal con el bien
y amen a sus enemigos.

Los nombres de los Apóstoles

Jesús se entristeció mucho ante la trágica muerte de Juan el Profeta y abandonó Nazareth, pues sus habitantes eran rebeldes y se temían brotes de violencia.

Se marchó a Cafarnaún, una población pequeña en las costas del Mar de Galilea. Tuvo dos razones para elegir este sitio. En primer lugar, quería paz mental, pues la muerte de Juan el Profeta, su precursor y amigo, le había causado un gran dolor. La playa, su calma y su atmósfera fresca, le proporcionarían el entorno de tranquilidad que él necesitaba en esas circunstancias. En segundo lugar, esta ciudad portuaria tenía una población heterogénea de visión progresiva y de mentalidad secular. Su mensaje de paz sería bien recibido en esta región, y él no se vería importunado por los argumentos y la oposición de los fariseos. Viajó por la campiña y habló en parábolas. Un día vio dos embarcaciones a la orilla del lago. Abordó una y se sentó. Dijo:

En verdad, en verdad os digo:
el que no entra por la puerta
en el redil de las ovejas,
sino que escala por otro lado,
ése es un ladrón y un salteador;
pero el que entra por la puerta
es pastor de las ovejas.
A éste le abre el portero,
y las ovejas escuchan su voz;
y a sus ovejas las llama una por una
y las saca fuera.

Cuando ha sacado todas las suyas,
va delante de ellas,
y las ovejas le siguen,
porque conocen su voz.[176]

Jesús quería elegir a un grupo de trabajadores en quienes pudiera confiar para que dieran a conocer su mensaje. Fue a la montaña a orar.[177] Posiblemente tuvo que consultar a los Esenios. Después de pasar allá una noche, regresó a donde estaban sus discípulos y eligió a trece ayudantes. Doce de ellos eran en quienes más confiaba, por su lealtad y fidelidad. Ellos son:

1. Simón, llamado Pedro.
2. Andrés, hermano de Simón.
3. Santiago, el hijo de Zebedeo.
4. Juan, hermano de Santiago.
5. Felipe.
6. Bartolomé.
7. Tomás, el publicano.
8. Mateo, el publicano.
9. Santiago, hijo de Alfeo.
10. Lebeo, apellidado Tadeo.
11. Simón, el cananita.
12. Judas Iscariote.[178]
13. Judas, el hermano de Santiago.[179]

Para ocultar su identidad, Jesús dio apellidos o apodos a algunos de sus apóstoles. A Simón se le llamó Pedro, y a Santiago y Juan los llamó hijos del trueno. [180]

Al parecer existe cierta confusión en lo que respecta al número de discípulos. Aunque todos los Evangelios mencionan a Judas Iscariote, Lucas y Juan mencionan a Judas, el hermano de Santiago, además de mencionar a Judas Iscariote.[181]

Jesús quería que sus discípulos permanecieran con él para así enviarlos a predicar y darles el poder de sanar enfermedades. Ellos eran los seguidores en quienes más confiaba, sus guardaespaldas personales. Les dijo:

Síganme en el camino de los verdaderos discípulos,
pues es el camino que lleva a la vida.

Además, tenían barcas, pues en caso de peligro estas barcas podían usarse para viajar a otras tierras.[182]

La gente del pueblo se reunía alrededor de Jesucristo y él se mezclaba con ellos con libertad y vivía con ellos. Pero los sacerdotes habían enviado informes negativos contra él a las autoridades. Esparcieron propaganda según la cual Jesús estaba poseído de un demonio. Dijeron: "Este hombre tiene a Belcebú, y lanza demonios por el poder de los demonios".

En busca de la oveja perdida

Jesús mandó a sus apóstoles a predicar entre la gente del pueblo y no entre las clases más altas. Les dijo que fueran a buscar las ovejas perdidas de la Casa de Israel.[183] Les aconsejó que no llevaran nada de ropa, comida o dinero para su viaje, y que siempre estuvieran preparados para viajar a pie a diferentes tierras.[184] Les aconsejó que viajaran con un bastón y que calzaran sandalias.[185] Les dijo que los estaba enviando en una misión peligrosa, y que su posición era como la de ovejas en medio de lobos. Les advirtió que era posible que los atraparan y los acusaran ante los consejos y las sinagogas. También les advirtió que, como su misión era universal, sus discípulos podrían ser llevados ante gobernadores y reyes, y condenados a muerte. Les dijo: "Cuando los persigan en una ciudad, huyan a otra".[186]

Como Jesús había viajado a tierras lejanas, pudo guiarlos y explicarles en forma detallada los peligros que representaba un viaje largo. Al mismo tiempo, les dio instrucciones meticulosas y les prescribió un código de conducta. Algunas de las instrucciones que citamos a continuación son una prueba de que Jesús advirtió a sus apóstoles sobre los peligros del viaje.

Por el camino,
proclamen que el Reino de los Cielos está cerca.
No lleven encima oro ni plata, ni monedas,

ni provisiones para el camino,
ni dos túnicas, ni calzado, ni bastón;
porque el que trabaja merece su sustento.[187]
Cuando entren en una ciudad o en un pueblo,
busquen a alguna persona respetable
y permanezcan en su casa
hasta el momento de partir.
Al entrar en la casa,
salúdenla invocando la paz sobre ella.
Si esa casa lo merece,
que la paz descienda sobre ella;
pero si es indigna,
que esa paz vuelva a ustedes.
Y si no los reciben
ni quieren escuchar sus palabras,
al irse de esa casa o de esa ciudad,
sacudan hasta el polvo de sus pies.
Yo los envío como a ovejas en medio de lobos:
sean entonces astutos como serpientes
y sencillos como palomas.
Cuando los persigan en una ciudad,
huyan a otra,
No teman a los que matan el cuerpo,
pero no pueden matar el alma.[188]

Después de darles estas instrucciones, les dijo:

No piensen
que he venido a traer la paz sobre la tierra.
No vine a traer la paz,
sino la espada.
Porque he venido a enfrentar
al hijo con su padre,
a la hija con su madre
y a la nuera con su suegra;
y así, el hombre tendrá como enemigos
a los de su propia casa.[189]

Esto revela que Jesús no estaba contento con las condiciones que prevalecían en Palestina en esa época. Cuando Jesús habló de la espada, el pueblo judío era una nación ocupada por la Roma Imperial. Es probable que se viera tentado a tomar la espada contra las fuerzas imperiales y a intentar apoderarse del poder a favor del pueblo.[190]

El informe de los espías

En todo el país se vivía en un estado de agitación. El pueblo estaba dividido en cuanto a sus opiniones sobre Jesús y su misión. Mientras que el pueblo sentía una enorme reverencia hacia él y lo aceptaba como Mesías, los ricos y las clases altas lo rechazaban y se convirtieron en sus enemigos. Los sacerdotes ejercían una gran influencia sobre las autoridades, y ya también habían mostrado su enemistad hacia Jesús en el pasado. Cuando llegaron a Poncio Pilato informes sobre la popularidad de Jesús, sus consejeros, que en su mayoría eran sacerdotes, le advirtieron sobre el levantamiento que estaba a punto de surgir. A Jesús se le acusó de sedición por haberse declarado Rey de los Judíos. Pilato no estaba dispuesto a tolerar un desafío a su autoridad y empezó a tomar en serio a Jesús y a sus seguidores. Se le había informado que Jesús había declarado que no había venido a traer la paz sino a lanzar una espada. Pilato se perturbó ante tal posibilidad y asignó espías para que le informaran sobre las actividades de Jesús. Lo que averiguó aparece en una carta dirigida a Tiberio César que se escribió en el año 32 d.C., y que citamos a continuación:[191]

> *Apareció un joven en Galilea, y en nombre de Dios, quien lo envió, predicó una nueva ley, la humildad. Al principio pensé que su intención era incitar en el pueblo una revuelta contra los romanos.*
>
> *Mis sospechas pronto se desvanecieron; Jesús de Nazareth hablaba más como un amigo de los romanos que como un amigo de los judíos.*
>
> *Un día observé a un hombre joven en medio de un grupo de personas; estaba recargado en el tronco de un árbol y*

hablaba suavemente a la multitud que lo rodeaba. Me dijeron que era Jesús. Eso era obvio, debido a la gran diferencia que había entre él y los que lo rodeaban. Su cabello y barba rubios le daban una apariencia divina. Tenía aproximadamente treinta años de edad y yo nunca había visto un rostro tan agradable y bondadoso. Había una gran diferencia entre él, con su complexión rubia, y los hombres de barba negra que lo estaban escuchando. Como no quise perturbarlo, seguí mi camino. No obstante, le dije a mi asistente que se uniera al grupo para escucharlo.

Más tarde, mi asistente me dijo que nunca había leído en las obras de los filósofos nada que pudiera compararse con las enseñanzas de Jesús, y que él no estaba llevando a la gente por el mal camino ni era un agitador. Por esa razón él decidió protegerlo. Se le dio la libertad de hablar y de convocar reuniones. Esta libertad ilimitada provocó a los judíos que mostraron indignación; no molestó a los pobres, pero irritó a los ricos y a los poderosos.

Más tarde, le escribí una carta a Jesús pidiéndole una entrevista en el Foro. Asistió a la cita. Cuando apareció el Nazareno, me sentí paralizado. Mis pies parecían estar encadenados al piso de mármol. Estaba temblando como temblaría una persona culpable, a pesar de que él se mostraba tranquilo.

Sin moverme, pude observar a este hombre excepcional por primera vez. No había nada desagradable en su apariencia ni en su carácter. En su presencia, sentí un profundo respeto hacia él.

Le dije que estaba rodeado de un aura y que su personalidad tenía una sencillez contagiosa que lo colocaba por encima de los filósofos y maestros de estos tiempos. Él causó en todos nosotros una profunda impresión debido a sus modales agradables, su sencillez, su humildad y su amor.

Estos son, digno soberano, los hechos relacionados con Jesús de Nazareth, y me he tomado el tiempo necesario para informarle en detalle sobre este asunto.

Después de elegir a sus apóstoles, Jesús también nombró a otros setenta discípulos y los envió en grupos de dos en dos a otras ciudades u lugares. Esperaba visitar estos lugares en el futuro cercano.[192] Asignó tareas diferentes a sus apóstoles y a los setenta discípulos. A continuación citamos las órdenes que dio a sus apóstoles:

> *No vayan a regiones paganas,*
> *ni entren en ninguna ciudad de los samaritanos.*
> *Vayan, en cambio,*
> *a las ovejas perdidas del pueblo de Israel.*
> *Por el camino,*
> *proclamen que el Reino de los Cielos está cerca.*[193]

Después de ordenar a sus apóstoles que siguieran sus instrucciones, asignó la siguiente misión a los setenta discípulos:

> *Id; mirad que os envío*
> *como corderos en medio de lobos.*
> *No llevéis bolsa,*
> *ni alforja,*
> *ni sandalias.*
> *Y no saludéis a nadie en el camino.*
> *En la casa en que entréis,*
> *decid primero:*
> *"Paz a esta casa".*[194]

Jesús habló sobre el Reino de Dios, y sobre el reino del cielo, lo que abarca la misma idea. Sus enseñanzas señalan claramente la naturaleza del reino como una sociedad espiritual. No son un sinónimo de la teocracia judía ni de un imperio terrenal.[195] Les dijo a sus discípulos que el Reino de Dios está dentro de nosotros, y al decírselo a sus discípulos, lo dice a toda la humanidad.

Ministerio y crucifixión 4

Yo soy el Camino, la Verdad y la Vida

—San Juan

CAFARNAÚN, QUE en la actualidad se conoce como Kefar Nahum, estaba en el camino que unía las tierras de más allá del Jordán con el Mediterráneo, y durante el ministerio de Jesús, era el centro de actividades a la orilla del lago. Era una ciudad de pescadores, y ellos fueron los primeros que escucharon a Jesús y que aceptaron sus enseñanzas. Por esta razón, Cafarnaún tenía para él una fascinación especial. A lo largo de su ministerio, esta ciudad fue el centro de su misión. Solía viajar a muchas ciudades y aldeas para predicar en ellas, pero siempre regresaba a Cafarnaún.[1] Andrés, Juan y Santiago solían pedirles a Jesús y a su madre que descansaran a la orilla del mar, en la casa de Pedro. En una ocasión, cuando fueron allá, la noticia se extendió a lo largo de las orillas del lago y mucha gente se acercó a él, Jesús enseñó muchas lecciones a la gente mientras caminaba con ellos a la orilla del lago.[2] Le trajeron a todos los enfermos y a los que estaban poseídos de demonios. Él los sanó a todos y por eso su fama se extendió por Siria.[3]

Los Evangelios no nos proporcionan su información siguiendo el orden cronológico del ministerio de Jesús. Por consiguiente, no podemos estar seguros de la secuencia de los acontecimientos que llevaron a la crucifixión. No obstante, podemos decir que su ministerio empezó aproximadamente en el año 34 d.C. Después, Jesús fue a Jerusalén en la fecha en que los judíos celebran la Festividad de la Pascua.

Al darse cuenta de que Jesús estaba entre ellos, conspiraron para matarlo. Surgieron argumentos entre Jesús y los sacerdotes. Él declaró:

> *Mi doctrina no es mía,*
> *sino del que me ha enviado.*
> *Si alguno quiere cumplir su voluntad,*
> *verá si mi doctrina es de Dios*
> *o hablo yo por mi cuenta.*
> *El que habla por su cuenta,*
> *busca su propia gloria;*
> *pero el que busca la gloria del que le ha enviado,*

Leprosos a la vera del camino
(de una fotografía de Wilson).

ese es veraz; y no hay impostura en él.
¿No es Moisés el que os dio la Ley?
Y ninguno de vosotros cumple la Ley.
¿Por qué queréis matarme?[4]

Uno se pregunta por qué fue a Jerusalén a declarar que su misión "no era destruir la ley de Moisés, sino darle cumplimiento". La respuesta es bastante clara cuando admitimos que Jerusalén, la ciudad santa, había sido el centro espiritual y temporal de la nación.

En segundo lugar, sus visitas coincidieron con la Fiesta de la Pascua y con la Fiesta de los Tabernáculos, en las que participaban los judíos de todas las aldeas y ciudades de la región. Tanto el lugar como la ocasión eran adecuadas para una declaración importante que Jesús quería hacer ante las multitudes. Por otra parte, sus hermanos le habían pedido que hiciera una declaración sobre su misión en esta importante ocasión.

Después de que declaró su misión, los fariseos, el Sanedrín y los principales sacerdotes le mostraron oposición.

El Sermón de la Montaña

Un día, mientras las multitudes se reunían, se dirigió a una montaña con sus discípulos y les dio estas enseñanzas:

Felices los que tienen alma de pobres,
porque a ellos les pertenece el Reino de los Cielos.
Felices los afligidos,
porque serán consolados.
Felices los pacientes,
porque recibirán la tierra en herencia.
Felices los que tienen hambre
y sed de justicia,
porque serán saciados.
Felices los misericordiosos,
porque obtendrán misericordia.

El Sermón de la Montaña.
(Bida.)

Felices los que tienen el corazón puro,
porque verán a Dios.
Felices los que trabajan por la paz,
porque serán llamados hijos de Dios.
Felices los que son perseguidos
por practicar la justicia,
porque a ellos les pertenece
el Reino de los Cielos.[5]

Atmósfera de tensión

Los sermones de Jesús habían creado furor entre las personas que lo rodeaban y que buscaban sus bendiciones. Corrían tras él y luchaban por tocar sus pies. Para ellos, Jesús era el Mesías destinado a liberarlos de la miseria, del mal gobierno y de la opresión. Toda la atmósfera se volvió tensa. También hubo una demostración contra los romanos y Pilato ordenó un ataque general contra las masas. Algunas personas se acercaron a Jesús para quejarse de las atrocidades de Pilato.[6] Él les dijo que se arrepintieran de sus pecados y así se salvarían de una destrucción total. Con el fin de lograr sus motivos ocultos, empezaron una campaña contra Jesús diciendo que era un anti-Mesías que quería destruir la ley y los profetas. Incluso contrataron asesinos para matarlo. Jesús fue víctima de injurias y persecuciones. Se esparcieron muchas mentiras sobre él y sus discípulos. Un día, para aclarar estos conceptos erróneos, Jesús declaró ante la audiencia que no deberían malinterpretarlo, porque él no había venido a cancelar ni a destruir la Ley de Moisés. Les aseguró que cada ley que aparece en las escrituras continuaría hasta que se lograra su propósito. Les dijo que los fariseos y sus sacerdotes querían desorientar al pueblo. Al explicar su posición, declaró:

> *Bajo la ley de Moisés la regla era: si matas, debes morir. Pero yo le he agregado algo a esa regla, y les digo que si sólo estás enojado, incluso estando en tu propia casa, estás en peligro de ser juzgado. Si insultas a tu amigo diciéndole que es un idiota, estás en peligro de que se te haga comparecer ante un tribunal. Y si lo maldices, estás en peligro de caer en el fuego del infierno.*
>
> *Por tanto, si estás frente al altar en el templo ofreciendo un sacrificio a Dios, y de pronto recuerdas que un amigo tiene algo contra ti, deja tu sacrificio ahí junto al altar y ve y pídele perdón a tu amigo y reconcíliate con él, y luego regresa a ofrecer tu sacrificio a Dios. La ley de Moisés dice: No cometerás adulterio. Pero yo digo: si alguien simplemente mira con lujuria a una mujer, ya ha cometido adulterio con ella en su corazón.*
>
> *La ley de Moisés también dice: si un hombre le saca un ojo a otro, debe pagar con su propio ojo. Pero yo digo: no te resistas ante la violencia. Si alguien te golpea en la mejilla,*

> *preséntale también la otra. Si se te ordena presentarte ante un tribunal y te quitan la camisa, ofréceles también el saco. Si el ejército te exige que cargues sus pertrechos a lo largo de una milla, cárgalos a lo largo de dos millas. Da a quienes te lo piden y no vuelvas el rostro ante los que desean pedirte algo prestado.*
>
> *Se les ha dicho: "Amen a sus amigos y odien a sus enemigos". Pero yo digo: amen a sus enemigos, y oren por quienes los persiguen. Así estarán actuando como verdaderos hijos de su Padre que está en los cielos. Pues él hace salir el sol tanto para los buenos como para los malvados, y envía la lluvia tanto a los justos como a los injustos. Si ustedes sólo aman a quienes los aman, ¿qué mérito tienen? Hasta los malhechores lo hacen. Si sólo tratan amigablemente a sus amigos, ¿en qué son diferentes a los otros? Incluso los publicanos lo hacen.*[7]

Jesús explicó claramente su posición, pero los sacerdotes desafiaron su autoridad. Él los denunció y ellos se declararon sus enemigos.

Jesús fue a Galilea temiendo que los judíos pudieran matarlo.[8] De ahí viajó a las costas de Tiro y Sidón.[9] Se entristeció al ver a esa gente y al enfrentar sus puntos de vista dogmáticos. Se sintió intranquilo y pensó en volver a Galilea. Subió a una montaña y se sentó a meditar. Esta gente malagradecida había llenado su vida de tristeza. Abordó una nave y llegó a las costas de Magdala, pero los fariseos también lo encontraron ahí. Le exigían que comprobara que era un profeta y le pidieron que les diera una señal divina. Él suspiró y tuvo lástima de estos malvados.

La consorte de Jesús

Durante sus viajes, Jesús entró a una aldea conocida como Betania, al otro lado del Monte de los Olivos, cerca de Jerusalén. Ahí vivía una familia formada por Martha, su hermana María y su hermano Lázaro. Un fariseo conocido como Simón el Leproso, lo invitó a su casa.[10] Una mujer, que era pecadora, trajo un recipiente de alabastro lleno de ungüento y se arrodilló a sus pies llorando. Empezó a bañar sus pies con sus lágrimas y los secaba con su cabello. Ella besó sus pies y los ungió con el ungüento.[11] Jesús se conmovió profundamente y le mostró un gran afecto. Según las reglas de los Esenios, Jesús había jurado no casarse. Pero María, la hermana de Lázaro, lo amaba y él la amaba a ella. Jesús dio una prueba gloriosa de su virtud al negarse a tener una vida familiar. Dios lo había enviado, el Todopoderoso lo había elegido, toda la gente lo amaba y él inspiraba a todos con sus enseñanzas y con sus conocimientos sobre la naturaleza y los elementos.[12]

Jesús se alejó de las multitudes y fue con sus discípulos a la casa de María. Martha y las otras mujeres estaban ocupadas preparando la comida, pero María se quedó con Jesús. Cuando todos se sentaron a comer, Jesús dijo:

> *Mi pequeño rebaño, no teman; es voluntad de su Padre que ustedes rijan sobre el reino del alma. Un gobernante en la casa de Dios es el siervo del Señor, y un hombre no puede servir a Dios si no sirve a la humanidad. Un siervo en la casa de Dios no puede ser siervo en la casa de las riquezas, ni en la sinagoga del sentido común. Si ustedes están atados a las tierras, a los bonos o a la riqueza de la tierra, distribuyan estos bienes entre los pobres y confíen en Dios; así ni a ustedes ni a los suyos les faltará nada. Esta es una prueba de fe, y Dios no aceptará el servicio de alguien que no tiene fe. Ha llegado el momento oportuno; su Maestro viene sobre las nubes; el firmamento oriental resplandece ahora con su presencia. Vístanse con ropajes de fiesta; ciñan su cintura; preparen sus lámparas y llénenlas de aceite; estén listos para recibir a su Señor; cuando ustedes estén listos, Él llegará. Tres veces benditos serán los siervos que estén listos para recibir a su Señor.*[13]

El Evangelio de Juan nos dice que Jesús amaba a las dos hermanas de Lázaro y que a menudo se hospedaba en su casa.[14] Caná es una pequeña aldea que se encuentra cerca de Nazareth. El

Evangelio de Juan contiene un relato interesante sobre unas bodas en Caná en el que no menciona los nombres de los contrayentes. Jesús no fue el único que asistió a las bodas de Caná; también asistieron su madre, sus hermanos y sus discípulos. Los sirvientes que atendieron a los invitados obedecían las órdenes de Jesús y de su madre, lo que indica que ellos eran los anfitriones. Jesús ofreció a los invitados seiscientos galones de buen vino. Nos inclinamos a creer que esta fue una reunión espiritual convocada por Jesús en la que también se celebró su matrimonio con María Magdalena. Si ésta no hubiera sido su boda, no habría sido necesario que él o su madre se encargaran de que hubiera vino para los invitados.[15] Ya hemos mencionado la relación amorosa que existía entre Jesús y María Magdalena y su separación en obediencia a las reglas de la Orden de los Esenios. Aunque descartaron una relación de marido y mujer, siguieron viviendo y viajando juntos. Sin embargo, María Magdalena se siguió comportando como la consorte de Jesús. En el Evangelio de María, Simón le dice:

> *Hermana, sabemos que el Salvador te amó más que a ninguna otra mujer. Háblanos de las palabras del Maestro que tú conoces y nosotros no conocemos.*[16]

El Evangelio de Felipe ilustra más su relación diciendo:

> *Como María Magdalena era la esposa del Salvador, él la amaba más que a todos los discípulos. A menudo la besaba en los labios.*[17]

En la mitología hindú, cada Dios tiene su consorte, que representa su energía creativa o el poder que se conoce como *"Shakti"*. Se afirma que estas esposas de los dioses son la fuente y el sostén de todas las cosas. Juntos, estos consortes representan los polos activo y pasivo de la manifestación universal. Por tanto, su relación sexual, que se conoce como *Mythuna,* es simbólica. Cuando hablamos de María Magdalena como la consorte primordial de Jesús, estamos utilizando terminología Tántrica Hindú.

Jesús y María Magdalena.

Al parecer, entre las mujeres que se mencionan en el Evangelio, María de Betania, María Magdalena e incluso Martha, tenían un interés profundo, amoroso y personal en todo lo relacionado con Jesús. Estas mujeres lo amaban y lo servían como mujeres a las que él amaba. Como Jesús había prometido no casarse, se negó a tomarlas como esposas, y entre ellas, María Magdalena permaneció fiel a él hasta el final. El Evangelio de Felipe nos dice que María Magdalena era la consorte de Jesús.[18]

Antes de que empezara la semana de la pasión, Jesús fue a la casa de Martha, quien lo recibió con gusto. Ella y su hermana María se sentaron a sus pies.[19] Martha se quejó de que María la dejaba sola en los quehaceres de la casa y no le ayudaba. Jesús le dijo:

> *Martha, Martha,*
> *te preocupas y te agitas por muchas cosas;*
> *y hay necesidad de pocas,*
> *o mejor, de una sola.*
> *María ha elegido la mejor parte,*
> *que no le será quitada.*[20]

Cuando estaban sentados a la mesa, llegó una cortesana que no había sido invitada a la fiesta. Se acercó a Jesús, le besó los pies y lloró copiosamente. Ella secó sus pies con su cabello y los ungió con bálsamo. Simón no quería que una pecadora tocara a Jesús y llegó a pensar que Jesús no era un profeta.[21] Jesús entendió los sentimientos de Simón y dijo:

> *¿Ves a esta mujer?*
> *Yo entré a tu casa*
> *y no me diste agua para lavarme los pies;*
> *pero ella los ha lavado con sus lágrimas*
> *y los ha secado con su cabello.*
> *Tú no me recibiste con un beso,*
> *pero esta mujer*
> *no ha cesado de besarme los pies*
> *desde que llegó.*
> *Tú no ungiste mi cabeza con óleo,*
> *pero esta mujer ha ungido mis pies.*
> *Por tanto te digo que sus pecados,*
> *que son muchos,*
> *han sido perdonados;*
> *pues ella ha amado mucho;*
> *pero al que se le perdona poco,*
> *ha amado poco.*[22]

Jesús le dijo a Simón que el pecado es un monstruo de iniquidad; puede ser un pecado grave o uno leve. Una persona vive una vida de pecado y cuando se arrepiente, es redimida. Pero otra persona, que es descuidada, olvida lo que debería hacer para reformarse. Cuando un pecador busca el perdón, lo encuentra. Después, Jesús le dijo a la cortesana:

> *Tus pecados están perdonados; tu fe te ha salvado.*[23]

Lázaro murió después de una breve enfermedad, Jesús y sus discípulos fueron a consolar a Martha y a María. Cuando Martha supo que Jesús vendría, fue a recibirlo; pero María se quedó en la casa. Le imploró a Jesús que le devolviera la vida a su hermano muerto, y Jesús la consoló diciendo que Lázaro resucitaría. Después mandó llamar a María y ella vino a él. Se arrodilló a sus pies y lloró. Cuando Jesús la vio llorar, sus ojos se llenaron de lágrimas. Entonces María dijo:

> *Señor, si hubieras estado aquí,*
> *mi hermano no habría muerto.*

Después de decir eso, empezó a llorar con fuertes gemidos, y al verla, todos los judíos empezaron a llorar. Jesús se entristeció y elevó los ojos al cielo. Pidió a la gente que retiraran la piedra del sepulcro donde habían sepultado a Lázaro. Jesús elevó los ojos al cielo y dijo:

> *Padre, te doy gracias por haberme escuchado.*
> *Y sé que siempre me escuchas.*

Después de decir esto, Jesús llamó a Lázaro, quien salió del sepulcro y se presentó vivo ante la multitud. Entonces, muchos de los judíos que habían ido a ver a María y que vieron el milagro, creyeron en Jesús.[24]

Al paso del tiempo, muchas mujeres adineradas se hicieron devotas de Jesús y le pidieron que las curara. Antes, Jesús había sanado a María Magdalena, que estaba poseída por espíritus. Ahora Susana, que tenía una propiedad en Cesarea de Filipo, Juana, esposa de Chuza, y Raquel, que vivía en la costa de Tiro, imploraron a Jesús y a sus discípulos que predicaran y que sanaran a otras personas.[25]

La Transfiguración

Ahora, Jesús quería estar solo para reflexionar sobre los acontecimientos recientes y para planificar su futuro. Había recibido un mensaje de uno de sus devotos que le decía que su vida estaba en grave peligro y que tenía que salir de ese lugar. Entonces salió del territorio de Herodes y llegó a Cesarea de Filipo, que era parte del territorio de Filipo. Un día, estando con él sus discípulos, declaró que edificaría su iglesia. Les preguntó qué rumores había sobre él entre la gente.

Cuando ellos le dijeron que las multitudes creían que él era su redentor, él les pidió que no revelaran su identidad a nadie.[26] Sus discípulos se sintieron confundidos, y uno de ellos, llamado Pedro, empezó a debatir con él. Jesús se enfureció y le dijo que su actitud era una ofensa contra él.[27] Los discípulos empezaron a discutir sobre lo que deberían hacer en esas circunstancias. ¿Deberían huir o apoyar a Jesús? Jesús pensó en sus discípulos y en los sufrimientos que padecerían. También pensó en las autoridades de Jerusalén, que habían decidido matarlo en nombre de Dios. Les dijo a sus discípulos:

> *El que quiera venir detrás de mí,*
> *que renuncie a sí mismo,*
> *que cargue con su cruz y me siga.*
> *Porque el que quiera salvar su vida,*
> *la perderá;*
> *y el que pierda su vida a causa de mí,*
> *la encontrará.*[28]

Les aseguró que el Hijo del Hombre vendría con la gloria del Padre acompañado de sus ángeles. Esto revela con claridad que Jesús les aseguró a los discípulos que los ángeles le ayudarían y que ellos no deberían temer ningún peligro. Estas palabras produjeron el efecto deseado y ninguno de sus discípulos lo abandonó.

Seis días después, Jesús llevó a Pedro y a otros discípulos a una montaña muy alta y les mostró un milagro. Estaba meditando y se transfiguró ante sus ojos.[29] Sus vestiduras resplandecieron y eran blancas como la nieve, y era difícil reconocerlo. Llegaron dos hombres y empezaron a hablar con él.[30] Sus discípulos sintieron temor pero él les dijo que no temieran. Estos dos hombres que vinieron a encontrarse con él hablaron sobre el juicio de Jesús.[31] Pedro sugirió que se le construyera ahí un tabernáculo, en la cumbre de la montaña, pero Jesús le dijo que no temiera.[32] Entonces Pedro sugirió que sería bueno que todos se quedaran en lo alto de la montaña y prepararan escondites para Jesús y sus discípulos. Es probable que los hayan preparado para utilizarlos en caso de emergencia. Es significativo que en el momento de la transfiguración Jesús hiciera oración, su rostro cambiara y sus vestiduras se volvieran blancas. Luego llegaron dos hombres y al parecer habló con ellos. Después una nube los cubrió y se escuchó una voz:

> *Este es mi Hijo amado.*
> *Escúchenlo.*[33]

Según Mateo, Jesús se transfiguró frente a sus discípulos, y su rostro brillaba como el Sol. Después habló con Moisés y Elías. Mientras hablaban, una nube resplandeciente los cubrió y se escuchó una voz que dijo:

> *Este es mi Hijo muy querido,*
> *en quien tengo puesta mi predilección:*
> *escúchenlo.*[34]

La Transfiguración revela tres hechos:

a) Jesús tenía el poder de cambiar su rostro.
b) Tenía el poder de llamar a los dioses, a los ángeles y a los profetas.
c) Podía hacer que desaparecieran en las nubes.

La transfiguración es una hazaña *tántrica* que se practica en el Tibet. Debo mencionar que yo personalmente fui testigo del cambio en el rostro de una santa mujer tibetana que se llama Chomo Ji, y que vive en Leh, Ladakh. Convocar a los espíritus o a las almas es una práctica común entre los mendicantes de Cachemira y otras regiones montañosas del Himalaya. El desaparecer es una hazaña de los *Yoguis* o una manifestación *tántrica* que describen personas que han viajado al Tibet. Se han registrado cientos de incidentes de este tipo y se les ha considerado milagros llevados a cabo por santos, ascetas, mendicantes y *faquires* del oriente. No podemos descartar la posibilidad de la transfiguración, ya que Jesús había adquirido esta clase de poderes durante sus primeros viajes al oriente.

¿Quiénes fueron los dos hombres que hablaron con Jesús en la cumbre de la montaña? Se les ha llamado Moisés y Elías y se ha dicho que aparecieron gloriosos y hablaron con Jesús. Moisés, como sabemos, dio a Israel sus primeras leyes, y en sus últimos días viajó en busca del sitio donde Dios le había ordenado morir. El Profeta Elías atravesó el desierto al otro lado del Jordán, y después de vencer a los dioses falsos, desapareció en el desierto, pero antes le entregó su túnica a Eliseo. Tanto Moisés como Elías habían muerto varios siglos antes, y no había una razón para que se reunieran con Jesús. Tal vez esta escena fue una visión de los discípulos, pues estaban dormidos cuando esto ocurrió. Por lo tanto, dieron a estos dos hombres los nombres de Moisés y Elías, dos santos en los que Jesús solía meditar en las sesiones de oración que llevaba a cabo cuando se retiraba al desierto o a las montañas.

También es significativo que en el momento de la crucifixión, Jesús los invoque pidiendo su ayuda y diciendo que son gloriosos y dignos de alabanza. Y es extraño que estos dos hombres hayan sido los que lo retiraron del sepulcro. Por tanto, queda claro que estos dos hombres fueron sus protectores. ¿Eran ángeles de Dios o eran santos Esenios? Esta pregunta se responderá más tarde. Por el momento, sólo diremos que estos dos hombres eran Esenios, amigos de Jesús, y que llegaron para reunirse con él y hacer preparativos para su seguridad y su supervivencia.

Confrontación

Jesucristo se marchó de nuevo a Galilea en secreto y llegó a Cafarnaún.[35] Tomó una decisión y eligió ir a Jerusalén y enfrentarse abiertamente con los herejes. Después visitó su casa ancestral. Sus hermanos, que estaban muy preocupados, le pidieron que fuera a Judea y declarara su misión abiertamente ante el pueblo. Le dijeron que si tenía la grandeza que se le atribuía, tenía que comprobarlo ante el mundo.[36] Envió a sus mensajeros por delante para que observaran la reacción de la gente en las aldeas que estaban camino a Jerusalén. Cuando los discípulos vieron que la gente era hostil en una aldea, Santiago y Juan le pidieron a Jesús permiso para incendiar esa aldea, pero él los reprendió y los envió a otras aldeas.[37] Asignó misiones a sus setenta discípulos y los envío en grupos a los lugares que tenía la intención de visitar.[38]

Los judíos habían recibido información sobre sus movimientos y lo buscaban en Jerusalén. Jesús llegó a las costas de Judea desde el otro lado del Jordán. Este hecho es importante, ya que la ruta más corta hacia el Jordán pasa por Qumrán. Desde su infancia, Jesús había establecido contacto con los Esenios que vivían ahí y en ocasiones iba a las colinas a visitarlos. En esta ocasión también lo hizo, tal vez para consultarlos y pedirles consejo.

Jerusalén

Jesús fue al otro lado del Jordán y llegó al territorio de Herodes. Alguien le aconsejó que se alejara de ahí para salvar su vida. Pero él les dijo que no era adecuado que un profeta muriera fuera de Jerusalén.[39]

Mientras tanto, Judas lo traicionó y transmitió su secreto a los sacerdotes. Les había informado que Jesús había asumido el papel del Mesías prometido y que quería ser rey de los judíos. Eran las fechas en que los judíos de todas partes de Palestina viajaban a Jerusalén para celebrar la fiesta. Jesús predijo el destino de Jerusalén diciendo:

> *¡Jerusalén, Jerusalén,*
> *que matas a los profetas*

> *y apedreas a los que te son enviados!*
> *¡Cuántas veces quise juntar a tus hijos,*
> *así como la gallina*
> *junta sus pollitos debajo de sus alas,*
> *y no quisiste!*
> *He aquí su casa quedará desierta.*[40]

El consejo

Temiendo que Jesús estuviera planeando una revuelta contra ellos durante la Pascua, los sacerdotes convocaron un consejo bajo el liderazgo de Caifás, el sumo sacerdote, y dijeron:

> *¿Qué hacemos?*
> *Porque este hombre realiza muchas señales.*
> *Si le dejamos que siga así,*
> *todos creerán en él*
> *y vendrán los romanos*
> *y destruirán nuestro Lugar Santo*
> *y nuestra nación.*[41]

Por lo tanto, decidieron que Jesús debería ser condenado a muerte para que ellos no perecieran. Nicodemo se presentó ante los fariseos y defendió a Jesús diciendo que era ilegal condenar a un hombre sin antes escucharlo, pero ellos se negaron a aceptar su petición.[42] Aunque los ortodoxos deseaban acabar con Jesús, los menos conservadores estaban bien dispuestos hacia él. Los sacerdotes habían decidido atrapar a Jesús sigilosamente y matarlo. Pero temían no poder hacerlo porque posiblemente eso provocaría un tumulto entre sus seguidores.[43]

Efraín

Gracias a Nicodemo, Jesús recibió información relacionada con la decisión que había tomado el Consejo. Por consiguiente, decidió tomar ciertas precauciones. En primer lugar, dejó de caminar abiertamente entre los judíos.[44] Ahora Jesús no se hospedó en Betania, sino que se quedó en las colinas de Efraín, cerca de la frontera con Samaria. Él y sus discípulos encontraron hospedaje ahí durante muchos días.

Cafarnaún

Entonces Jesús se fue a Galilea, y estando en Cafarnaún le pidieron que pagara el tributo anual de medio shekel. Preguntó:

> *¿De quiénes perciben los impuestos*
> *y las tasas los reyes de la tierra,*
> *de sus hijos o de los extraños?*[45]

Pensando que no debía ofender a los cobradores de impuestos, les pidió a sus discípulos que pagaran el tributo bajo protesta. Una vez más, sus discípulos empezaron a pelear entre ellos discutiendo quién era el más importante del grupo.

Cuando Jesús les preguntó sobre qué discutían, ellos guardaron silencio. Jesús se sentó y les dijo que había igualdad entre todos sus discípulos, y que si alguien quería llegar a la primera posición, debería tomar el último lugar y servirlos a todos.[46]

Jericó

Muchas personas que se dirigían a Jerusalén para participar en la fiesta nacional, se acercaron a Jesús para rendirle homenaje, y la mayoría venían de Galilea. Conforme aumentaba el número de devotos, Jesús decidió mudarse a Jericó. Se hospedó en casa de Saqueo, que era el jefe de los publicanos. A Jesús le agradó su caballerosidad y lo bendijo diciendo:

> *Hoy la salvación ha llegado a esta casa.*[47]

Entrada triunfal

Partiendo de Jericó, Jesús y sus discípulos y devotos se dirigieron a Betfagé y a Betania, en la colina conocida como el Monte de los

Olivos. Dos de sus discípulos consiguieron un borrico y pusieron sobre él sus túnicas.[48] Jesús montó en el borrico y algunos de sus discípulos tuvieron el honor de encargarse de la brida. Después, toda la procesión avanzó hacia el Templo. La gente extendía sus vestiduras sobre el suelo a su paso y la multitud empezó a alabarlo:

¡Bendito el Rey
que viene en nombre del Señor!
Paz en el cielo
y gloria en las alturas.[49]

Algunas personas cortaron ramas de palmera y fueron a recibirlo, gritando:

¡Hosanna!
¡Bendito el que viene en nombre del Señor,
y el Rey de Israel![50]

Las multitudes gritaban alabanzas; y cuando algunos de los fariseos le pidieron a Jesús que los hiciera callar, él les dijo:

Os digo que si éstos callan
gritarán las piedras.[51]

La procesión avanzó y Jesús entró a Jerusalén un domingo, y entró al Templo al anochecer.[52]

Destrucción del Templo

Su entrada al Templo de Jerusalén resultó muy espectacular. Encontró ahí a los que vendían bueyes, corderos y palomas. También encontró usureros cambiando dinero frente al altar.[53] Al ver esto, se enfureció dijo:

Mi Casa será Casa de oración.
Pero ¡vosotros la habéis hecho
una cueva de bandidos![54]

Después de esto la situación se convirtió en un motín. Él y sus discípulos volcaron las mesas de los usureros y echaron del Templo a los vendedores junto con sus animales. Los fariseos cuestionaron su derecho a hacer estas cosas, pero él les dijo:

> *Destruid este Santuario*
> *y en tres días lo levantaré.*[55]

Les dijo que no estaba obligado a decirles con qué autoridad estaba haciendo todo esto. Y cuando salió del Templo, les dijo a sus discípulos:

> *Les aseguro que no quedará aquí*
> *piedra sobre piedra:*
> *todo será destruido.*[56]

Cuando sus discípulos le preguntaron en privado cuándo ocurriría eso, les pidió que se cuidaran de los impostores que dirían que actuaban en su nombre y que no se preocuparan cuando escucharan noticias relacionadas con guerras. Todo esto muestra que Jesús anticipaba que, después del motín del Templo, vendrían problemas mayores. Al anochecer, Jesús y sus discípulos regresaron a Betania.[57]

La traición

A partir de ese día, Jesús enseñó diariamente en el Templo, y sus devotos lo escuchaban con reverencia. Como siempre estaba rodeado de sus guardaespaldas y sus discípulos, los sacerdotes no podían matarlo. Por lo tanto, sobornaron a Judas Iscariote, uno de sus discípulos, quien prometió traicionarlo.[58] El traidor les dijo que la traición se haría lejos de las multitudes, cuando Jesús estuviera solo.

Los sacerdotes recurrieron a otra estratagema; es decir, ponerlo en un dilema haciéndole una pregunta vaga y difícil. Su estratagema fracasó, de modo que ahora sólo dependían de Judas.

La oración en el Huerto

Una noche, siendo ya tarde, Jesucristo salió del Templo y fue al Huerto de Getsemaní. Sus discípulos lo siguieron. En esa ocasión, él estaba muy triste y muy pesimista. Se arrodilló y oró diciendo:

> *Abba, Padre,*
> *todo te es posible:*
> *aleja de mí este cáliz,*
> *pero que no se haga mi voluntad,*
> *sino la tuya.*[59]

Mientras hacía esta conmovedora oración, sufrió una agonía y su sudor era como de gotas de sangre que caían al suelo. Cuando imploraba ante Dios, un ángel del cielo se apareció ante él para fortalecerlo. Es evidente que su oración había sido escuchada, y

Judas acepta las treinta monedas de plata.

él estaba seguro de recibir toda la ayuda de Dios. Jesús había pedido fervientemente que se le librara de sus enemigos, y es absolutamente increíble que una oración tan ferviente del Hijo de Dios no recibiera respuesta. Él tendría una larga vida, pues se había profetizado:

> *Y a partir de ahora,*
> *vendrán doce poderosos.*
> *Jesús, el Mesías,*
> *nacerá de tu Semilla*
> *y nacerá de una virgen de nombre Miriam.*
> *Dios vivirá en él,*
> *hasta que se cumplan cien años.*[60]

Los sacerdotes y los ancianos reunieron un pelotón de soldados para arrestar a Jesús, y Judas Iscariote los escoltó hasta el huerto de Getsemaní. Era de noche y ellos llevaban linternas, antorchas y armas. En cuanto Judas Isacriote les indicó quién era Jesús,[61] se acercaron a él para arrestarlo. Entonces Simón Pedro, que tenía una espada, la desenfundó y atacó al sirviente del Sumo Sacerdote, pero Jesús lo detuvo diciendo:

> *¿Piensas que no puedo recurrir a mi Padre?*
> *Él pondría inmediatamente a mi disposición*
> *más de doce legiones de ángeles.*[62]

Jesús preguntó a la multitud por qué habían venido con espadas y con palos para arrestarlo como si fuera un bandido. En ese caso, podían haberlo arrestado cuando enseñaba diariamente en el Templo.[63] Este relato, que reproducen Mateo y Marcos, muestra claramente que Jesús confiaba plenamente que no se le podría causar ningún daño, pues Dios estaba con él y le proporcionaría ayuda cuando fuera necesario. En ese momento, se presentó un joven que tenía la intención de advertirle a Jesús del peligro, pero ya era demasiado tarde. Los que habían venido a arrestar a Jesús intentaron atraparlo, pero él huyó, dejando su túnica en el suelo.

El Huerto de Getsemaní y el camino que lleva al Monte de los Olivos.

Jesús ante el Consejo

Los apóstoles abandonaron al Señor y los demás discípulos huyeron. Los soldados arrestaron a Jesús y lo llevaron ante el Consejo. Caifás presidió el interrogatorio acompañado por sus sacerdotes y otros ancianos. Algunos de entre la multitud presentaron falso testimonio contra Jesús diciendo que había declarado que destruiría el templo de Dios y que lo reconstruiría en tres días.[64] El Sumo Sacerdote le dijo:

Dinos si eres el Cristo.

Jesús respondió: Tú lo has dicho. Si yo te lo digo no me creerás. El procurador romano, Valerius Gratus, había nombrado a José ben Caifás como Sumo Sacerdote, y conservó ese puesto del año 18 al año 36 d.C. Era el encargado de aconsejar a los judíos.[65]

En cuanto escuchó lo que dijo Jesús, exclamó diciendo que Jesús era culpable de blasfemia y merecía ser condenado a muerte. Después de tomar esta decisión, llevaron a Jesús ante el gobernador, en la fortaleza Antonia.

Poncio Pilato

Después de presentar a Jesús ante Poncio Pilato, empezaron a acusarlo de incitar al pueblo contra el gobierno establecido. También dijeron que había declarado ser rey de los judíos. Cuando Pilato le preguntó si él era el rey de los judíos, Jesús respondió: "Tú lo has dicho".[66]

Pilato se maravilló pues Jesús no refutaba las acusaciones de los sacerdotes. Entonces les dijo que él no encontraba falta en Jesús.[67] Los sacerdotes y los judíos se enfurecieron y todos empezaron a lanzar terribles acusaciones contra Jesús exigiendo su muerte. Pero Pilato se negó a aceptar tal condena. Antes él ya había informado a las autoridades que Jesús no estaba guiando a la gente por el mal camino ni era un agitador, y que hablaba más como amigo de los romanos que como amigo de los judíos.[68] Pilato estaba en un aprieto; por una parte, quería liberar a Jesús, y por otra no quería suscitar el antagonismo de los sacerdotes, ya que podían recurrir a autoridades de más alto nivel. Después de pensarlo detenidamente, se le ocurrió un estratagema: cumplir el deseo de los judíos y al mismo tiempo intentar salvar a Jesús. Cómo logró su propósito, se explicará en las páginas siguientes. Ordenó que como Jesús era de Galilea, Herodes debería escuchar su caso.[69]

El veredicto

Herodes había oído muchas cosas sobre Jesús y estaba ansioso de verlo hacer un milagro. Los sacerdotes y otras personas presentaros sus acusaciones contra Jesús. Le dijeron a Herodes que Jesús se había proclamado rey de los judíos y le había dicho a la gente que no pagara impuestos.

Lo acusaron de ser el cabecilla de una revuelta contra los romanos. Le hicieron muchas preguntas a Jesús, pero él guardó silencio. Los sumos sacerdotes y los escribas siguieron acusando a Jesús, pero Herodes no mostró interés y lo envío de nuevo con Pilato.[70]

Cuando Jesús volvió a comparecer ante Pilato, éste les dijo a los sumos sacerdotes que después de examinar a Jesús, no había encontrado falta alguna en él. También les dijo que ni siquiera Herodes había podido encontrar algo que condenara a Jesús. Les informó que tenía la intención de liberarlo.[71] Pero los judíos le advirtieron:

> *Si sueltas a ése,*
> *no eres amigo del César;*
> *todo el que se hace rey*
> *se enfrenta al César.*[72]

Pilato estaba en un aprieto ya que no podía darse el lujo de poner en peligro su posición y su estatus. Temía a los judíos, pues podían quejarse de él ante el César y hacer que lo retiraran del cargo.[73]

Como en esas fechas se estaba celebrando una fiesta, y Pilato tenía autoridad para liberar a un prisionero, les preguntó a los judíos a quién querían que liberara, a Barrabás o a Jesús. Le pidieron que liberara a Barrabás y exigieron que ordenara la crucifixión de Jesús. Su esposa se acercó a él y le imploró que no dañara a Jesús. De nuevo cuestionó a los judíos, diciendo: "¿Qué mal ha hecho?", y ellos gritaron: ¡Crucifícalo! Tuvo que ceder ante los sumos sacerdotes y ante la multitud. Tomó agua y se lavó las manos ante ellos diciendo:

> *Yo soy inocente de esta sangre.*
> *Es asunto de ustedes.*[74]

Mientras los devotos del Señor y los Esenios se reunían con Nicodemo y José de Arimatea, el Gobernador de Judea anunció el veredicto.

Condena a muerte

Durante las excavaciones realizadas en la antigua ciudad de Aquila, en el reino de Nápoles, se encontró una placa de cobre en una antigua vasija de mármol. La encontró el Comisionado de las Artes del Ejército Francés. La inscripción original estaba escrita en hebreo, se tradujo al francés y se descubrió que era la condena a muerte de Jesús. Su texto se reproduce a continuación:

En el año diecisiete del Emperador Tiberio César, en el día 27 de marzo, en la ciudad santa de Jerusalén; siendo sumos sacerdotes Anás y Caifás, encargados de ofrecer sacrificios a nombre del pueblo de Dios; y siendo Poncio Pilato, Gobernador de la Baja Galilea, éste, sentado en la silla presidencial del pretorio, condena a Jesús de Nazareth a morir en la cruz entre dos ladrones, las grandes y notorias evidencias del pueblo son:

a) Jesús es culpable de sedición.
b) Es culpable de engaño.
c) Es enemigo de la ley.
d) Dice falsamente ser Hijo de Dios.
e) Dice falsamente ser Rey de Israel.
f) Entró al Templo, seguido de una multitud que llevaba ramas de palma en las manos.

Se ordena al primer Centurión, Quilius Cornelius, que lo conduzca al sitio de la ejecución.

Se prohíbe que cualquier persona, rica o pobre, se oponga a la muerte de Jesús.

Los testigos que han firmado la condena de Jesús son:

1. *Daniel Robani, un fariseo.*
2. *Hoannus Robani*
3. *Rafael Robani*
4. *Capet, un ciudadano.*

Jesús saldrá de la ciudad de Jerusalén por la puerta de Struenus.[75]

La crucifixión

Jesús fue llevado en una procesión, en compañía de dos ladrones, al Gólgota que era el sitio de la ejecución.[76] Lo siguió un gran grupo de personas y mujeres, que lloraban y se lamentaban por él.[77] Obligaron a Simón, oriundo de Cirene, a llevar la cruz en la que crucificarían a Jesús.[78] Al llegar a la árida cordillera conocida como Gileón, se detuvieron porque Jesús se desplomó al suelo exhausto.[79] Mientras tanto, los soldados romanos habían elegido el sitio donde levantarían las cruces. Jesús se volvió a las mujeres que lloraban y les dijo:

Hijas de Jerusalén,
no lloréis por mí;
llorad más bien por vosotras
y por vuestros hijos.
Porque llegarán días en que se dirá:
¡Dichosas las estériles,
las entrañas que no engendraron
y los pechos que no criaron![80]

Con el fin de probar su compasión hacia los condenados, los soldados les daban una bebida que les producía inconsciencia. Le ofrecieron a Jesús una bebida hecha con vinagre mezclado con ajenjo. Como él no quería morir por su fe y por la verdad estando ebrio, se negó a beberla.[81] Los Evangelios difieren en cuanto al tipo de bebida que se le ofreció.

Según Mateo, le dieron a beber vinagre mezclado con hiel, pero después de probarlo, se negó a beberlo.[82] Según Marcos, le dieron a beber vio mezclado con mirra, pero él no lo aceptó.[83]

Por petición de los siervos del Sanedrín, la cruz destinada para Jesús se colocó en medio, entre las cruces de los dos ladrones. Su cruz tenía un diseño diferente. En las cruces de los ladrones, la barra perpendicular no sobresalía de la barra horizontal.

En la cruz de Jesús, la barra perpendicular llegaba a una mayor altura que la barra horizontal. Frente a la cruz de Jesús se colocó una estaca corta para que él descansara mientras se le ataba.[84] La razón por la cual se preparó para Jesús una cruz especial y se colocó una estaca, es un misterio. ¡Tal vez se debió a un propósito especial! Quizás se diseñó así para salvar su vida, que los artesanos consideraban valiosa, pues la mayoría de ellos pertenecía a la Orden de los Esenios.

Existe una controversia en lo que concierne a la hora exacta en que se colocó a Jesús en la cruz. Según Juan, era aproximadamente la sexta hora cuando Jesús fue entregado a los sacerdotes para ser crucificado.[85] Como el Gólgota, que fue el lugar de la ejecución, se encontraba a cierta distancia, se necesitaría aproximadamente una hora para llegar allá. Tomando esto en cuenta, creemos que Jesús fue crucificado a la 1:00 p.m. Lo levantaron y colocaron una estaca corta frente a su cruz para que descansara mientras se le ataba. Ataron sus brazos y sus piernas con cuerdas fuertes.

La crueldad de la crucifixión era que la víctima no moría al instante, sino que su suplicio continuaba a lo largo de dos días o incluso más. La víctima se sujetaba a la cruz con cuerdas o con clavos que atravesaban las manos y los pies. En la barra vertical a menudo se sujetaba un soporte llamado sadile, en el que la víctima se sentaba como en una silla de montar. A veces, la víctima podía aliviar su sufrimiento apoyándose en ese soporte. La cruz de Jesús era especial, pues además de ese soporte, tenía otro para los pies. El sangrado de las manos y los pies terminaba pronto y no pudo haber sido fatal. Desde un punto de vista médico, la presión sanguínea de la víctima podía descender y el pulso podía acelerarse debido una alteración en la circulación de la sangre en el cuerpo. La víctima sufría dolores de cabeza y dolores en el pecho debido a insuficiencias en la circulación de la sangre hacia el cerebro, lo que tenía como resultado un colapso ortostático. La idea original en este tipo de castigo, no era directamente causar la muerte del acusado, sino exponerlo a esta agonía a lo largo de muchos días. Al final, se producía la muerte debido al agotamiento y el hambre.

Cuando finalmente llegaba el momento de poner fin a la tortura del crucificado, se realizaba el crurifragium: se fracturaban las piernas debajo de las rodillas golpeándolas con un mazo. Eso significaba que el condenado ya no podría apoyar los pies en el soporte, y poco después se presentaba un paro cardíaco.[86]

Jesús sufrió en silencio, elevando los ojos al cielo. Después dijo: "Padre, perdónalos, porque no saben lo que hacen". Cuando la sed consumía a Jesús, un soldado puso una esponja humedecida en vinagre en una caña de hisopo larga, y Jesús sació su sed.[87] Era costumbre que las mujeres judías prepararan una especie de bebida anestésica para quienes iban a ser crucificados. Se consideraba una acción misericordiosa y su propósito real eran bloquear la sensibilidad de las víctimas ante el dolor.[88] A Jesús le dieron a beber vino mezclado con mirra para reducir el dolor.

A la sexta hora, las tinieblas cubrieron la tierra, y continuaron hasta la novena hora.[89] Esto significa que Jesús había permanecido en la cruz durante tres horas. Cuando las tinieblas cubrieron la tierra, la gente empezó a regresar a su casa. Sólo los parientes de Jesús, entre ellos su madre, María Magdalena y algunos de sus discípulos permanecieron en el Gólgota. Sus amigos de la Hermandad de los Esenios se habían reunido en un centro de culto cercano. Un soldado que era noble y compasivo permitió que Juan llevara a María, la madre de Jesús, cerca de la cruz. Se observó que del Mar Muerto surgía una niebla rojiza. Las cordilleras se sacudieron con violencia y la cabeza de Jesús se hundió en su pecho.[90]

> *A la novena hora, Jesús exclamó en voz alta:*
> *"Eloi, Eloi, lamá sabactani".*[91]

Mateo dice que gritó:

> *Eli, Eli, lamá sabactani.*[92]

Lucas y Juan no lo mencionan. Según Lucas, Jesús gritó diciendo: "Padre, en tus manos encomiendo mi espíritu".[93] Según Juan, dijo

"Todo está cumplido".[94] Jesús habló en arameo y la gente se desconcertó. Desde el día de la crucifixión, esta frase ha creado confusión, pues la mayoría de quienes comentan la Biblia han interpretado que su significado fue:

"Dios mío, Dios mío, ¿por qué me has abandonado?". En realidad, Dios no abandonó a Jesús. En el Sermón de la Montaña él había declarado:

Pidan y se les dará;
busquen y encontrarán;
llamen y se les abrirá.
Porque todo el que pide, recibe;
el que busca, encuentra,
y al que llama, se le abrirá.[95]

De hecho, Jesús ya había hablado de esto con Dios:

Abba —Padre—
todo te es posible:
aleja de mí este cáliz,
pero que no se haga mi voluntad,
sino la tuya.[96]

Tomando esto en cuenta, es un hecho que su oración no pudo quedar sin respuesta o aceptación. Jesús entró a una meditación profunda estando en el Huerto de los Olivos, su oración fue escuchada y un ángel de Dios lo visitó en ese momento para fortalecerlo.[97] Sería una extraña ausencia de lógica decir que Dios lo abandonó y que él gritó angustiado:

Dios mío, Dios mío, ¿por qué me has abandonado?

Jesús había recibido la palabra de Dios, y había dicho:

Padre,
te doy gracias
por haberme escuchado.

Ya sabía yo que tú
siempre me escuchas.[98]

Jesús ya había declarado que Dios siempre lo escuchaba y le concedía lo que pedía en sus oraciones. Esta misma voluntad divina se hizo presente en el momento en que él gritó.

Interpretación

Como se dijo antes, el grito que se atribuye a Jesús en la cruz se interpretó en forma diferente en los dos primeros Evangelios. Según Mateo, las últimas palabras de Jesús fueron:

¿Eli, Eli, lamá sabactani?

Según Marcos, fueron:

¿Eloi, Eloi, lamá sabactani?

Pero en ediciones antiguas del Nuevo Testamento, leemos:

¡Eli, Eli, lamah savahhtani!

Uno se pregunta por qué los que compilaron los Evangelios cambiaron estas palabras una y otra vez. Podríamos señalar desde el principio que en hebreo, el idioma original, las palabras: *¡Eli, Eli, lamah savahhtani!* Significan:

Dios, Dios, ¡cuánto me has glorificado!

El verbo *savahh* significa traer paz, glorificar, aliviar.[99]

Si Jesús dijo:

¿Eli, Eli, Lamah azavtani?

El significado sería:

Eli, Eli, ¿por qué me has abandonado?

Estas palabras se tomaron de los Salmos, y como el pasaje es de máxima importancia y altamente significativo, es necesario reproducirlo aquí para mostrar la verdad que ocultaron quienes compilaron los Evangelios.

> *Dios mío, Dios mío,*
> *¿por qué me has abandonado?*
> *¿Por qué estás lejos*
> *de mi clamor y mis gemidos?*
> *Pero tú, Señor, no te quedes lejos;*
> *tú que eres mi fuerza,*
> *ven pronto a socorrerme.*
> *Pues el reino es del Señor.*[100]

La pregunta que surge se relaciona con la palabra que en realidad se usa aquí. Podría ser la palabra *Lamah* o la palabra *Limah*, y esto podría cambiar por completo el significado de la frase. *Li* indica un sentido afirmativo y *La* uno negativo. Por lo tanto, la traducción de la frase sería:

> *¡Dios mío, me has abandonado!*

Tomando en cuenta lo que hemos dicho, es posible que Jesucristo hubiera exclamado:

> *¡Dios mío, Dios mío, no me has abandonado!*

Hay otro hecho significativo que no puede ignorarse. Ya antes hemos insinuado que los Salmos podrían ser palabras textuales de Jesucristo. ¿Podemos explicar quién fue la persona que fue crucificada aquí? ¿Quién era esta personalidad, cuyas manos y pies fueron perforados? Para explicarlo, citemos los Salmos:

> *Dios mío, Dios mío,*
> *¿por qué me has abandonado?*
> *¿Por qué estás lejos*

de mi clamor y mis gemidos?
En ti confiaron nuestros padres:
confiaron, y tú los libraste;
clamaron a ti y fueron salvados,
confiaron en ti y no quedaron defraudados.[101]

Lo anterior indica con toda claridad que la persona que clama tiene la seguridad y la esperanza de que la respuesta a sus súplicas será su liberación. Después habla de su vida diciendo:

Tú, Señor, me sacaste del seno materno,
me confiaste al regazo de mi madre;
a ti fui entregado desde mi nacimiento,
desde el seno de mi madre, tú eres mi Dios.
No te quedes lejos, porque acecha el peligro
y no hay nadie para socorrerme.[102]

De nuevo la persona busca la ayuda de Dios, mencionando los hechos reales:

Me rodea una jauría de perros,
me asalta una banda de malhechores;
taladran mis manos y mis pies
y me hunden en el polvo de la muerte.
Yo puedo contar todos mis huesos;
ellos me miran con aire de triunfo,
se reparten entre sí mi ropa
y sortean mi túnica.[103]

Podría hacerse una pregunta pertinente: ¿Quién es esta persona cuyas vestiduras se repartieron? ¿Quién es esta persona cuyas manos y pies se perforaron?

Por lo anterior puede verse que o bien todos los detalles de la crucifixión se profetizaron siglos antes, o este Salmo es el grito de angustia de Jesucristo. Menciona claramente que los malvados lo tienen rodeado y que han perforado sus manos y sus pies.

Este grito de angustia sólo podría ser del propio Jesucristo. Y además implora:

> *Libra mi alma de la espada.*
> *Sálvame de la boca del león*
> *me has escuchado.*
> *Yo anunciaré tu Nombre a mis hermanos,*
> *te alabaré en medio de la asamblea.*[104]

Un análisis cuidadoso de estos versos muestra que Jesús le imploró a Dios que lo salvara. Le dice a Dios que él fue quien lo sacó del vientre de su madre e hizo de él una esperanza para las naciones. Le dice que está en peligro y que no hay nadie que pueda ayudarle. También dice que los malvados lo tienen rodeado, que han perforado sus manos y sus pies, y que se repartieron su ropa. Además dice que sus fuerzas se han agotado y que sus huesos están dislocados. Le implora a Dios que no se aleje de él y que se apresure a ayudarle para que pueda alabar su nombre en las congregaciones. Dios, por su parte, le hace una promesa diciendo: "Tu corazón vivirá por siempre".

La versión de Sumeria

En la versión de Sumeria la súplica de Jesús es: *Elauia, Elauia, Limasba (la) g-ants,* lo que significa: Ningún Dios excepto Dios, tú el glorioso, el que recibe alabanzas, el que fue enviado. Es interesante notar que cuando una persona se convierte al Islam, hace esta invocación: "No existe ningún Dios excepto Dios y Mahoma fue enviado por Dios". En árabe, Mahoma significa "alabado y glorioso".[105]

Varios eruditos han dado diferentes interpretaciones a la palabra *"Eloi"* o *"Eli"*. También se ha afirmado que esta palabra se refiere al profeta o al santo que vendría después del Señor, y que por consiguiente, no significa Dios.[106] Krishna también usó esta palabra durante la guerra entre los kaurava y los pandava, cuando lanzó el grito: *"Elia, Elia"*.[107] Durante la Primera Guerra Mundial, una Brigada Británica encontró esta palabra en una placa de metal cerca de Jerusalén.[108] En Asia Central se encontró otra placa, que se dice estaba en el Arca de Noé, con palabras en arameo, entre las que se encontraba esta palabra y datos sobre Mahoma y su familia.[109] Buda también recitó la palabra *Elia* en sus plegarias, cuando tuvo que enfrentarse a la oposición de su pueblo.[110]

El Reino de Dios

Jesucristo era el Hijo Único de Dios, y por lo tanto jamás se le habría dejado a merced de los seres humanos. Su misión era enseñarnos cómo deben vivir los seres humanos para agradar a Dios. Por lo tanto, estando Jesús en la cruz, la mano de Dios entró en acción y se escuchó en el aire un sonido inarticulado. El pueblo fue presa de gran terror, creyendo que los espíritus malignos estaban listos para castigarlos.[111] Poco después la montaña empezó a temblar y los muros del templo se tambalearon de modo que el velo del templo se rasgó en dos partes de arriba abajo. Las tumbas se abrieron y muchos cuerpos de los santos que ya descansaban resucitaron y salieron de sus tumbas. Los judíos pensaron que este fenómeno era sobrenatural, y el centurión romano se acercó a consolar a María, la madre de Jesús. Estaban ahí otras mujeres, entre ellas María Magdalena y la madre de los hijos de Zebedeo. Marcos nos dice que María, la madre de Santiago el Menor, de José y de Salomé, también miraba la cruz desde lejos. Muchos se golpeaban el pecho y se retiraron de ahí, pero algunos devotos de Jesucristo no se movieron. Los Esenios permanecieron ahí, porque sabían cuál era la causa de este fenómeno natural.

Amigos y enemigos

Un estudio de los Evangelios revela que entre los enemigos de Jesús que estuvieron cerca del sitio donde fue crucificado, los más prominentes eran:

1. Los sacerdotes.
2. Los soldados.

Entre los amigos y devotos de Jesucristo podríamos mencionar a los siguientes:

1. María la madre de Jesús.
2. Su hermana.
3. María, la esposa de Cleofas.
4. María Magdalena.[112]
5. José de Arimatea.[113]
6. María, la madre de Santiago.
7. Salomé.
8. Otras mujeres.[114]
9. La madre de los hijos de Zebedeo.[115]
10. Discípulos y devotos.
11. Los Esenios del Gólgota.[116]

José de Arimatea

José era un hombre rico de Arimatea, y un devoto discípulo de Jesús. También se decía que era un consejero honorable que esperaba la llegada del reino de Dios, y que era un hombre bueno y justo que se opuso al veredicto que condenó a Jesús. Como era discípulo del Señor, se reunió en secreto con Pilato para que le autorizara llevarse el cuerpo de Jesús. Como habían pasado muy pocas horas desde que lo habían crucificado, Pilato dudaba que Jesús ya estuviera muerto. Llamó a uno de sus guardias, y éste le confirmó que Jesús ya estaba muerto. Pilato ordenó que se le entregara el cuerpo a José. Él y Nicodemo se apresuraron al sitio de la crucifixión.[117] José llevó lino de alta calidad[118] y Nicodemo llevó una mezcla de mirra y aloe, que pesaba aproximadamente cincuenta kilos.[119] Él era un conocido fariseo que tenía autoridad sobre los judíos. Creía que Jesucristo era el enviado de Dios, y solía reunirse con él en la oscuridad de la noche.[120] Tanto Nicodemo como José de Arimatea pertenecían a la Orden de los Esenios.[121]

Los Esenios fueron los grandes sanadores del mundo antiguo. Investigaron el uso de hierbas, plantas y minerales. Conocían el arte de la preparación de ungüentos y aceites, que al frotarse en el cuerpo, podían producir el extraño efecto psicológico de la omnipotencia personal. Conocían la hierba secreta que al mezclarse con ungüentos y especias podía impartir vida y devolver la vida, incluso a los muertos. El propio Jesús fue también un gran sanador y les había enseñado a sus discípulos a sanar a los enfermos. Había aprendido Yoga y había practicado las artes curativas. Los Esenios habían preparado, y tenían a la mano, todo el material de primeros auxilios y otras hierbas para salvar a Jesús.[122]

Sangre y agua

En cuanto los sacerdotes se enteraron de que José había conseguido la autorización de llevarse el cuerpo de Jesús, fueron a ver a Pilato y le suplicaron que se quebraran las piernas de los crucificados, pues no deberían permanecer en la cruz durante el Sabbath.[123]

Entonces llegaron al lugar los soldados que los sacerdotes llevaron para que quebraran las piernas de las víctimas. Rompieron las piernas de los dos ladrones, pero cuando se acercaron a Jesús, pensaron que ya estaba muerto y no le rompieron las piernas.[124] Pero uno de los soldados perforó su costado y brotaron de él sangre y agua.[125] Una lanza perforó de abajo hacia arriba el costado derecho de Jesús, de modo que no pudo llegar a su corazón.

Parece que en ese momento el Señor estaba en estado de coma.[126] También es probable que sólo fingiera estar muerto entrando voluntariamente en un trance cataléptico. El hecho de que todavía hubiera en el cuerpo de Jesucristo sangre y agua, podría indicar, desde el punto de vista médico, que estaba vivo cuando José de Arimatea y Nicodemo, el jefe de los fariseos, llegaron al lugar.

La versión de los Esenios

La carta que un Esenio envió a sus hermanos resulta muy interesante y nos informa lo que hicieron los Esenios para salvar la vida de Jesucristo. A continuación reproducimos un resumen de esa carta:

> *Estimados Hermanos:*
>
> *Dos de nuestros hermanos, que son hombres influyentes y experimentados, utilizaron su influencia con Pilato y con el consejo judío a favor de Jesús, pero sus esfuerzos se frustraron pues el propio Jesús había pedido que se le permitiera sufrir la muerte por su fe.*
>
> *José, originario de Arimatea, y su amigo Nicodemo, que pertenecían a nuestra Orden, solicitaron a Pilato que les permitiera bajar el cuerpo de Jesús de la cruz y ponerlo en el sepulcro, cavado en la roca, que pertenecía a José. Los judíos habían conseguido que se diera la orden de romper los huesos de los crucificados para poderlos sepultar. Como el centurión era amigable, ordenó a sus soldados que no rompieran los huesos de Jesús, porque ya estaba muerto. Para estar más seguro, uno de los soldados le clavó su lanza en el cuerpo. La lanza entró por encima de la cadera y hacia el costado. El cuerpo no mostró convulsiones, y se consideró que esa era una señal de que en verdad ya estaba muerto. El centurión se retiró del lugar de inmediato para presentar su informe a Pilato. Pero de la pequeña herida brotó sangre y agua, lo que hizo que renaciera nuestra esperanza.*
>
> *Después, ellos se acercaron rápidamente a la cruz, y siguiendo las prescripciones de las artes médicas, soltaron lentamente las ataduras, retiraron los clavos y con mucho cuidado colocaron el cuerpo sobre el suelo. Después lo llevaron al sepulcro.*[127]

El concepto del tiempo

Jesucristo permaneció en la cruz desde la sexta hora hasta la novena hora. La unidad básica para calcular el tiempo en la antigüedad era el día, y entre los judíos empezaba con la puesta del sol. Es evidente que el día y la noche constaban de ocho periodos de aproximadamente tres horas cada uno, de modo que el día y la noche abarcaban veinticuatro horas. La sexta hora del día corresponde más o menos al mediodía, y la novena hora corresponde aproximadamente a las tres de la tarde. El Sabbath empezaba a la puesta del sol del viernes y terminaba a la puesta del sol del sábado. Los judíos tenían que recordar este día y santificarlo.[128] Esta celebración correspondía al séptimo día de la semana. De manera similar, el séptimo mes y el séptimo año, tenían también un Sabbath especial. Los creyentes tenían la obligación de rendir culto al Señor en el Sabbath y en los días de luna nueva.[129] No se permitía que los cuerpos se quedaran en la cruz durante el Sabbath.[130] Por consiguiente, es obvio que Jesús fue crucificado a las doce horas y fue bajado de la cruz a las tres de la tarde.

La versión hindú

Un *Sutra* hindú de la antigüedad, conocido como *Natha-namavali,* y que se preserva entre los Natha Yoghis, presenta una versión diferente de la resurrección de Jesucristo, a quien ellos llaman Isha Natha.

> *Isha Natha llegó a la India a los catorce años de edad. Después regresó a su país y empezó a predicar. Poco después, sin embargo, sus compatriotas bestiales y materialistas, conspiraron contra él y ordenaron que fuera crucificado. Después de la crucifixión, o tal vez antes de ella, Isha Natha entró a un samadhi, o trance profundo, utilizando el Yoga. Al verlo en ese estado, los judíos supusieron que estaba muerto y lo sepultaron. Pero sucedió que en ese preciso instante, uno de sus gurús, o maestros, el gran Chetan Natha, estaba en meditación profunda, en las zonas bajas del Himalaya, y tuvo una visión de las torturas que Isha Natha estaba sufriendo. Por consiguiente, hizo que su cuerpo se volviera más ligero que el aire y llegó a la tierra de Israel. El día de su llegada hubo truenos y relámpagos, pues los dioses estaban enojados con los judíos y toda la tierra tembló.*

Cuando Chetan Natha llegó, tomó el cuerpo de Isha Natha de la tumba, lo despertó de su samadhi y lo llevó a la tierra sagrada de los arios. Entonces Isha Natha se estableció en un ashram en las regiones bajas del Himalaya, y estableció ahí el culto del Linghan y el Yoni.[131]

Los Natha Yoghis tienen algunos cantos que contienen referencias a Juan Bautista. Esta leyenda sobre Jesús en los sutras hindúes merece seria consideración. Encontramos una leyenda paralela en otra obra escrita en sánscrito sobre la historia antigua de Cachemira. Ahí, el autor menciona a Isana en lugar de mencionar a Chutan Natha. Esta leyenda se comentará más tarde.[132]

Primeros auxilios

Bajaron a Jesucristo de la cruz y envolvieron su cuerpo en lino limpio. Este lino estaba recubierto de especias. Lo colocaron en el sepulcro, que estaba en un jardín cercano al lugar donde fue crucificado.

Las mujeres también los acompañaron al sepulcro. Nicodemo había llevado consigo una mezcla de mirra y aloe.[133] Los otros devotos prepararon especias y ungüentos para el Señor.[134] Nicodemo esparció especias fuertes y salvias sanadoras en trozos largos de biso[1] que él había llevado. También puso bálsamo en las manos de Jesús, que habían sido perforadas con clavos.[135] La mirra y el aloe se pulverizaron y se colocaron en los vendajes, que se colocaron sobre el cuerpo, doblez tras doblez.[136]

---

1 NOTA DEL TRADUCTOR: Biso o byssus, deriva del hebreo b☒ "lino fino", arameo bus, griego ☒☒☒☒☒☒ – un lino amarillento muy fino y el tejido obtenido de él. El biso también es un tipo de seda natural marina obtenida de un filamento que segregan ciertos moluscos cuya elaboración se desarrollaba en el área mediterránea. Del biso se obtenían preciados y costosísimos tejidos con los que se confeccionan las ropas de los personajes importantes. Asimismo el biso tenía propiedades terapéuticas bien conocidas por los pescadores, gracias a sus potentes propiedades hemostáticas era usado para la curación de las heridas que los pescadores frecuentemente sufrían con los aparejos para la pesca.

En estas atenciones médicas, recibieron ayuda de los Esenios. Esta piadosa secta conocía a la perfección las virtudes curativas de las plantas medicinales, las raíces y las piedras.[137] A media noche, Nicodemo y otros devotos descubrieron que Jesús estaba respirando.[138] Como ese lugar no era seguro, lo sacaron del sepulcro y lo llevaron a un sitio más seguro.

Atención médica

El sumo sacerdote anticipó los planes secretos de José y los galileos para salvar la vida de Jesús. También pensó que Pilato y José estaban conspirando contra los judíos. Por consiguiente, mandó a sus espías para preguntar sobre los amigos secretos de Jesús. En la penumbra de antes del amanecer, un Esenio, vestido con una túnica blanca, descendió de la montaña y retiró la piedra que habían colocado en la entrada del sepulcro. Los guardias y los espías se aterrorizaron y huyeron, difundiendo la noticia de que un ángel había retirado la piedra. Mientras tanto, veinticuatro esenios, bajo la dirección de José y Nicodemo, llegaron a la gruta. Vieron al Esenio vestido de blanco apoyando en su pecho la cabeza de Jesús, que había vuelto a la vida. Entonces José abrazó al Señor con lágrimas en los ojos. Cuando Jesús reconoció a su amigo, preguntó, ¿Dónde estoy? Le dieron pan remojado en miel y sintió un gran alivio. Se percató de sus heridas, pero el bálsamo con el que Nicodemo las había cubierto tuvo un efecto tranquilizante. Después de retirar de su cuerpo los vendajes de biso, y de retirar el pañuelo que cubría su cabeza, Jesús fue llevado a la casa de un Esenio. Antes de partir, retiraron todos los rastros de los vendajes de biso, de las medicinas y sustancias que se utilizaron. Mantuvieron oculto a Jesús, por su seguridad. Cuando se recuperó, se vistió de blanco, como un jardinero. Nicodemo cubrió de nuevo sus heridas con vendajes, le dio un medicamento y le aconsejó que descansara y estuviera tranquilo. Pero él dijo:

No temo a la muerte,
pues la he vivido;
y declararé ante mis enemigos

que Dios me ha salvado;
y no es su voluntad que yo muera eternamente.

Después de eso, Jesucristo inició su viaje.[139] Como hacía frío, los Esenios le dieron un manto caliente en el que se envolvió.

El ungüento de Jesús

El famoso *Marham-i-Issa* o Ungüento de Jesús, que sanó sus heridas, se ha mencionado en numerosos tratados médicos, como en el *Canon* de Avicena, en el *Sharh-i-Qanun,* en el *Hawi-Kabir* de Rhazes, en el *Liber Regius* de Haly Abbas, y en el *Hesagps* de Jarjani.[140] Este ungüento también se conoce como Ungüento de los Doce, pues Jesús tenía doce discípulos. Según Avicena, este bálsamo tiene poderes milagrosos en lo relacionado con curar heridas.[141] Puede eliminar la pus y regenerar la carne.[142] Es una cura eficaz para las heridas y regenera la carne llenando las cavidades que pudiera haber en ella. Ayuda en la circulación de la sangre y elimina la insensibilidad.[143] Este ungüento contiene:

1. cera blanca
2. goma **gukal**, también llamada bálsamo dendron mukul
3. plumbi oxidum
4. mirra, también llamada **bálsamo dendron myrrh**
5. *galbanum*
6. aristoelchia longa
7. subacetato de cobre
8. goma **ammonicum**
9. resina de **pinus longifolia**
10. **olibanum**
11. aloe
12. aceite de oliva

Es necesario mencionar que en todas las obras árabes y persas, el ungüento se menciona como *Sheliakh, Salieka, Zaliekha,* lo que tal vez signifique Ungüento de los Profetas o Ungüento de los Doce.[144]

Otra versión

Se han escrito numerosos tratados sobre la muerte física de Jesús o sobre el hecho de que haya sobrevivido. El Dr. William Stroud publicó sus investigaciones en Londres en el año 1887. Antes de él, en 1881, el Dr. Nagels Bibeluber-setzung, estudió este tema desde el punto de vista médico, y más tarde el Dr. O. Streffe abordó este tema y compiló su disertación con el título *Physiologische Unmoglichkeit des Todes Christi am Kreuze*, que se publicó en Bonn en 1912. *La vida de Cristo*, publicada por Stockton-Doty Press, en California, presenta la siguiente versión:

> *Aunque el Maestro Yessu fue maltratado en forma brutal, y sus heridas le hicieron perder mucha sangre, la suficiente para causarle la muerte a un ser ordinario, y aunque sufrió en lo físico, lo mental y lo espiritual la agonía y el sudor de sangre de un Hijo de Dios al que su pueblo no reconoció, se recuperó con más rapidez de la que esperaban sus amigos, y una vez que lo bajaron de la cruz y dieron a sus heridas la atención necesaria, la naturaleza hizo el resto. Sus amigos más cercanos habían decidido salvarlo a toda costa, y en ese momento se pusieron a prueba los conocimientos y la comprensión de las ciencias superiores que habían recibido de él. Por lo tanto, en cuanto el cuerpo fue bajado de la cruz, fue llevado a un sepulcro privado, y después de cerrar con cuidado la puerta de piedra, los amigos del Maestro entraron al pasaje secreto que conducía al sepulcro. Una vez ahí, empezaron a trabajar de inmediato. Cuando lo bajaron de la cruz, sabían que no estaba muerto, sólo estaba inconsciente debido a los derivados de opio que ingeniosamente se le administraron; protegidos por la oscuridad de la noche, habían decidido realizar un acto desesperado, si el edicto imperial no hubiera hecho que las cosas fueran más favorables para ellos.*

En cuanto llevaron el cuerpo al sepulcro y lo alejaron de los ojos del público, José de Arimatea, Nicodemo, Mathaeli y otros hicieron todo lo que estaba en su poder para revivir a su amado Maestro. Era casi a la media noche, cuando el cuerpo del Señor revivió lo suficiente para ser transportado a la casa de José.[145]

En los Evangelios no se menciona que se lavaran las heridas del cuerpo de Jesús, pero es indudable que lo ungieron con hierbas y bálsamos y que luego lo envolvieron. Como Jesús todavía estaba vivo cuando lo envolvieron, su sudor produjo una impresión en la tela. Además, el ungüento que se utilizó para sanar las heridas tuvo un efecto químico en el sudario. Con el tiempo, Jesús recuperó la energía, su cuerpo recuperó el calor y esto dejó una impresión permanente en la tela. No sólo se ven las marcas de los azotes, sino que también se puede ver el flujo de la sangre, en especial en la herida de la lanza. Según el Profesor Giovanni Batista, el cuerpo de la persona que envolvieron en esta sábana tenía sangre tipo AB positivo.[146] Como los antropólogos saben, Jesús pertenecía a la raza caucásica en general, y específicamente a la raza mediterránea. Básicamente, su sangre debería ser tipo A, pero como él vivía al este del Mediterráneo, es posible que la incidencia de la sangre tipo B se presentara con cierta frecuencia.

La tumba

Sabemos muy poco sobre la tumba en que los amigos de Jesús colocaron su cuerpo. Pero no puede negarse que se le tenía que sepultar de acuerdo a las costumbres judías. Tratándose de personas importantes, el cuerpo se colocaba en un nicho en el interior de una tumba cavada en la roca. Cuando se descomponía, los huesos se colocaban en un cofre de madera o de piedra, para que el nicho quedara disponible para otros miembros de la familia. Vale la pena señalar que colocar los cuerpos en féretros es una costumbre budista para preservar las reliquias de un *Bodhisattva*, la tumba de Jesucristo estaba tallada en la roca.[146] Era una tumba nueva, donde todavía no se había sepultado a nadie.[147] La tumba estaba en un jardín cercano al Gólgota.

Aunque se han encontrado tumbas de esa época cerca de Jerusalén, no se han encontrado tumbas cavadas en la roca. Ese fue el tipo de tumba que José de Arimatea preparó para Jesucristo. Existen registros según los cuales Constantino el Grande mandó cortar esas rocas para construir una basílica, aproximadamente en el año 326 d.C. Hasta la fecha, los arqueólogos no han podido encontrar reliquias o restos de Jesús, lo que indica que tenemos que buscar su sepulcro en otra parte. La Sociedad de Francmasonería en Alemania posee una lápida grabada por los Esenios. En ella mencionan que Jesús no murió en la cruz, sino que se le salvó debido a las circunstancias. En primer lugar, permaneció pocas horas en la cruz, y en segundo, los Esenios cuidaron bien de él. Ellos fueron quienes lo protegieron y luego se lo llevaron lejos, fuera del alcance de los judíos. Además, es indudable que había Esenios en la India, ya que existe allá una orden conocida como "Sanyasis". Sus miembros son mendicantes, pero están versados en el uso de hierbas y en el tema de las enfermedades. La lápida que la Sociedad arriba mencionada tiene oculta, está fuera del alcance de la Iglesia.[148]

Edesa

Ezad ascendió al trono de Adiabene en el año 36 d.C. Fue contemporáneo de Abgar Ukkama de Edesa.[149] Es necesario mencionar que Abgar era un ario y que su reino regularmente tenía tratos comerciales con la India. De hecho, Edesa fue un importante centro comercial en la ruta entre Babilonia y el puerto de Spasinou Charax.[150] Uno de los siervos de Abgar, de nombre Ananías, había visto a Jesús hacer milagros. Cuando regresó a su país natal, le dio a Abgar, que sufría de artritis y lepra negra, toda la información que tenía sobre Jesús. Primero, Abgar decidió pedirle a Jesús que viajara a su corte para curarlo de sus enfermedades. Pero recibió noticias de que los judíos estaban murmurando contra Jesús y querían dañarlo. Por esa razón, Abgar Ukkama decidió enviar una carta a Jesús diciéndole que quería ser curado de sus enfermedades. Por desgracia, Jesús ya había sido crucificado cuando Ananías llegó a Jerusalén. Ahí se encontró con Tomás quien le dio el sudario en el que habían envuelto el cuerpo de Jesús cuando lo colocaron en el sepulcro. Ananías escondió el sudario en su bolsa de viaje y regresó a Edesa acompañado de Andrés. Le entregó la sábana santa a Abgar, quien quedó curado de sus enfermedades.[151] En esa época, había una comunidad importante de judíos en Edesa. Sin embargo, el cristianismo se extendió en el reino gracias a Abgar Ukkama, y muchos de los judíos aceptaron sus doctrinas. Esa es la razón de que los primeros obispos tengan nombres judíos.

La Sábana Santa

La tela que cubrió el cuerpo de Jesús en el sepulcro se preserva actualmente en la Catedral de Turín, en Italia. Mide cuatro metros treinta y cinco centímetros de largo y un metro diez centímetros de ancho. Tiene la imagen del rostro y el cuerpo de Jesús, con proporciones anatómicas perfectas. A partir de ella se sabe que Jesús medía un metro sesenta y dos centímetros. Hay en la sábana santa manchas de sangre en el área de la cabeza, las manos y el costado derecho. La sábana santa se llevó a Edesa en el año 30 d.C. Se descubrió de nuevo, escondida en un nicho, en el año 525 d.C. En 639, se guardó en la Catedral de Hagia Sofía. Después de eso, cayó en manos de los musulmanes, quienes la entregaron a Abraham, Obispo de Samossata en el año 944 d.C. Fue llevada a Constantinopla y preservada en la Catedral. Abu Nasr Yahya, un árabe cristiano, la vio en el año 1058. También la vio el Cruzado Robert de Clari en Constantinopla en el año 1203. Se sabe que desapareció el año siguiente, cuando los cruzados saquearon Constantinopla. Encontró refugio en Francia y se mostró por primera vez ante la familia real de la Casa de Saboya.[152] En la actualidad se preserva en la Capilla Real de Turín.

En 1898, se hizo el primer intento de fotografiarla, pero fue un intento fallido. Sin embargo, el fotógrafo, Secondo Pia, logró fotografiarla en su segundo intento. El negativo de su fotografía reveló una imagen verosímil. En 1931, Giuseppe Enri reveló el negativo con más claridad. En junio de 1969, se mostró la sábana santa a los miembros de una comisión científica especial, y en marzo de 1977, el primer equipo científico de investigación empezó a trabajar en ella.[153]

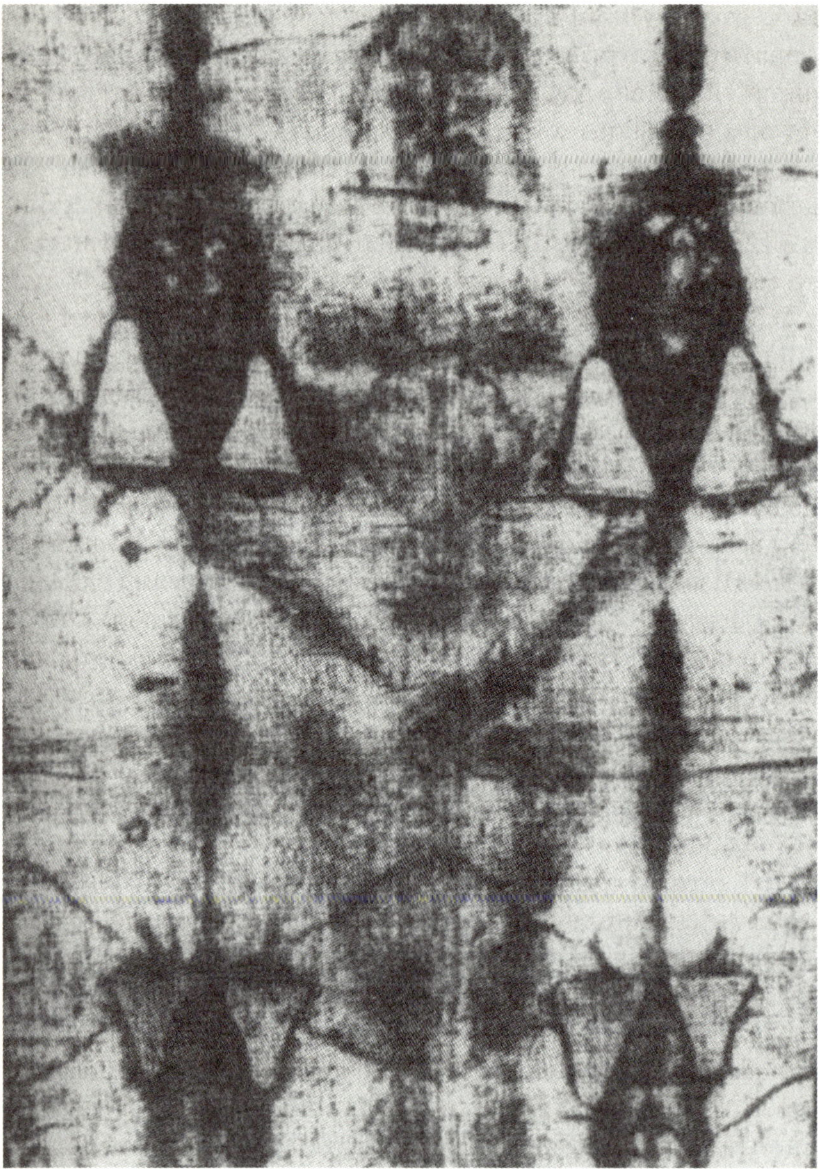

La Sábana Santa de Turín.
Fotografía: Enrie, 1932, Turín.

Estas son las pruebas científicas que se han llevado a cabo hasta la fecha:

a) La antigüedad del lino se confirmó en base a su tejido en forma de V, un tipo de tejido que era común en el primer siglo de la era cristiana.
b) La imagen que se ve en la sábana es tridimensional, no plana, y por lo tanto, no es obra de manos humanas.
c) El polen que se encontró en el lino es similar al que se encontraba en Palestina durante el primer siglo de nuestra era.
d) Las manchas que se ven en el lino indican la presencia de mirra, el ungüento que se utilizó en las heridas de Jesucristo.
e) Se introdujo un clavo en los pies cruzados, entre el segundo y el tercero dedos de los pies, y no se dañaron los huesos.
f) Ambas manos se clavaron encima de la parte carnosa de la palma de la mano.
g) La lanza se clavó entre la quinta y la sexta costillas, aproximadamente a una distancia de quince centímetros de la línea media, a un ángulo ascendente cerca del corazón.
h) Las fotos positivas de los rasgos faciales muestran que Jesús era de origen judío, tenía nariz larga, cabello largo y barba.[154]

En tiempos recientes, un equipo de veintisiete científicos estadounidenses sometió a la Sábana Santa a pruebas científicas adicionales. Se les asignó la difícil tarea de determinar si la Sábana Santa era real o si era una farsa. Después de un minucioso microanálisis y de realizar pruebas con radiocarbono, los científicos llegaron a la conclusión de que la Sábana Santa es la tela con la que fue envuelto el cuerpo de Jesús después de la crucifixión.[155]

La desaparición

Muy temprano en la mañana, María Magdalena, María la madre de Santiago y Salomé fueron al sepulcro. Llevaban consigo especias dulces para ungir a Jesucristo. Las acompañaron otros devotos.[156] Vieron que la piedra del sepulcro había sido movida.[157] Un ángel estaba sentado sobre ella; su rostro era como la luz y su ropa era tan blanca como la nieve.[158] Vieron a un joven que vestía una túnica larga sentado a la derecha.[159] Como su asombro era grande, dos hombres se presentaron y les dijeron:

> *¿Por qué buscáis*
> *entre los muertos*
> *al que está vivo?*
> *No está aquí,*
> *ha resucitado.*
> *Recordad*
> *cómo os habló*
> *cuando estaba todavía en Galilea,*
> *diciendo:*
> *Es necesario*
> *que el Hijo del hombre*
> *sea entregado*
> *en manos de los pecadores*
> *y sea crucificado,*
> *y al tercer día*
> *resucite.*[160]

El joven que vestía la túnica blanca les dijo que no temieran, sino que fueran a decirles a sus discípulos que Jesús se había adelantado a Galilea y que allá podrían verlo.[161] Por consiguiente, se alejaron de inmediato del sepulcro con temor y con gran alegría. Se apresuraron a llevar a los discípulos a Galilea para ver a Jesús.[162] Pero como temían a los fariseos, mantuvieron todo esto en secreto. No informaron a nadie sobre ello.[163] Sin embargo, María Magdalena no pudo guardar el secreto y corrió a ver a Simón Pedro y a otros discípulos a quienes Jesús amaba. Les dijo que alguien había sacado el cuerpo del Señor del sepulcro.[164]

Al escuchar eso, Pedro corrió al sepulcro y examinó todo el interior. Vio las telas de lino en el suelo.[165] También vio el sudario que había cubierto su cabeza; no estaba con las telas sino en otro rincón del sepulcro.[166] Pedro se fue de ahí asombrado internamente por los hechos extraños que habían ocurrido.[167]

La Resurrección

El Evangelio de Pedro, que se escribió en 150 d.C., proporciona detalles auténticos sobre la resurrección de Jesucristo, y los presentamos a continuación:

> *La noche después de la cual amaneció el día del Señor, cuando los soldados estaban haciendo guardia de dos en dos, se escuchó un gran estruendo en los cielos, y los soldados vieron que el cielo se abría y que descendían de él dos hombres que resplandecían con una gran luz. Estos hombres se acercaron al sepulcro. La piedra que se había colocado en la entrada se hizo a un lado; el sepulcro quedó abierto y los dos jóvenes entraron. Por lo tanto, cuando los soldados vieron esto, fueron a ver al centurión y a los ancianos; y cuando les estaban diciendo lo que habían visto, vieron de nuevo a tres hombres salir del sepulcro, dos de ellos sostenían al otro, y detrás de ellos venía una cruz. Y vieron que las cabezas de los dos hombres llegaban hasta el cielo, pero la cabeza del que ellos sostenían llegaba más alto que los cielos.*[168]

Este pasaje del Evangelio apócrifo revela que dos hombres resplandecientes entraron al sepulcro. Pero poco después, en lugar de dos hombres, salieron tres; los dos primeros sosteniendo al tercero. ¿No es una extraña coincidencia que en el momento de la transfiguración, se haya visto a Jesús acompañado de dos hombres, y aquí una vez más, dos hombres vestidos de blanco lo saquen del sepulcro?[169] Es obvio que quienes se encontraron con Jesús en el monte en el momento de la transfiguración fueron José y Nicodemo, y fueron ellos quienes llegaron al sepulcro esa noche y lo llevaron a un lugar seguro.

La noticia se esparció por toda la ciudad, y los sacerdotes se enteraron de todos los detalles. Convocaron un consejo y sobornaron a los soldados diciéndoles que le informaran al gobernador que los discípulos habían robado el cuerpo de Jesús.[170] Mientras tanto, Jesús se retiró a un lugar solitario después de ver por última vez estas tierras desde la cumbre de una montaña.

Siguiendo el consejo de José de Arimatea, Jesús aceptó vivir con los Esenios.[171]

El camino a Emaús

Después Jesús fue a una aldea llamada Emaús, donde dos aldeanos se encontraron con él. Uno de ellos, que se llamaba Cleofás, le preguntó al Señor si no se había enterado que los sacerdotes habían condenado a muerte a Jesús de Nazareth y lo habían crucificado. Él les dijo:

> *¡Oh insensatos*
> *y tardos de corazón*
> *para creer todo lo que*
> *dijeron los profetas!*
> *¿No era necesario*
> *que el Cristo padeciera eso*
> *y entrara así en su gloria?*[172]

Al acercarse a la aldea, Jesús tenía prisa y quería seguir adelante. Pero los aldeanos insistieron en que se quedara y lo invitaron a cenar. Él aceptó su hospitalidad.

> *Y sucedió que,*
> *cuando se puso*
> *a la mesa con ellos,*
> *tomó el pan,*
> *pronunció la bendición,*
> *lo partió y se lo iba dando.*[173]

Lo anterior muestra que Jesús, después de sus comidas, que constaban de carne y pan, siguió su viaje hacia la campiña.[174]

El encuentro con los discípulos

Después de la crucifixión, los discípulos de Jesús sintieron miedo y se reunieron en una casa cerrando las puertas. Habían escuchado pruebas de que el Señor se había aparecido en varios lugares. Mientras estaban absortos en sus discusiones, Jesús vino a verlos y les dijo:

La paz sea con ustedes.[175]

APARICIONES DE NUESTRO SEÑOR DESPUÉS DE SU RESURRECCIÓN

Orden	Fecha	A quién	Dónde	Registro
1	Domingo 9 de abril muy temprano	A María Magdalena	Cerca del sepulcro en Jerusalén	Marcos 19: 9. Juan 20:11-18
2	Domingo en la mañana	A las mujeres que regresaban del sepulcro	Cerca de Jerusalén	Mateo 28:11-18
3	Domingo	A Simón Pedro solo	Cerca de Jerusalén	Lucas 24:34
4	Domingo en la tarde	A los dos discípulos que fueron a Emaús	Entre Jerusalén y Emaús, y en Emaús	Lucas 24:13-31 Marcos 16:12-13
5	Domingo en la noche	A los apóstoles; Tomás no estaba con ellos.	Jerusalén	Juan 20:19-25 Marcos 16:14
6	Domingo 16 de abril en la noche	A los apóstoles; Tomás estaba con ellos.	Jerusalén	Juan 20:26-29
7	Último día de abril o primero de mayo	A siete discípulos que estaban pescando	Mar de Galilea	Juan 21:1-13
8	Último día de abril o primero de mayo	A los once discípulos en una montaña	Galilea	Mateo 28:16-20 Marcos 16:15-18
9	Último día de abril o primero de mayo	A más de quinientos hermanos reunidos	Galilea	1 Cor. 15:6
10	Mayo	A Santiago solo	Probablemente en Jerusalén	1 Cor. 15:7
11	Jueves, 18 de mayo	A todos los apóstoles en la ascención	Monte de los Olivos, cerca de Betania	Marcos 16:19-20 Lucas 24:50-51 Hechos 1:6-12
12	Jesús se le apareció a Pablo aproximadamente seis años más tarde cerca de Damasco, en el año 36 d.C. Hechos 9: 3,4; 1 Cor. 15:8			

Los discípulos se aterrorizaron, pues creyeron que les hablaba el espíritu del Señor. Pero él les dijo:

¿Por qué os turbáis,
y por qué se suscitan dudas en vuestro corazón?
Mirad mis manos y mis pies;

soy yo mismo.
Palpadme y ved
que un espíritu no tiene carne y huesos
como véis que yo tengo.
Y, diciendo esto,
les mostró las manos y los pies.
Como ellos no acabasen de creerlo
a causa de la alegría
y estuviesen asombrados,
les dijo: ¿Tenéis aquí algo de comer?
Ellos le ofrecieron parte de un pez asado.
Lo tomó y comió delante de ellos.[176]

Después de hablar con sus discípulos y comer con ellos pez asado y miel, Jesucristo se marchó a otras tierras.

No creyentes

Es una extraña coincidencia que quienes creen en las sagradas escrituras, al mismo tiempo crean parcialmente o no tengan fe en ciertas porciones de la Biblia. Algunos opinan que los hechos que se dan en los Evangelios sobre los sucesos que ocurrieron después de la crucifixión sólo son alucinaciones y que no se puede dar crédito a esos relatos. Si lo que está escrito sobre el Señor en los Evangelios es increíble, entonces lo mejor sería lavarnos las manos y declarar abiertamente que los evangelios no son auténticos. Hubo personas, incluso durante la vida del Señor, que no creían haber visto a Jesucristo. Uno de ellos fue Tomás, que no creía que Jesucristo estaba vivo y que había comido. Estando Tomás con los apóstoles, Jesucristo llegó y le dijo:

Acerca aquí tu dedo
y mira mis manos;
trae tu mano
y métela en mi costado,
y no seas incrédulo
sino creyente.[177]

En tiempos recientes, algunos cristianos, cuya sinceridad no puede dudarse, han cuestionado la resurrección física de Jesucristo. A lo largo de los siglos, se les ha dicho a los cristianos que Jesús murió en la cruz por sus pecados. Por lo tanto, ellos dudaron de la resurrección física de Jesús, hasta que aceptaron que Jesús había sobrevivido a la crucifixión. Debemos admitir que Jesucristo fue creado para representar un papel especial dentro de los designios divinos.

Si Jesús sólo hubiera enseñado durante un año y después hubiera muerto en la cruz, no sería difícil pensar que sus enseñanzas hubieran sobrevivido dos semanas. Pero la voluntad de Dios fue que él sobreviviera para que su misión fuera permanente. Quizás se piense que su resurrección física es un milagro, pero debemos reconocer que la investigación científica ha confirmado que muchos de los milagros que se describen en las mitologías del mundo fueron hechos reales. No existe una razón para no creer que sus discípulos y devotos vieron vivo a Jesús, y que él comió y bebió con ellos.

El Mar de Tiberiades

Los Evangelios narran otro incidente, en el que Jesús se encontró con siete discípulos en el Mar de Tiberiades. Se presentó ante ellos cuando los discípulos fueron al lago a pescar. Entraron en la barca. En la mañana vieron al Señor de pie en la playa. Les dijo que trajeran los peces que habían pescado y que comieran con él.[178] Después de comer, Jesús les dijo:

> *Apacienta mis ovejas.*[179]
> *Vayan por todo el mundo,*
> *anuncien la Buena Noticia*
> *a toda la creación.*[180]

Jesús los guió hasta Betania y después de elevar las manos, los bendijo. Después se alejó de sus discípulos.[181]

Si Jesús hubiera estado muerto, no habría sido necesario que comiera carne con sus discípulos, ¡ya que los muertos no comen!

Si hubiera estado muerto, no habría sido necesario que les diera instrucciones a sus discípulos, ¡pues ya les había enseñado el camino de Dios! Si no hubiera estado vivo, ¡no habría sido necesario elevar sus manos y bendecirlos! Cuando se responde en forma lógica a preguntas como estas, se presenta un testimonio de la resurrección física de Jesucristo. Basándonos en el testimonio de los relatos anteriores, y con el apoyo de las fuentes de información orientales, las páginas siguientes dejarán en claro que Jesucristo, después de que sus devotos discípulos lo salvaron de la muerte, viajó hacia el oriente.

Veredicto sobre la segunda venida

No puede negarse que Jesús había dicho que era el Hijo de Dios y había comprometido toda su persona para confirmar la verdad de esta proclamación. También es un hecho que el contenido central de su proclamación no era su persona, sino el Reino de Dios. Su palabra era la palabra de Dios, y no existe una razón para dudar de la sinceridad de sus palabras. Jesucristo expresó su misión y su obra con mucha claridad, y los apóstoles hicieron su mejor esfuerzo para poner por escrito sus palabras. ¿Qué dice Jesús sobre su segunda venida?

Al dar a sus discípulos instrucciones especiales sobre el trabajo misionero, les habló de los peligros que tendrían que enfrentar. Además les dijo que si se les perseguía, huyeran a la siguiente ciudad. También les informó que él personalmente vendría a verlos. Este es el pasaje relevante sobre el tema:

> *Cuando los persigan en una ciudad,*
> *huyan a otra,*
> *y si los persiguen en esta,*
> *huyan a una tercera.*
> *Les aseguro que no acabarán*
> *de recorrer las ciudades de Israel,*
> *antes de que llegue el Hijo del hombre.*[182]

Esta predicción, hecha por Jesucristo, es una prueba importante de su segunda venida. En otro lugar, Jesús predice la caída de Jerusalén y su segunda venida para poner a prueba la fidelidad de sus discípulos. Les dice claramente que vendrá de nuevo durante el tiempo de vida de los discípulos, y que vendrá acompañado de ángeles. Su venida no sería en un futuro lejano, sino durante la vida de los discípulos con quienes estaba hablando. Predijo su venida con estas palabras:

> *Pues de verdad*
> *os digo que hay algunos,*
> *entre los aquí presentes,*
> *que no gustarán la muerte*
> *hasta que vean el Reino de Dios.* [183]
> *Les aseguro que algunos*
> *de los que están aquí presentes*
> *no morirán antes de ver*
> *al Hijo del hombre,*
> *cuando venga en su Reino.*[184]
> *Les aseguro que algunos*
> *de los que están aquí presentes*
> *no morirán antes de haber visto*
> *que el Reino de Dios ha llegado con poder.*[185]

Estas declaraciones son un claro veredicto sobre la venida visible de Jesucristo durante la vida de sus discípulos. Si ese es el caso, nos parece injustificado buscar explicaciones filosóficas del testamento que él les dio. Cuando él hace una declaración definida y positiva sobre el hecho de que volverá con sus discípulos, no es justo que dudemos de la sinceridad de los evangelistas, que nos dicen claramente que Jesús volvería en forma física y no en forma espiritual. Algunos sucesos posteriores de la vida de Jesucristo han comprobado que las predicciones que hacía Jesucristo sobre sí mismo eran verdaderas y correctas.

Los milagros de Jesucristo

Se considera que los milagros son sucesos maravillosos o actos sorprendentes que realiza un santo con la ayuda de cierto ser

Una mujer es curada cuando toca la túnica de Jesús (Bida).

sobrenatural. Muchos acontecimientos extraordinarios en la vida de Jesucristo dan testimonio de que él era un hombre sobrenatural.

Tal vez, para algunas personas las maravillas que realizaba puedan parecer imposibles, pero para quienes han leído un poco sobre temas espirituales, todos estos milagros de Jesucristo tienen un aire de verdad. Su nacimiento, sus viajes, su ministerio, su crucifixión y su vida futura, son hechos milagrosos. Cuando azotó una fuerte tempestad, él la calmó.[186] En ese entonces, la gente se preguntaba qué clase de hombre era, pues hasta los vientos y el mar le obedecían. Incluso podía caminar sobre las aguas del mar, y la gente pensó que era un espíritu.[187] Había un hombre poseído por el espíritu de un demonio impuro, y cuando Jesús lo vio, le ordenó al espíritu que saliera de él. El demonio salió y toda la gente se llenó de asombro.[188] También se quedaron asombrados cuando, en Galilea, salvó al hijo de un noble que estaba a punto de morir.[189] De manera similar, cuando diez leprosos de Samaria le gritaron: "Maestro, ten misericordia de nosotros", todos quedaron limpios de esta terrible enfermedad.[190] En vista de todo lo anterior, es obvio que habría sido posible que él se librara de sus enemigos.

Se había otorgado a Jesucristo el poder de restaurar la vista. Tocó los ojos de dos ciegos y recuperaron la vista. Tenían fe en que sólo Jesús podía devolverles la vista, y por su fe, se les concedió su deseo. Los Evangelios nos dicen que Jesús tenía el poder de sanar a los enfermos, de devolver a los sordos la capacidad de oír, y de hacer hablar a los mudos.[191] Los fariseos, que estaban ciegos espiritualmente, no creían en estos milagros. Pero eran un milagro de Dios que se materializó cuando Jesús fue salvado en la cruz.

Jesús sanó a un hombre que tenía hidropesía y también sanó a una mujer lisiada en el día del Sabbath. Cuando los fariseos dijeron que nadie debía trabajar en el Sabbath, él los cuestionó diciendo: "¿A quién de vosotros se le cae un hijo o un buey a un pozo en día de sábado y no lo saca al momento?" Y no pudieron replicar a esto.[192] Cuando estaba en el desierto, vino a él una gran multitud y permaneció con él a lo largo de tres días. Sintió compasión por ellos, pues no tenían nada que comer. Sus discípulos se acercaron a él y le dijeron que sólo tenían siete hogazas de pan, y les era imposible alimentar a las cuatro mil personas que se habían reunido en ese lugar. Él partió los panes, y se los dio a sus discípulos, quienes los distribuyeron entre la multitud. Aproximadamente cuatro mil personas comieron de estos siete panes y quedaron completamente satisfechos.[193] Cuando los fariseos exigieron una señal, él los reprendió diciendo que sólo los malvados y los adúlteros buscan una señal.[194]

Las plegarias de Jesucristo

¿Escuchó Dios a Jesucristo? Esta es una pregunta importante que nos hacen a menudo. Nuestra respuesta es: sí. Y vamos a citar las escrituras. Se dice que cuando Abraham elevó una oración, Dios sanó a Abimelec.[195] También, cuando Moisés elevó una oración, se apagó el fuego.[196] Los Profetas oraban y sus oraciones eran escuchadas. De la misma manera, Jesucristo también oró y Dios escuchó sus oraciones. Jesús dijo:

> *Todo lo que pidan*
> *en la oración con fe,*
> *lo alcanzarán.*[197]

Jesús se retiraba a la montaña para orar, y pasaba la noche orando. Les decía a sus discípulos que oraba al Padre, y que les daría otro Consolador para que habitara entre ellos por siempre.[198]

Antes de que Jesucristo fuera arrestado, oró por sus discípulos diciendo:

> *Por ellos ruego;*
> *no ruego por el mundo,*
> *sino por los que tú me has dado,*
> *porque son tuyos;*
> *no te pido que los retires del mundo,*
> *sino que los guardes del Maligno.*
> *Ellos no son del mundo,*
> *como yo no soy del mundo.*
> *No ruego sólo por éstos,*
> *sino también por aquellos que,*
> *por medio de su palabra,*
> *creerán en mí.*[199]

Cuando oró en Getsemaní, Jesús suplicó diciendo:

> *Padre mío,*
> *si es posible,*
> *que pase lejos de mí este cáliz,*
> *pero no se haga mi voluntad,*
> *sino la tuya.*[200]

Tomando esto en cuenta, es obvio que aunque Jesús estaba resignado a la voluntad de Dios, nunca quiso morir. Este texto debería descartar la suposición de algunos eruditos según la cual Jesucristo quería morir, causarse la muerte con la esperanza de que tuviera como resultado una *parousia,* o manifestación, de sí mismo con el Mesías Judío.[201] En otra ocasión, oró en el Monte de los Olivos diciendo:

> *Y se apartó de ellos*
> *como un tiro de piedra,*
> *y puesto de rodillas oraba diciendo:*
> *"Padre, si quieres,*
> *aparta de mí esta copa;*
> *pero no se haga mi voluntad,*
> *sino la tuya".*[202]

Esta oración también deja en claro que Jesús nunca quiso morir, sino que oró para que se le concediera sobrevivir. Cuando Jesús estaba en Getsemaní con sus discípulos, llevó consigo a Pedro, a Santiago y a Juan para que oraran con él. Pero poco después les dijo que lo esperaran, y él se adelantó y se postró en el suelo. Jesús oró para que pasara esa hora, diciendo:

> *Abba –Padre–*
> *todo te es posible:*
> *aleja de mí este cáliz,*
> *pero que no se haga mi voluntad,*
> *sino la tuya.*[203]

Se entiende que, al darse cuenta de que su vida estaba en peligro, Jesús fue a Getsemaní, al jardín del Huerto de los Olivos, y de nuevo a Getsemaní. En tres ocasiones oró implorando a Dios que se apartara de él el cáliz de la muerte. Ya había declarado que Dios escucha nuestras oraciones, y su oración también fue escuchada. El cáliz de la muerte fue alejado de él en forma milagrosa.

Jesús había declarado que él era el buen pastor y que conocía a sus ovejas. Hizo esta predicción:

> *También tengo otras ovejas,*
> *que no son de este redil;*
> *también a ésas las tengo que conducir*
> *y escucharán mi voz;*
> *y habrá un solo rebaño,*
> *un solo pastor.*
> *Por eso me ama el Padre,*
> *porque doy mi vida,*
> *para recobrarla de nuevo.*
> *Nadie me la quita;*
> *yo la doy voluntariamente.*
> *Tengo poder para darla*
> *y poder para recobrarla de nuevo;*
> *esa es la orden que he recibido de mi Padre.*[204]

Aquí Jesús nos informa que existen otras tribus o razas que se unirán a su rebaño. También nos dice que estas tribus y razas lo escucharán y creerán en él. Declara que ningún hombre de la tierra podrá quitarle la vida, pues el Padre le ha otorgado poder para entregar la vida y retomarla. Esto revela claramente que nadie en la tierra podía matar a Jesús, y que aunque quisieran hacerlo, él tenía el poder absoluto para recuperarla.

La Cruz

La cruz como símbolo religioso se originó en Jerusalén y después se extendió hacia el este y hacia el oeste. Antes de eso, en Irán y en Asia Central encontramos la svástica, que algunos han llamado la "cruz rota"; estaba enterrada en sepulcros antiguos. Su historia se remonta al año 5000 a.C. Se han encontrado cruces bien formadas en Kashan, Irán, que datan de antes de la era cristiana. Incluso se encontró una cruz que corresponde al periodo musulmán en Irán y que es obra de Mirjan bin Abdullah. Está en una puerta de madera decorada con inscripciones en árabe.[205]

Poco antes de 1925, el Reverendo Gergan, un neocristiano de Ladakh, habló a los misioneros de Moravia de la existencia de cruces en esa región. En 1925, A. H. Francke, de la Misión de Leh, publicó la fotografía de una de estas cruces en la revista de la *Academia Alemana*.[206] Se encontraron cruces como esta en Afganistán, Kafirstán y en la región fronteriza al noroeste de la India. Fue muy significativo que las cruces que se encontraron en Tangste, Ladakh, estuvieran acompañadas de inscripciones en las que aparecía el nombre de Jesucristo. Como estas inscripciones estaban escritas en arameo, fue obvio que correspondían al primero o segundo siglos de la era cristiana. En segundo lugar, la existencia de estas cruces a tan gran escala en esa amplia región, es evidencia de una antigua migración de cristianos hacia el oriente, no sólo hacia el occidente. Tangste es una aldea grande que se encuentra en el valle de Shayok, a 61 millas de Leh, siguiendo un sendero para caballos, y está a una altura de 4 300 metros sobre el nivel del mar. Aquí, un residente de Samarcanda, Charansar, que probablemente era tártaro, se inmortalizó e inmortalizó a su tribu al grabar en la roca cruces de ocho brazos con el nombre de "Yuzu".

Al principio, los eruditos cristianos consideraron que estas inscripciones correspondían a los sogdianos (un pueblo de lengua irania que vivió en una zona que ocupa parte del actual Tayikistán y de Uzbekistán y que englobaba las ciudades de Samarcanda y Bujara), pero más tarde cambiaron de opinión y las atribuyeron a los nestorianos. La Expedición que la Universidad Yale envió al norte de la India y a Cachemira en 1932, declaró:

> *El Dr. de la Terra y yo examinamos los grabados que había en la roca en Drang-tse, unas cuantas millas el oeste de Panggong Tso. Además del interés intrínseco que despiertan las cruces y las inscripciones sogdianas que estos autores describen, la roca tiene ciertos aspectos importantes para el geólogo y el biólogo. Estas inscripciones se grabaron en pátina de color marrón oscuro o "barniz del desierto" y muestran el color blanco del granito bajo la pátina. Es obvio que este proceso no volvió a utilizarse desde la visita de los nestorianos de Samarcanda.*[207]

Esto muestra que los eruditos cristianos querían desviarse del problema primordial que es la forma en que estas cruces cristianas, en las que aparece el nombre de Jesús, llegaron a Ladakh, al norte de Cachemira. Según otro erudito cristiano, estas inscripciones se hicieron en escritura siria, que era el lenguaje eclesiástico de los sogdianos, que eran cristianos nestorianos provenientes de Bactria.[208] Sin embargo, Tucci desafió el que se atribuyeran estas cruces a los nestorianos, pues declaró que se han excavado muchas cruces en territorio chino, y existe un elemento de duda cuando estas cruces se atribuyen a los nestorianos.[209] De hecho, se ha dicho que las cruces que se encontraron en el noroeste de la India son signos y símbolos que los primeros cristianos llevaron al oriente.

En Char-Sada, cerca de Taxila, estas cruces aparecen en losas en las que también aparecen asnos. Estas losas también representan escenas de crucifixiones y datan aproximadamente del siglo primero de la era cristiana. Existen pruebas históricas de la presencia de Jesús y de Tomás en Taxila. El descubrimiento de las cruces en Ladakh también indica la presencia de Jesús en ese país.

Cruces en Ladakh.

Jesucristo en el Oriente 5

Yo he sido enviado solamente a las ovejas perdidas del pueblo de Israel

—San Mateo

A LA LUZ de los nuevos conocimientos que tenemos, gracias a los Manuscritos del Mar Muerto, no podemos dudar que Juan el Bautista haya pertenecido a la Orden de los Esenios. Él bautizó a Jesús y sus seguidores se unieron a Jesús.[1] Se decía que los miembros de esta orden eran piadosos. Hacían sus reuniones en secreto, lejos de las áreas habitadas. Cada miembro de esta fraternidad tenía que hacer un juramento según el cual siempre apoyaría la justicia, incluso a costa de su vida. Vestían de blanco y llevaban vidas piadosas. Su conducta era ordenada, no utilizaban el soborno ni la tortura, lo que había hecho que fueran falsos a su fraternidad.[2] José de Arimatea, Nicodemo y María Magdalena pertenecían a esta misma fraternidad. Jesús a menudo se retiraba a lugares solitarios y a las montañas para encontrarse con estos amigos suyos. Cuando sus enemigos querían atraparlo, escapaba y se refugiaba en un lugar secreto.[3] Los Esenios tenían un albergue secreto en la cumbre del Monte de los Olivos.[4] El propio Jesús pertenecía a esta fraternidad.[5] Algunos de sus miembros entraron al sepulcro para ayudar a Jesús a refugiarse en un lugar seguro. Después de salvar a Jesús de la muerte, cuidaron de él. Sus escritos se encontraron en las excavaciones del Mar Muerto; estos escritos revelan que Jesús vivió con ellos después de la crucifixión.

Los manuscritos del Mar Muerto

Un estudio cuidadoso de los Manuscritos del Mar Muerto revela que los judíos y sus líderes removieron el cielo y la tierra en su persecución del Verdadero Maestro. No sólo se opusieron a él, sino que se burlaron de él e hicieron de él un chivo expiatorio con un veredicto injusto. Durante su estancia con la fraternidad de los Esenios, Jesucristo nos da algunos detalles relacionados con sus sufrimientos y da gracias a Dios por salvarlo de las manos de sus enemigos. Declara:

Dios, te doy las gracias
por darme una vez más
una oportunidad de vivir.
Por salvarme de la muerte
y rodearme de un muro protector.
Los malvados
quisieron quitarme la vida,
pero me mantuve firme
en Tus mandamientos.
Ellos apoyan la maldad
y no te entienden.
Tu gracia ha sido mi guardián;
Tú me salvaste
y fue tu voluntad que ellos
no se apoderaran de mi alma.
Dios, tú viniste a rescatar
a tu humilde siervo,

Tú fuiste quien me salvó
de las garras de los poderosos.

Lo anterior son extractos de oraciones que aparecen en los Manuscritos del Mar Muerto. Es evidente que los malvados querían perseguir al Verdadero Maestro y luego asesinarlo. Pero Dios lo salvó de sus enemigos. ¿Quién es este Maestro Verdadero que entona alabanzas a Dios? ¿Quién es el que agradece a Dios por haberle salvado la vida? Los Manuscritos del Mar Muerto establecen un vínculo entre Jesucristo y los Esenios.

Es un hecho histórico que los Evangelios han sido revisados y remodelados en diversas ocasiones a manos de diversos compiladores. El resultado neto fue que se eliminaron textos de vital importancia en los que había información sobre temas que no eran del agrado de los obispos. Un ejemplo de ello es la última página del Evangelio de Marcos, que rescató el erudito bíblico C. R. Gregory, autor de *El derecho canónico y el texto del Nuevo Testamento [The Canon and the Text of the New Testament]*.

Estos son los versículos que él rescató:

Y brevemente,
esto es todo lo que se anunció
a quienes estaban cerca de Pedro:
Se dispersaron
y después de eso,
el propio Jesús se les apareció
desde el oriente,
y envió hacia occidente,
a través de ellos,
una predicación incorruptible
de salvación eterna.
Amén.

Estos versículos, que se eliminaron del Evangelio de Marcos, nos informan con claridad que Jesús se apareció desde el oriente y ordenó a sus discípulos que difundieran sus enseñanzas en occidente. Esto también es una prueba de su segunda vida, que la Iglesia suprimió por completo.

Testamento

Jesucristo le había pedido a Dios que lo salvara, y Él lo salvó. Había sufrido dolores indescriptibles pero siempre se mostró agradecido hacia Dios.

Me vendieron como esclavo
y el Señor me dio libertad;
me llevaron cautivo,
y su mano fuerte me socorrió;
sufrí hambre,
y el Señor me alimentó;
estaba solo,
y el Señor me consoló;
estuve enfermo,
y el Señor me visitó;
estuve en prisión,
y el Señor me favoreció;
me encadenaron,
y el Señor me liberó de las cadenas.[6]

Aquí, Jesucristo nos habla de sus tribulaciones, de haber estado preso, cautivo, enfermo, etc., y nos dice que Dios lo liberó. Este es el testamento de Jesucristo, quien afirma que Dios lo salvó.

Dios, te doy gracias
por sacarme del pozo de la muerte.
Me enviaste a la tierra
para que recorriera su vasta superficie.

La huida de Jesucristo

Jesucristo les dijo a sus discípulos que no les hablaría de su destino porque deseaba mantenerlo en secreto.

Se elevó y de inmediato se alejó en medio de la bruma que era cada vez más densa. Se rumora que se elevó sobre las nubes. Esto fue simplemente un relato mitológico.[7]

Aunque es oficial que Jesús fue crucificado aproximadamente en el año 30 d.C., escapó vivo hacia el oriente, y más o menos en el año 36 a.C., Pablo lo vio en el camino a Damasco, pues los romanos lo habían mandado a capturarlo para someterlo a una segunda crucifixión.[8]

La conversión de Pablo

Los romanos habían comisionado a Pablo para interceptar a Jesucristo. Se dirigía a Damasco cuando escuchó una voz: "Saulo, ¿por qué me persigues?". Él le preguntó quién era y escuchó:

> *Yo soy Jesús, a quien tú persigues;*
> *dura cosa te es dar coces contra el aguijón.*
> *Él, temblando y temeroso,*
> *dijo: Señor, ¿qué quieres que yo haga?*
> *Y el Señor le dijo:*
> *Levántate y entra en la ciudad,*
> *y se te dirá lo que debes hacer.*[9]

Jesús tenía en Damasco un discípulo llamado Ananías, a quien le había pedido que se pusiera en contacto con Pablo para informarle que él era el elegido, y que tenía que predicar en nombre de Jesucristo en Israel.[10]

Así que Pablo se puso en contacto con los demás discípulos de Jesucristo y pasó varios días con ellos en Damasco. Después predicó a Cristo en las sinagogas y logró que muchos se convirtieran.[11] También fue a Jerusalén y luego a Tarso, continuando sus actividades como misionero con la ayuda de Bernabé y Juan.[12] Quienes compilaron los Hechos de los Apóstoles transformaron este relato en una visión. Las visiones son reales, es un hecho que existen, pero no aparecen en cerebros torpes. Después de todo, Pablo sólo se dedicaba a fabricar carpas.[13]

Los Apóstoles aún temían que los romanos persiguieran a Cristo, y por lo tanto inventaron la teoría de las visiones, mezclando los hechos con la imaginación. Además, surgió otra confusión en relación a Pablo, ya que en un principio se le conocía

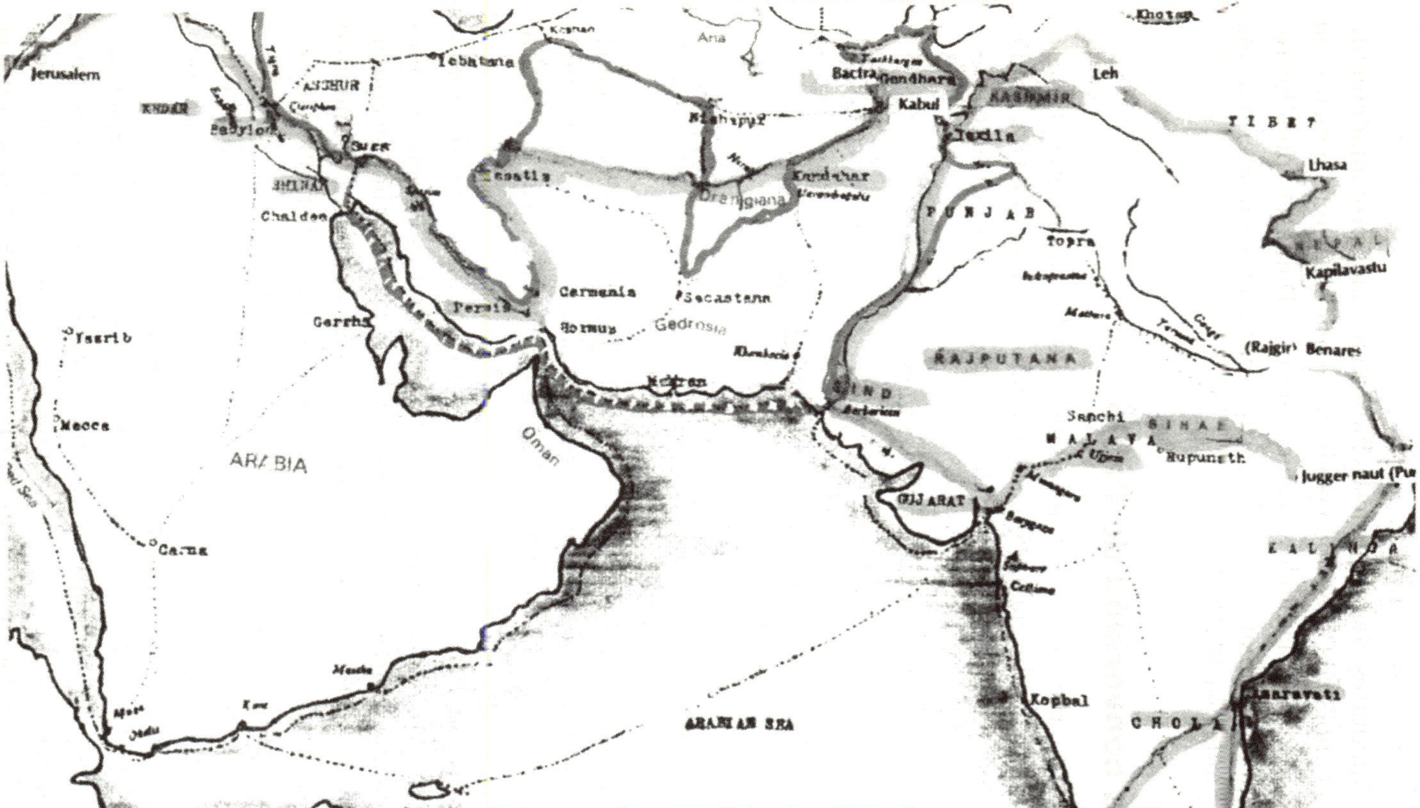

Ruta mar y tierra de Alejandro, 330 a.C.
Viaje de Jesús

como Saulo.[14] Si fuera posible decir que una visión es irreal, entonces se perdería el fundamento de toda la mitología a nivel mundial y nos quedaríamos en blanco. La mayoría de los relatos que aparecen en las mitologías han resistido las pruebas científicas. ¿Fue una visión el diluvio que ocurrió en tiempos de Noé? ¿Fue la nave espacial de Elías una visión? Si todos estos hechos fueran visiones, entonces el nacimiento virginal de Jesús, su crucifixión e incluso su existencia en esta tierra podrían considerarse visiones y no sería necesario creer en Jesucristo o en su misión. Es un hecho histórico que Pablo realizó una serie de largos viajes como misionero a países lejanos, incluyendo a Grecia y Asia Menor.[15]

En ese periodo, Jesús vivió en casa de Ananías. Pero cuando los judíos enviaron una comisión a Damasco, salió de ahí y se dirigió a Babilonia. Como ya había visitado el oriente en su adolescencia, conocía las rutas y la topografía de estos países. Ya se le había salvado, y ahora Dios lo guiaba en esta extraña odisea, para que pudiera salvarse de más persecuciones.[16] Jesús y su madre se vieron obligados a salir de Palestina y se dirigieron a un país lejano. Ambos viajaron de un país a otro.[17] Algunos de sus devotos lo siguieron de un lugar a otro. María, su madre, lo acompañó en su trayecto hacia el oriente; también lo acompañaron el Apóstol Pedro y otra María que sólo pudo ser María Magdalena. No puede negarse que María Magdalena había mostrado un interés personal en todo lo relacionado con Jesucristo. Jesús la había liberado de los demonios que la poseían.[18] Estuvo al pie de la cruz durante la crucifixión.[19] Estuvo presente cuando lo sepultaron y fue al sepulcro muy temprano a la mañana siguiente.[20] También vio al Señor resucitado, y este hecho se describe como sigue en el Evangelio de Juan:

> *Estaba María junto al sepulcro fuera llorando.*
> *Y mientras lloraba se inclinó hacia el sepulcro,*
> *y ve dos ángeles de blanco,*
> *sentados donde había estado el cuerpo de Jesús,*
> *uno a la cabecera y otro a los pies.*
> *Dícenle ellos: "Mujer, ¿por qué lloras?"*

Ella les respondió: "Porque se han llevado a mi Señor,
y no sé dónde le han puesto."
Dicho esto, se volvió y vio a Jesús,
de pie, pero no sabía que era Jesús.
Le dice Jesús: "Mujer, ¿por qué lloras?
¿A quién buscas?"
Ella, pensando que era el encargado del huerto,
le dice: "Señor, si tú lo has llevado,
dime dónde lo has puesto,
y yo me lo llevaré."[21]
Jesús le dice: "María." Ella se vuelve
y le dice en hebreo: "Rabbuní" – que quiere decir:
"Maestro".[22]

Según el Evangelio de Felipe, María Magdalena era la consorte de Jesucristo. Por lo tanto, es obvio que de las dos Marías que acompañaron a Jesús en su viaje al oriente, una fuera la madre del Señor, y la otra debió ser María Magdalena, la consorte de Jesucristo.[23]

Es una extraña coincidencia que se llamara Rahula al sucesor de Buda. Cuando se le separó de su madre, una mujer devota, llamada Magdaliyana actuó como mensajera entre él y su madre. La palabra Rahula significa *Ruh-Allah,* o Espíritu de Dios, y Magdaliyana, la dama mensajera, podría referirse a María Magdalena, que estaba tan unida con Jesucristo.[24] También es extraño que se haya encontrado el Sepulcro de María a unas seis millas de Kashgar, en Asia Central.

Es probable que la tumba en cuestión sea el sepulcro de María Magdalena.[25]

Jesucristo en Partia

El Evangelio de Felipe nos informa que después de salvarse de la crucifixión, Jesucristo recibió los cuidados de sus amigos y discípulos y permaneció oculto durante cierto periodo. Dedicó ese tiempo a impartir instrucciones espirituales especiales a Pedro y a Santiago. Después de permanecer con ellos aproximadamente año y medio, decidió dejarlos. Nombró a Santiago como su sucesor y se marchó.[26] Ya se ha mencionado que Jesús había enviado a Tomás a Partia y a la India. Por lo tanto, es natural que Jesucristo se sintiera seguro al viajar a esas tierras. En ese entonces, el imperio de los partos se extendía desde Antioquía y Palmiria hasta Kabul, y desde el Mar Caspio hasta el Mar Arábigo. Jesús quería evitar las fronteras de los romanos, y por consiguiente, aprovechó la primera oportunidad que tuvo para llegar a Damasco. De ahí viajó a la ciudad de Nisibis, en donde había una colonia de judíos exiliados.[27] Como llegaban a esta ciudad numerosas rutas de caravanas, había en ella gente de todas las naciones, ocupada en actividades comerciales.[28] Jesucristo se esforzó al máximo por ocultar su identidad, y fue en esta ciudad donde se le conoció como Yuzu-Asaph. Vestía ropa y turbante de lana blanca y en la mano llevaba un bastón. Selló sus labios, guardó silencio e inició su viaje a tierras lejanas.[29] Nisibis se encontraba en la ruta de la seda que iba de Siria a Mosul y más allá, hacia el oriente. Jesús viajó allá de incógnito.

Nisibis

Josefo relata que el rey de Abiadene envió a su hijo Ezad con Abennerigos, rey de Spasinou Charax, que se encontraba cerca del Golfo Pérsico. El pequeño principado de Abiadene estaba entre Tabriz y Mosul, en la ribera del Río Tigris. A la muerte de su padre, Ezad regresó a su patria para ascender al trono de Abiadene. Ananías había convertido a Ezad y a sus reinas. Pocos años más tarde, el rey de Partia permitió que Ezad reinara sobre Nisibis, de modo que ahora su reino se extendía hasta la costa del Mediterráneo.[30] Ya sabemos que Ananías fue a Jerusalén con una carta de Abgar Ukkama dirigida a Jesús. Fue demasiado tarde pues Jesús ya había sido crucificado. Tomás le entregó el sudario de Jesús para que se lo llevara a Abgar. Tanto Ezad como Abgar fueron contemporáneos de Jesucristo. Parece que Jesús y sus acompañantes viajaron de Damasco a Nisibis, que era un lugar seguro para ellos. Tal vez Ananías quería llevar a Jesús a Edessa, pero la proximidad del capitolio romano impidió que Jesús viajara hacia el occidente. Por lo tanto, Jesús viajó al oriente y llegó a Mosul, y de ahí a Babilonia, en la ribera del Río Éufrates.

Sabemos que Jesús predicó su doctrina en Nisibis y que muchos la aceptaron. Sin embargo, los ortodoxos fueron sus enemigos y trataron de matarlo.[31] Una prueba de la presencia del cristianismo en Nisibis en tiempos remotos es la inscripción de una tumba que dice lo siguiente:

> *Contemplé las planicies de Siria,*
> *y todas las ciudades, incluso Nisibis,*
> *después de cruzar el Éufrates.*
> *En todas partes encontré*
> *personas con quienes hablar.*[32]

Jesús en Persia

Al salir de Babilonia, Jesús viajó a Ur y de ahí Kharax, que era la capital del reino de Mesene. Era el puerto principal hacia donde los barcos transportaban productos de la India y del lejano oriente. Desde ahí, los productos se transportaban a lo largo del Río Éufrates hasta Babilonia, y de ahí a Arbel, en Abiadene, luego a Nisibis y a Edesa, en el occidente.[33] Jesús pudo haber tomado una ruta marina hacia la India, pero no lo hizo; prefirió cruzar el imperio Persa.

En obras literarias persas se menciona a Yuzu-Asaph, que significa: Yuzu, el líder de los leprosos que él ha sanado. Este es un informe que aparece en un diccionario persa:

> *En los días de Hazrat Isa, cuando él sanó a los leprosos, en cuanto se les admitió entre las personas sanas, se les conoció como Asaph. Por lo tanto, a Hazrat Isa, que fue quien sanó a los leprosos, se le conocía como Yuzu-Asaph, pues no sólo los sanó, sino que les proporcionó su misericordiosa protección.*[34]

En Persia se conoció a Jesucristo como Yuzu-Asaph. Sus frases y enseñanzas en esta región, como aparecen en las tradiciones de

Irán, son iguales a las de Jesucristo.[35] Esto muestra que sus predicaciones fueron populares entre los persas. Es claro que después del advenimiento del Islam, los cristianos, los judíos y los seguidores de Zoroastro perdieron importancia y sus números se redujeron. Pero las frases y parábolas de Jesucristo siguieron estando presentes en las tradiciones y se conservaron como las frases y parábolas de Yuzu-Asaph. De Nisibis salían dos rutas hacia occidente; una pasaba por Nishapur y Herat antes de llegar a Kabul, y la otra pasaba por Susa y Hermuz, y llegaba hasta Sind. Jesucristo tomó la primera ruta.

Podríamos recordar que los hititas vivieron en Asia Menor desde el principio del segundo milenio antes de Cristo hasta aproximadamente el año 1200 a.C. Desde mediados del siglo XIII, a.C., los hurritas formaron uno de los estados más poderosos del occidente de Asia, que incluía Mesopotamia, Siria y Asiria. Los hurritas veneraban a los dioses indios Varuna, Indra, Mitra y Matsiya, además de venerar a sus propias deidades. Los asirios consolidaron su supremacía en la región a finales del siglo IX a.C. No obstante, quienes crearon la primera civilización floreciente que unió al oriente con el occidente fueron los sumerios, que se habían establecido en Mesopotamia aproximadamente en el año 3000 a.C.[36]

Podríamos mencionar que las rutas comerciales, tanto marinas como terrestres, entre la India y otros países al occidente, han existido desde tiempos muy antiguos. Aproximadamente en el año 3100 a.C., los marinos sumerios establecieron colonias en la región del Valle del Indo, desde Mohenjo-daro hasta Cachemira, y explotaron los recursos económicos y comerciales de la región. Se han encontrado sellos sumerios en las excavaciones realizadas en Mohenjo-daro y en Harappa, lo que revela que en el Valle del Indo vivieron amoritas o marineros, que veneraban al fuego y al sol.[37]

Partiendo de Kabul, la ruta comercial se dirigía a Peshawar y luego a Taxila. Jesucristo y sus acompañantes tuvieron que sufrir numerosas tribulaciones en su trayecto de Herat a Kabul, y luego a Taxila. Vivían de frutas y vegetales silvestres. Como Jesucristo viajaba a pie, algunos de sus acompañantes le llevaron un caballo. Jesús se negó a aceptar el caballo, y siguió su viaje a pie. Durante sus viajes tuvo que enfrentar muchas dificultades. Se dice que fue arrestado, pero que como había sanado a un enfermo, el gobernador de la ciudad llegó a ser su devoto. Muchas personas del pueblo y numerosos soldados fueron discípulos suyos. Predicó entre ellos y la gente era feliz escuchando sus palabras.[38]

Apostolado

No tenemos mucha información sobre lo que ocurrió con los seguidores, amigos y devotos de Jesucristo cuando él partió hacia el oriente. Pero algo es claro: la hostilidad de los judíos hacia los seguidores del cristianismo era cada vez más implacable. Sabemos que la primera comunidad cristiana de Jerusalén eligió a Santiago, el hermano de Jesucristo, como su líder. Pero Herodes Agripa tomó medidas salvajes contra él y lo mandó ejecutar. También existen registros de que encarceló a Pedro. Por consiguiente, el apostolado inicial se trasladó a Antioquía, en Siria. Fue ahí donde Pablo conoció a Pedro y se convirtió en discípulo del Señor.[39] Se reconoce que llevó el mensaje de Jesús a tierras lejanas. Los apóstoles de Jesucristo continuaron con su misión a lo largo de las antiguas rutas comerciales hacia diversas ciudades de Arabia, Siria, Roma, Alejandría, Italia, Egipto, Persia y Armenia.

Gracias a los esfuerzos de los apóstoles, el cristianismo se popularizó entre las masas. Al ver esto, se agudizó la enemistad de los seguidores del judaísmo hacia la nueva fe. Los apóstoles habían predicado entre los pobres y muchos paganos se convirtieron al cristianismo. Los judíos no podían tolerar la popularidad del cristianismo y decidieron hacer algo para atraer a las masas. En su frustración, enarbolaron la bandera de una revuelta contra los romanos, que habían subyugado a Tierra Santa. Los fariseos consideraron que era absolutamente necesario establecer su propio reino teocrático. Pero fracasaron ante el poder de los romanos, quienes asolaron y destruyeron casi todos los poblados judíos. En el año 70 d.C., los soldados romanos atacaron Jerusalén e incendiaron el Templo. Miles de personas murieron en la revuelta, pero los romanos capturaron a muchos miles más y se los llevaron como esclavos. Se ha estimado que casi once mil prisioneros murieron de hambre.[40] En su lamento por Jerusalén, Jesucristo había pronosticado su destrucción:

> *¡Jerusalén, Jerusalén,*
> *que matas a los profetas*
> *y apedreas a los que te son enviados!*
> *¡Cuántas veces quise reunir a tus hijos,*
> *como la gallina reúne bajo sus alas a los pollitos,*
> *y tú no quisiste!*
> *Por eso, a ustedes la casa les quedará desierta.*
> *Les aseguro que ya no me verán más...*[41]

Los romanos querían aniquilar a los judíos en sus campamentos. Por lo tanto, devastaron sus poblados y asesinaron a todo aquel que pudiera levantar un arma contra ellos. Josefo describe así la destrucción de los judíos:

> *Podía verse todo el lago enrojecido por la sangre y cubierto de cadáveres, nadie escapó.*[42]

Por consiguiente, puede verse que la misión del judaísmo fracasó, pero que el reino de Dios permaneció sólido como una roca.

Jesús predicó muchos sermones en Persia, y el pueblo lo recibía con los brazos abiertos y lo escuchaba con toda devoción. El sumo sacerdote lo mandó arrestar, y le preguntaron sobre qué Dios nuevo estaba hablando a la gente, pues sólo Zoroastro tenía el privilegio de estar en comunión con el Ser Supremo. También le dijeron que Dios le había entregado sus leyes a Zoroastro, y que no debía sembrar dudas en el corazón de los creyentes. Al escuchar esto, Jesús les dijo:

> *Yo no hablo de un Dios nuevo,*
> *sino de nuestro Padre Celestial,*
> *que ha existido desde el principio de los tiempos,*

y que seguirá existiendo cuando todo llegue a su fin.
He hablado al pueblo sobre Él,
y el pueblo, como niños inocentes,
todavía no son capaces de comprender a Dios,
mediante la sola fuerza de su inteligencia,
ni de penetrar Su sublimidad divina y espiritual.[43]

En nombre del Padre Celestial

Jesús les dijo que hablaba en nombre del Padre Celestial. Les explicó que así como un lactante encuentra el pecho de su madre en la oscuridad, las personas que han sido guiadas hacia el error por doctrinas erróneas, instintivamente reconocen a su Padre Celestial.

Jesús se detuvo en muchos caseríos, pueblos y ciudades de Persia. Predicó y curó a la gente del pueblo, pues eran multitudes las que lo seguían. También asistió a una fiesta en Persépolis y habló con los sacerdotes en estas palabras:

Existe un silencio
donde el alma puede encontrarse con Dios,
y ahí está la fuente de la sabiduría.
Todos los que entran ahí
quedan inmersos en la luz
y se llenan de sabiduría,
de amor y de poder.
El silencio no está circunscrito;
no es un lugar rodeado por un muro
ni por rocas escarpadas,
¡y tampoco está custodiado
por las espadas de los hombres!
Los hombres siempre llevan consigo
este lugar secreto donde encuentran a Dios.
No importa dónde vivan,
en la cumbre de una montaña,
en el valle más profundo
o en la casa más tranquila;

de inmediato pueden, en cualquier momento,
abrir de par en par la puerta
y encontrar el Silencio,
encontrar la casa de Dios;
está en el interior del alma.[44]

Durante su corta estancia en Persia, Jesús dedicó siete días a estar en silencio en la sala de oración de los sacerdotes Magos. Después habló del origen del bien y el mal.

Les dijo que no veneraran al Sol, pues sólo era parte del cosmos que Dios había creado para la humanidad. A Dios, y sólo a Dios, debemos todo lo que poseemos en este mundo. Al escucharlo, los sacerdotes le preguntaron cómo podía la gente vivir según las reglas de la justicia, si nadie había promulgado sus preceptos. Jesús respondió que mientras los pueblos no tuvieran sacerdotes, lo que los gobernaba eran las leyes naturales, y la gente conservaba el candor de su alma. También les explicó que cuando las almas estaban con Dios, podían comunicarse con el Padre sin usar como medio un ídolo, un animal, el Sol o el fuego. Dijo:

Ustedes afirman que se debe venerar al sol,
al espíritu del bien y al espíritu del mal;
Bueno, yo les digo que su doctrina es falsa.
El sol no actúa en forma espontánea,
sino de acuerdo a la voluntad del Creador
invisible que le dio vida.
El Espíritu Eterno es el alma
de todo lo que tiene vida.
Ustedes cometen un grave pecado
al dividirla en el espíritu del mal
y el espíritu del bien,
pues no existe ningún Dios fuera del bien.
Dios, como un padre de familia,
sólo les hace bien a sus hijos,
y les perdona todas sus faltas si se arrepienten.
Por lo tanto, yo les digo,

Teman al día del juicio,
pues Dios impondrá terribles castigos
a todos aquellos que han llevado a Sus Hijos
por el mal camino.[45]

No tenemos información sobre la ruta que siguieron Jesús y sus acompañantes en su trayecto hacia el oriente, tal vez visitaron Hamadán y Nishapur. De esta ciudad salen dos caminos, uno lleva a Afganistán pasando por Herat y luego por Kandhar, y el otro lleva a Bokhara y a Samarcanda. La tumba de María Magdalena se encuentra cerca de Rasgar en Asia Central. Es probable que Jesús la haya llevado a Bokhara, luego a Samarcanda y de ahí a Kashgar. Después de su muerte, Jesús regresó a Balkh y de ahí siguió la ruta que bordea la ribera del Río Indo y haya llegado a Sind. Hablaremos de esta odisea en las páginas siguientes.

Jesús en Sind

En esta etapa de la narración, vale la pena examinar las diversas fuentes con que contamos y que contienen pruebas relacionadas con "los años faltantes de Jesús", desde los 13 hasta los 29 años de edad, cuando regresó a Israel. En un capítulo anterior nos referimos brevemente a su estancia en la India durante ese periodo. Creemos que debido a los profundos conocimientos que adquirió en su primera estancia en el oriente, Jesús supo que, habiendo completado su misión en occidente, su vida tenía una misión en oriente.

Examinemos estas fuentes. Si reunimos un gran número de documentos, incluyendo *La vida de San Issa, El Evangelio acuariano de Jesús el Cristo* y *La vida desconocida de Jesucristo* (entre otros) sabemos que a la edad de trece años, Jesús dejó la casa de sus padres en secreto y viajó con mercaderes hacia Sind.[46] Su objetivo primordial al salir de su país era perfeccionarse en la Palabra Divina y estudiar la ley de los Grandes Budas.[47]

Durante su décimo cuarto año de vida, llegó a Sind y se estableció entre los arios. Después de cruzar los cinco ríos del Punjab, llegó a Rajputana y de esa región viajó hacia Gujarat. Ahí se puso en contacto con los seguidores del Jainismo. Su fama se había extendido y ellos le pidieron que se quedara a vivir con ellos. Pero él siguió adelante y llegó a Orissa donde lo recibieron los sacerdotes, quienes le enseñaron ciencias ocultas.

Después fue a las ciudades sagradas de Rajagiri y Benarés, y todo mundo sintió un gran cariño por él. Había pasado seis años viajando. Como se mezclaba libremente con los *Vaishayas* y los *Shudras* de las castas bajas, y a los *Brahamanes* y los *Khistriyas* no les agradó su actitud, y le dijeron:

Sólo la muerte puede liberarlos de su servidumbre.
Entonces déjalos
y ven a venerar a los dioses con nosotros.
Los dioses se enfadarán
contigo si los desobedeces.[48]

Pero él no escuchó sus discursos y no le agradó su actitud. Después de eso empezó a predicar contra los *Brahamanes* y los *Khistriyas*. Cuando Jesús vio que los *Shudras* y los *Vaishayas* se le acercaban, dijo:

El Santo ha dicho que todos sus hijos
deben ser libres,
y cada alma es un hijo de Dios.
Los Shudras serán como sus sacerdotes,
el granjero caminará de la mano con el rey;
pues todo el mundo tendrá la hermandad del hombre.
Seres humanos, levántense.
Tomen conciencia de sus poderes,
pues todo aquel que lo desee no seguirá siendo esclavo.
Simplemente vive como quisieras
que viviera tu hermano.
Permite que cada día se abra,
como se abre una flor,
porque la tierra es tuya
y Dios hará que tengas lo que mereces.[49]

Sermones

Jesús lanzó vituperios contra el hecho de que el ser humano se atribuyera el poder de privar a sus semejantes de los derechos que tienen como miembros de la humanidad. Ya había estado casi seis años en la India y podía hablar el idioma local. Vivía con la gente pobre, y dirigió a ellos numerosos sermones. Predicó:

Dios Padre
no impone diferencias entre sus hijos,
los ama a todos por igual.
Teman a Dios,
doblen la rodilla sólo ante Él.
Sólo presenten ofrendas ante Él.[50]

Negó a los dioses inventados por el pueblo y le dijo a la gente que Dios deseó y creó el universo, que sólo Él ha existido desde toda la eternidad y Su existencia no tendrá fin. No hay nadie igual a Él en los cielos ni en la tierra, y no ha compartido su poder con ningún ser viviente. ¡Sólo Él es omnipotente!

Fue su voluntad,
y el mundo apareció.
Con un pensamiento divino,
reunió las aguas
y separó de ellas la porción seca del globo.
Él es el principio
de la misteriosa existencia del hombre,
en quien Él infundió una parte de su Ser.[51]

Les advirtió lo siguiente:

Dentro de poco,
la ira de Dios se desatará contra el hombre,
pues ha olvidado a su Creador,
ha llenado sus templos de abominaciones
y rinde culto a una multitud de criaturas

que Dios creó como seres subordinados a él.
Honrar a las piedras y a los metales
sacrifica a los seres humanos,
en quienes vive Dios,
como parte del espíritu del Altísimo.
Quienes privan a sus hermanos
de la felicidad divina,
serán privados de ella.[52]

Jesús enseñó la igualdad entre los seres humanos y profetizó que los *Brahamanes* y los *Khistriyas* llegarían a ser *Shudras*, y que Dios habitaría entre los *Shudras* por siempre. Les dijo que en el día del juicio final, los *Shudras* y los *Vaishayas* serán perdonados debido a su ignorancia, mientras que los *Brahamanes* y los *Khistriyas* serán castigados por su arrogancia.

Los sermones de Jesús que hemos mencionado tienen un intenso contenido filosófico. Él habla de Dios como el Padre de todos los seres humanos y exhorta a todos sus oyentes a inclinarse ante Él, y sólo ante Él. Dios es el alma eterna y el ímpetu que respalda a toda la creación; su voluntad separó el agua de la tierra y creó los continentes. Para Él, no existen diferencias entre los seres humanos, pues todos son sus hijos. Por lo tanto, todos deben inclinarse ante Él, y ante nadie más.

Las palabras y obras de Jesús causaron inquietud en todo el territorio. Multitudes de pobres lo seguían, pero los sacerdotes decidieron expulsarlo de la India. Todos los sacerdotes Brahamanes se reunieron en un concilio y contrataron a un asesino para que acabara con Jesús.[53]

En comunión con Buda

Alguien informó a Jesús sobre este complot, y sus amigos le aconsejaron que abandonara el lugar durante la noche. A toda prisa, viajó hacia el norte y llegó a Kapilavastu, el lugar donde había nacido Sakyamuni Buda. Los budistas le abrieron de par en par las puertas de su monasterio, y él empezó a vivir entre los monjes. Fue testigo de sus ritos religiosos y participó en sus plegarias.

Buda, Cachemira, Siglo XVIII.

Llegó el momento en que Jesús comprendió en su plenitud las palabras del Maestro y empezó a enseñar basándose en su mensaje. El lama principal declaró ante la congregación:

Hoy en día estamos en la cúspide del tiempo,
hace seis periodos nació el alma de un maestro,
que trajo al hombre una luz gloriosa.
Y ahora tenemos aquí a un maestro sabio.
Este profeta hebreo

es la estrella naciente de la sabiduría,
nos trae un conocimiento de Dios,
y todo el mundo escuchará sus palabras
y glorificará su nombre.[54]

Su partida

Jesús vivió entre los budistas durante seis años. Aprendió y enseñó en el monasterio donde vivía.

> *Aquel que Buda había elegido para dar a conocer su santa palabra, había llegado a ser un expositor perfecto de los escritos sagrados.*[55]

Entonces, salió de Nepal y del Himalaya y viajó hacia el occidente, predicando a los diversos pueblos sobre la perfección suprema del hombre, en estas palabras:

Aquel que recupere su pureza original
morirá habiendo recibido el perdón de sus pecados,
y tendrá el derecho de contemplar
la majestad de Dios.
El Legislador Eterno es uno;
no hay otro Dios como Él.
No ha compartido su mundo con nadie,
ni ha hablado a nadie sobre sus intenciones.

Un día, mientras meditaba en silencio, sentado junto a un manantial y rodeado de gente pobre, Jesús vio en todos sus rostros el gesto de las tribulaciones y de lo arduo de su trabajo. Su corazón se conmovió y les dijo:

Dejen de buscar el cielo en las alturas.
Abran de par en par las ventanas de su corazón,
y el cielo llegará a ustedes como una avalancha de luz.
Les traerá una alegría sin límites
y su trabajo arduo ya no será una tarea cruel.[56]

Jesús continuó su sermón diciendo:

> *Así como un padre actúa hacia sus hijos,*
> *Dios juzgará a los hombres después de la muerte,*
> *según las leyes de su misericordia.*
> *Él nunca humillaría a su hijo*
> *haciendo que su alma*
> *transmigrara en un purgatorio*
> *o en el cuerpo de un animal.*[57]

Aquí, Jesús habla de Dios como un Padre y de los seres humanos como sus hijos. Dios Padre, al ser misericordioso, juzgará a cada uno de acuerdo a las leyes de la misericordia y nunca humillaría a sus hijos. Siguiendo la tónica del texto anterior, continúa diciendo:

> *Todas las cosas se han sacrificado ante el hombre,*
> *que tiene una relación directa*
> *e inmediata conmigo, su Padre.*
> *Por lo tanto,*
> *aquel que me robe a uno de mis hijos,*
> *se le juzgará con severidad,*
> *y se le castigará de acuerdo a la ley divina.*

Aquí, Jesús habla de Dios como el Padre de la humanidad, que tiene una relación íntima y directa con Él. Según Jesús, todos los hombres son hijos de Dios y Él es su padre.

> *El hombre no es nada frente al Juez eterno,*
> *así como el animal no es nada*
> *si se le compara con el hombre.*
> *Por lo tanto,*
> *yo les digo:*
> *Dejen sus ídolos*
> *y no realicen ritos*
> *que los separen de su Padre.*

No se relacionen con los sacerdotes,
pues los cielos se han alejado de ellos.[58]

El Evangelio Tibetano

La narración anterior, traducida por Nicolás Notovitch, a partir de varios pergaminos que se encontraron en el Monasterio de Hemis en Ladakh, proporciona información muy valiosa sobre los años perdidos de Jesús.

Hipólito, que fue obispo de Roma aproximadamente en el año 220 d.C., menciona unas escrituras judeocristianas provenientes de los Seres de Partia. Según una antigua tradición, este texto sagrado de revelaciones llegó del cielo y en él se trataba el tema del "poder oculto". El Profeta Elías, que era la encarnación de Dios, recibió este libro. Durante el periodo de Hipólito, se daba el nombre de Seres a una nación productora de seda y vivía en las zonas altas de la India. Por lo tanto, el libro sagrado de la revelación era el Evangelio Tibetano.[59] Es interesante mencionar que Nicolás Notovitch tradujo los pergaminos sobre la vida de Jesús que estaban en el Monasterio Hemis, en Ladakh. También es importante que en el siglo III, los cristianos de occidente sabían de la existencia de los libros orientales sobre el cristianismo. Los pergaminos de Hemis, por lo tanto, no son tan inusuales como parecen serlo a primera vista.[60]

Esto revela que la gente común sentía un gran respeto hacia Jesús; lo adoraban y querían que se quedara entre ellos. Estos pergaminos también establecen el hecho de que Jesús aprendió ciencias ocultas en la India.

Según los pergaminos de Hemis, a Jesús se le había asignado la misión de hacer que una humanidad desprovista recordara a Dios. Desde su salida de Jerusalén, los paganos habían causado a los israelitas sufrimientos aún más atroces. Muchos de ellos ya habían empezado a abandonar las leyes de su Dios y las leyes de Moisés, con la esperanza de aplacar la ira de sus salvajes conquistadores.[61]

Nicolás Notovitch publicó su traducción de los pergaminos de Hemis en 1890 con el título: *La vida de San Issa.* Más tarde, en

Ladakh, la tierra de las celebraciones.

1894, este libro se publicó en francés con el título: *La Vie Inconnue de Jesus,* y en inglés con el título: *The Unknown Life of Christ.* Cuando esta obra se publicó, Notovitch sabía que la Iglesia repudiaría sus hallazgos diciendo que eran una falsedad. Por lo tanto sugirió que se organizara una expedición científica que viajara a Ladakh para verificar su descubrimiento. Desde el principio, el libro fue una fuente de controversias. La iglesia negó la existencia del propio Nicolás Notovitch y del Monasterio de Hemis. Pero cuando se reveló que Nicolás Notovitch había visitado Cachemira y Ladakh y había conocido a muchos funcionarios importantes de los gobiernos estatales de la India, la Iglesia adoptó otro curso de acción. A instancias de la Iglesia, el gobierno británico de la India ordenó al famoso orientalista Max Muller y a un profesor de Agra llamado Archibald Douglas, que llevaran a cabo interrogatorios en el área. Ambos publicaron sus hallazgos en los periódicos y llegaron a la conclusión de que Nicolás Notovitch era un fraude.[62] En 1894, la iglesia envió a Ladakh a un hombre llamado Ahmad Shah, que acababa de convertirse, disfrazado de *hakim,* pero su propósito primordial era encontrar medios para "refutar los hallazgos de Nicolás Notovitch".[63] Permaneció en Ladakh a lo largo de cuatro años y escribió un libro titulado *Cuatro años en el Tibet.* Es probable que debido al gran temor que en ese entonces se sentía hacia el Gobierno Británico en la India, el lama budista haya ocultado los pergaminos o le haya entregado algunos fragmentos de ellos a Ahmad Shah.

En 1922, Swami Abhedananda, el famoso experto en Vedanta, visitó Ladakh y los lamas del Monasterio de Hemis le dijeron que la historia de la estancia de Jesucristo en la India era verdad.[64] Con la ayuda del lama, él consiguió la traducción de unas cuantas páginas del documento tibetano. Como comentario final de esta sección, diremos que los budistas de Ladakh y del Tibet tienen pergaminos sobre la vida de Jesús ocultos entre los innumerables documentos que se encuentran en sus oscuras habitaciones. Según los budistas, Jesús llegó a ser un expositor perfecto de las sagradas escrituras, pues Buda lo había elegido para dar a conocer su sagrada palabra.[65]

El budismo y el cristianismo

Existen muchas similitudes entre el budismo y el cristianismo. La siguiente información, escrita en 1812 por un viajero que llegó a Ladakh, es interesante:

> *Todos los tibetanos tienen un hijo que se prepara para ser lama, o que renuncia al mundo. Los lamas, ya sean hombres o mujeres, permanecen célibes y son guías del pueblo. No adoran a los ídolos que hay en sus templos, pues afirman que sólo son representaciones de los santos y lamas que han fallecido, y se considera que contemplar estas imágenes es un acto de piedad. Cuando muere un Lama o un gran hombre, su cuerpo se incinera y en su tumba se coloca una escultura de su persona. Se dice que algunas de estas figuras representan a cierto profeta que aún vive en las aguas y en los bosques, y que están totalmente bajo su control. Otras personas consideran que la figura representa a un profeta que vive en los cielos, lo que al parecer se refiere a Jesucristo. Los tibetanos consideran que sus escrituras fueron inspiradas; contienen muchos preceptos morales y exhortaciones que le piden a la gente que venere a Dios, que cumpla sus promesas, que hable con la verdad, que renuncie a la maldad, y cosas similares. También le ordenan a la persona que si alguien le quita su sábana, le entregue también su capa. Y además: "Si alguien te golpea en una mejilla, dile que te golpee también en la otra". Exceptuando la incineración de sus muertos, muchas de sus prácticas son similares a las de los cristianos.*

El viajero observó otras similitudes que vale la pena mencionar, y que presentamos a continuación.

> *Se les prohíbe comer carne de caballo o de camello, y sólo se les permite tener una esposa. Su gran fiesta se celebra cuando el sol entra a Capricornio, lo que corresponde a la Navidad. Su año comienza en esta época, pero no pude de-*

Danza de las máscaras en Hemis, Ladakh.

> *terminar la fecha exacta. Otra costumbre similar es que cuando un hombre hace un juramento, jura por Kunchok-Sum. Kunchok significa "Dios, Sol, tres"; es decir, por los tres Dioses de la Trinidad. Los Lamas también se parecen a los sacerdotes cristianos pues hacen estrictas penitencias. Un anciano me informó que él había determinado, sin lugar a duda, que a los tibetanos se les habían revelado ciertas porciones de la Biblia, pero que, como no tenían en su poder todo el libro, las prácticas de incinerar a los muertos, y la doctrina de la transmigración de las almas se habían aceptado como parte de sus prácticas y de su fe. Los tibetanos afirman que sus escrituras originales estaban en un idioma que en la actualidad es ininteligible para ellos, y que se han traducido a su propio lenguaje.*[66]

Podríamos señalar que las extraordinarias similitudes entre las enseñanzas morales de Buda y las de Jesucristo nos hacen pensar que el Budismo Mahayana tomó mucho del cristianismo. Cuando vemos los acontecimientos y los tiempos del Cuarto Concilio Budista, esta posibilidad se vuelve incluso más plausible, pues el Concilio se celebró en el periodo en que las fuentes de información ubican a Jesús y a sus seguidores en esa parte del mundo.

El Cuarto Concilio Budista

Varias leyendas han dicho que Kanishka, el gran Rey de Kushana es el patrono del budismo. Se dice que él convocó el Cuarto Concilio Budista en Cachemira, aproximadamente en el año 78 d.C. Además de contar con una gran audiencia, asistieron a este concilio 500 *Arhats*, 500 *Bodhisattvas* y 500 *Panditas*. Este Concilio preparó el camino para la aceptación de Mahayana, la escuela de pensamiento progresista en el budismo.[67] En los códices budistas está escrito que después de Buda, vendría otro redentor, o el siguiente *Bodhisattva*, y que su nombre sería Metteyya. Sería el líder de un grupo de discípulos.[68] Esa es la razón por la cual los lamas budistas llegaron a Palestina buscando a su *Bodhisattva* cuando nació Jesús. También está escrito en la profecía relacionada con Metteyya que llegaría en una época en que la religión del Buda estaría olvidada y el siguiente *Bodhisattva*, mostraría el camino. En este contexto, falta ver qué papel representó Jesús, si es que representó algún papel, en el Cuarto Concilio Budista que se llevó a cabo en Cachemira.

Podríamos mencionar que la palabra *Metteyya* equivale a la palabra Mesías, pues el sonido de "t" cambia al de "s" en la lengua árabe o en la lengua persa.[69] Es interesante notar que a Jesús se le menciona como Mi-shi-ho en el canon budista chino del siglo VIII d.C.[70] Un examen de la iconografía budista muestra que todos los Bodhisattvas están de pie o sentados en un trono de loto. Algunos de ellos tienen marcas redondas en la palma de la mano. Las estatuas del periodo Mahayana, que tiene marcas en las palmas de las manos y en los pies, representan las heridas de la crucifixión en forma simbólica. Este hecho es una evidencia inmortal de la identidad de Jesús como maestro de los monjes Mahayana.[71]

Nos impacta el extraordinario parecido que existe entre las doctrinas y rituales del budismo y los de la Iglesia Católica. Las vestiduras de los monjes de ambas religiones son muy parecidas, como se puede ver en pinturas antiguas. "Los rangos de las diversas órdenes en los Monasterios son parecidas a las de las órdenes monásticas de la Iglesia Romana". Los budistas hacen promesas, limosnas, plegarias y sacrificios al igual que los católicos, y los budistas hacen votos de celibato, pobreza, castidad y obediencia, como los monjes católicos. Los budistas usan agua bendita y cantan himnos en sus servicios. La liturgia budista es parecida a la liturgia de los cristianos de oriente.[72]

Podría señalarse que, debido a las sorprendentes similitudes entre las dos religiones, la mayoría de los pensadores creen que el cristianismo es el budismo de occidente. Pues a Jesús, al igual que a Buda, se le llama Salvador en las escrituras, y es una extraña coincidencia que ambos afirman lo mismo cuando dicen: "Yo soy la Luz..., Yo soy el Camino".[73] Los títulos que se le dan a Jesús en los Evangelios también se le dan al Buda en las escrituras budistas. Ambos declararon ser: Luz, Maestro, Bendito, Príncipe y

Refugio. Ambos ayunaron en el momento de la tentación y su ayuno duró cuarenta días.

El Buda dice que la limosna es "buena semilla sembrada en buena tierra que produce una abundancia de frutos". Jesús dice lo mismo al decir que al dar limosna tenemos "un tesoro en el cielo".[74] En el *Lalita Vistara,* un famoso texto budista, el Buda declara que "el pastor que está lleno de sabiduría guiará a los que han caído hacia un gran precipicio": Jesús, por su parte, dice:

> *Yo soy el buen pastor:*
> *El buen pastor da su vida por sus ovejas.*[75]

Existe un sorprendente parecido entre las enseñanzas de ambos maestros. Parece que el budismo preparó el camino para el cristianismo. Es un hecho histórico que Ashoka reunió a aproximadamente ochenta mil monjes budistas que él envió como misioneros a China, Persia, Babilonia, Siria, Palestina y Egipto. Gracias a la influencia de sus enseñanzas, muchas sectas místicas como los terapeutas, los esenios y los seguidores de Zoroastro, se popularizaron entre los seguidores del judaísmo. Jesús recibió su educación inicial bajo la guía de los maestros esenios y por esa razón encontramos entre ellos vestigios de virtudes budistas como la no violencia, la fraternidad, la bondad, el amor y la piedad.

Con el paso del tiempo, hemos tenido acceso a documentos que muestran que Jesús visitó el Tibet y Ladakh. Según una fuente, Jesús fue al Tibet y permaneció por cierto tiempo en el monasterio más importante. No predicó ahí, sino que se concentró en la meditación. Poco después llegó a Ladakh y los monjes budistas lo recibieron bien. Ahí sanó a un niño que estaba a punto de morir, y su fama se extendió en todas direcciones. En un sermón dijo:

> *Dios, mi Padre, es bondadoso con la humanidad.*
> *Y Él me ha enviado,*
> *por su bondad y amor inigualable.*
> *Yo sigo mi camino,*

Jesús acercándose a Ladakh.

Pintura al óleo de J. Michael Spooner, publicada en *Los años perdidos de Jesús,* por Elizabeth Clare Prophet.

Cortesía de Summit University Press, Livingstone.

> *pero nos volveremos a encontrar,*
> *porque en mi patria hay lugar para ustedes.*

Jesús elevó las manos haciendo una bendición silenciosa, y luego siguió su camino.[76]

La gente buscaba milagros

Jesucristo predicó contra el culto a los ídolos diciendo:

> *Por tanto, yo les digo,*
> *dejen a sus ídolos,*
> *y no realicen ritos*
> *que los separen de su Padre.*[77]

Debido a los reproches que Jesús les hacía, los sacerdotes le pidieron que hiciera un milagro. Pero él respondió:

> *Los milagros de nuestro Dios*
> *se han realizado desde el primer día,*
> *cuando se creó el universo,*
> *y en ese preciso momento,*
> *al que no los vio se le privó*
> *de uno de los dones más hermosos de la vida.*
> *Pero ¡ay de ustedes enemigos de los hombres!*
> *No esperan un milagro*
> *sino la ira del Padre.*
> *¡Ay de ustedes si esperan milagros*
> *como testimonios de Su poder!*[78]

Al ver la ineficacia de sus sacerdotes, los paganos empezaron a tener una gran fe en Jesús. Destrozaron sus ídolos y los sacerdotes huyeron buscando un lugar seguro. Jesús le dijo a la gente que no tratara de ver a Dios con sus propios ojos, sino que se esforzaran por sentirlo en su corazón. Además, predicó:

> *Absténganse de sacrificios humanos;*
> *no inmolen criaturas a las que se ha dado vida;*

no roben los bienes de sus semejantes;
No engañen a nadie para así no ser engañados.

Después, Jesucristo llegó al camino que lleva a Cachemira; ahí se unió a una caravana de mercaderes. Cuando lo escucharon hablar como un profeta, y cuando supieron que él quería viajar a Persia, le dieron un camello de dos jorobas. Cuando llegaron a Punjab, Jesús hizo muchos milagros y sanó muchos enfermos.[79]

El Apóstol Tomás en la India

Tomás, también llamado Dídimo, tiene la séptima posición entre los discípulos más importantes de Jesucristo. Consideraba que Jesús era su Dios.[80] Su verdadero nombre era Judas, y por lo tanto, su Evangelio se conoce como Los Hechos de Judas Tomás. Se dice que era el hermano gemelo de Jesús. Cuando los discípulos del Señor dividieron el mundo para su trabajo como misioneros, a Tomás le tocó la India. Se le conoce como el apóstol de Partia y de la India.[81] Al principio, estaba renuente a hacer un largo viaje, pues quería morir por Jesucristo.[82]

En esa época, un mercader de la India llamado Habban llegó al sur de Palestina. Obedeciendo las órdenes de su Maestro, Tomás navegó con Habban hacia el oriente.[83]

Cuando Jesús nombró a sus discípulos, le pidió a Tomás que trabajara en el imperio de los Partos, que también incluía las zonas al noroeste de la India. El imperio de los Partos se extendía desde el Río Éufrates hasta el Río Indo, y desde el Mar Arábigo hasta el Mar Caspio. A Tomás se le conoció como el evangelista de Partia y de la India.[84] Les predicó a los partos, a los medos, a los persas, a los bactrianos, a los Indios y a nativos de Hircania.[85]

Entre los gobernantes grecobactrianos de Cachemira, cuyas monedas se han encontrado en esa región, podríamos mencionar a Eutidemo (220 a.C.), Eucrátides (180 a.C.), Hipostrato (140 b.C.), Menandro el Grande (110 a.C.), Antimaco II (100 a.C.), Azilises (20 a.C.), Spalagadames, Vonoes, Spalyrises (110 d.C.), Gondofares (50 d.C.) y Abdagases (100 d.C.). Durante el reinado de

Gondofares, Tomás cruzó la frontera de la India. Luego llegó a Attock, donde conoció al gobernante, Gondofares, gracias a Abdagases.[86] Gondafares había establecido su reino en el noroeste de la India, después de combinar los territorios dominados por los partos y los sakes, y reinó del año 21 d.C al año 50 d.C.[87] Aproximadamente en el año 48 d.C., Tomás supervisó la construcción del palacio del rey.

Mientras tanto, Jesús junto con su madre y unos cuantos discípulos, llegó a Taxila. El rey lo invitó a asistir a la ceremonia de matrimonio de Abdagases. Las circunstancias que llevaron a la reunión de Jesús con Tomás se abordarán más adelante.

Taxila

El valle de Taxila, cerca de Rawalpindi en Paquistán, ocupa un lugar importante en las rutas comerciales que conectaban a la India con las zonas central y occidental de Asia. A principios del siglo V a.C., formaba una región importante que incluía al Imperio Aqueménido de Persia. En el año 326 a.C., Alejandro Magno se detuvo en este lugar varias semanas como invitado de Ambhi, Rey de Taxila. Los bactrios ocuparon esta región aproximadamente en el año 231 a.C., y por esa razón muchos budistas viajaron hacia Khotan.[88] Los escitas y los partos invadieron Taxila aproximadamente en el siglo primero de nuestra era. Después de la muerte de Azes II, los reinos de Taxila y Aracosia se unieron bajo el mando de Gondafares, quien se menciona en escritos cristianos antiguos que datan del mismo periodo que los escritos que se relacionan con el rey a cuya corte fue enviado Tomás.[89]

En el Reino de Gondafares

Nuestra tarea al localizar los lugares que visitó Jesús resulta muy difícil porque en ese periodo el noroeste de la India fue el escenario de muchos conflictos políticos. La información que se obtuvo de diversas fuentes revela que la región estuvo bajo el control de numerosos reyes, y que todos luchaban para obtener la supremacía. Descubrimos que los regentes escitas se esforzaban por derrocar a los partos, y por consiguiente, al parecer Gondafares controló las regiones del norte, siendo Taxila su capital. Encontramos algunas referencias sobre él y su hermano Gad, y ya se ha establecido que Gondafares gobernó Taxila del año 25 al año 60 d.C. Las monedas de ese periodo y algunas inscripciones que se encontraron en Takht Bhai, son una prueba concluyente de que Gondafares estableció un reinado en este periodo.[90] También se han encontrado monedas de Gondafares en Cachemira. En Char Sadah se han excavado objetos antiguos relacionados con él, con su hermano Gad y con Abdagases.[91] Entre las antigüedades que se encontraron en ese lugar, se han identificado las estatuas de Tomás y de Pedro. Los hallazgos arqueológicos de Char Sadah también incluyen un gran número de lápidas que representan la crucifixión. Todo esto establece el hecho de que Char Sadah lle-

Gondafares como rey cristiano, en una lápida del primer siglo después de Cristo.

gó a ser un importante centro del cristianismo a mediados del primer siglo después de Cristo.

Entre las reliquias famosas que se encontraron en Taxila, hay una inscripción en arameo que menciona la construcción de un palacio de cedro y marfil a cargo de un carpintero que era un piadoso devoto del Hijo de Dios.[92] La inscripción dice lo siguiente:

> *Un carpintero extranjero*
> *que todos amaban, un piadoso devoto del Hijo de Dios,*
> *construyó este palacio de cedro y marfil*
> *para el rey.*

En la inscripción, la palabra *priya* significa amado, *rideshiya* significa extranjero, *nagruda* significa carpintero, y *Rudradeva* significa Hijo de Dios.[93]

En varias obras históricas se dice que Gondafares quiso que Tomás le construyera un palacio. El apóstol prometió terminar el trabajo en seis meses, pero gastó todo el dinero que le dieron en limosnas. Cuando el rey le pidió una explicación, él respondió que estaba construyendo un palacio para el rey de los cielos, que no lo estaba construyendo con las manos, pero que era eterno.

> *Predicaba con tanto fervor y gracia que el rey, su hermano Gad y multitudes de personas aceptaron la fe. El santo apóstol realizó muchos signos y maravillas.*[94]

Logramos conseguir información sobre la presencia de Jesucristo en Taxila, en la ceremonia de matrimonio de Gondafares, en la familia real. Como este incidente es de vital importancia, lo citamos en su totalidad:

> *Y el rey le pidió al compañero del novio que saliera de la cámara nupcial.*
>
> *Y cuando toda la gente se había marchado, y la puerta de la cámara nupcial estaba cerrada, el novio levantó la cortina para recibir a la novia.*

Jesús y su hijo Ahoia-Kim en Taxila, año 60 d.C.

> *Entonces vio a nuestro Señor, con la apariencia de Judas, hablando con la novia.*
> *El novio le dijo: Tú saliste primero, ¿cómo es que todavía estás aquí?*
> *Nuestro Señor le dijo: Yo no soy Judas, soy el hermano de Judas.*
> *Nuestro Señor se sentó en la cama y los jóvenes se sentaron en las sillas.*
> *Él les empezó a hablar.*[95]

Esto es una prueba concluyente de la presencia de Jesucristo en Taxila. Este incidente también se menciona en los Hechos de Tomás, donde leemos:

> *Después de las ceremonias, Tomás salió del palacio. El novio elevó la cortina que lo separaba de su novia. Vio a un hombre que supuso que era Tomás conversando con ella. Entonces le preguntó sorprendido:*
> *¿Cómo es que te encuentras aquí? ¿No te vi salir antes que todos los demás?*
> *Y el Señor respondió:*
> *Yo no soy Judas Tomás; soy su hermano.*[96]

Como la ceremonia matrimonial se llevó a cabo en el año 49 d.C., es un hecho establecido que Jesucristo llegó a Taxila en ese periodo.

La estatua de Jesús

Al describir las estatuas que se encontraron en la celda 29, Marshall, que excavó estas antigüedades en Taxila, dice que el estilo distintivo y peculiar de la ropa y la barba prueban que se trataba de un extranjero. Todas las figuras del grupo aparecen descalzas, excepto la figura central que parece tener sandalias. Esta figura con barba lleva el sombrero de pico que usaban los viajeros sirios, la túnica le cubre hasta las rodillas, como las que se usaban en Siria, y lo extraño es que sus botas no tienen cordones ni sujetadores. Esta figura tiene facciones definitiva y distintivamente judías.[97]

Debido a su ropa y a sus características físicas, se dice que estas estatuas representan a extranjeros.[98] Estas estatuas se encontraron en Julián Taxila, donde Juliano, que acompañó a Tomás durante sus viajes a la India, construyó un monasterio estilo asirio. Cerca de este monasterio, estaba el palacio del Rey Gondafares. En las excavaciones de ese palacio se encontró una inscripción en arameo que proporciona algo de información sobre el piadoso carpintero que era discípulo del Hijo de Dios y que construyó el palacio con cedro y marfil.

Todas estas pistas nos llevan a la conclusión de que la figura con sombrero de pico es Jesús, el Hijo de Dios. Así como se dice que algunas de las estatuas que se encontraron en las excavaciones de Taxila representan a extranjeros, lo mismo puede decirse de las figuras que aparecen en las lápidas que se encontraron en Khurhom, en el Valle de Lolab, en Cachemira.

María, su madre

María, la madre de Jesús, es muy respetada entre los cristianos. Una razón de este respeto es que ella estuvo de acuerdo en concebir a Jesús y en esa forma ayudó a Dios a manifestarse en la carne en este mundo. Como se consideraba que Jesús era la encarnación de Dios, Tomás se dirigía a él diciendo "Señor mío y Dios mío".[99] Dejando a un lado la mitología, podemos encontrar otra razón de la grandeza de María. Ella no sólo nutrió a Jesús como otras madres, sino que se esforzó para que recibiera educación por parte de los Esenios durante su estancia en Egipto. En la fiesta de la Pascua en Jerusalén, cuando Jesús se les perdió a sus padres, ella se preocupó mucho y lo buscó en todas partes. Cuando finalmente lo encuentra, le dice: "Hijo, ¿por qué nos hiciste esto?".

Los Evangelios no proporcionan información completa sobre el papel de María durante el ministerio de Jesús. Como cualquier otra madre, ella se preocupa por su ministerio.[100] Está presente en las bodas de Caná y le dice a Jesús que ya no hay vino para los invitados.[101] Después la encontramos en el momento de la crucifixión, cuando Jesús se dirige a ella como la madre de la humanidad:

> *Jesús, viendo a su madre*
> *y junto a ella al discípulo*
> *a quien amaba,*
> *dice a su madre:*
> *Mujer,*
> *ahí tienes a tu hijo.*
> *Luego dice al discípulo:*
> *Ahí tienes a tu madre.*[102]

Lo anterior muestra que Jesús le dio a María el título de madre de toda la humanidad. Se dirigió a ella como "mujer", pero le dijo a su discípulo que ella era su madre. También se nos dice que María estuvo presente en la reunión en Jerusalén cuando se incluyó a Matías en el grupo de los Apóstoles.[103] Después de la resurrección, ella acompañó a Jesús en un largo viaje al oriente. Según el Evangelio de Felipe, ella y María Magdalena lo acompañaron. Parece que llegaron a Taxila más o menos en el año 49 d.C. Debido a un conflicto político, cuando los Kushan atacaron la región para establecer su supremacía, Jesús tuvo que huir a las colinas cercanas. María, la madre de Jesucristo, murió en el trayecto, y fue sepultada en un lugar que entonces se llamaba Mari y que en la actualidad se llama Murree.[104] Las investigaciones que se han llevado a cabo sobre la tumba de la madre, María, señalan que ella está sepultada en la colina de Murree.[105] Ese lugar se llamó Mari hasta 1875, cuando su ortografía se cambió a Murree. Su sepulcro se describe como *Mai-Mari-de-Ashtan,* o el lugar donde descansa la Madre María.[106] Mumtaz Ahmad Farouqi, que ha realizado exhaustivas investigaciones sobre la Tumba de María, declara:

> *María pertenecía a la clase sacerdotal de los Israelitas, y era apropiado que se le sepultara en la cumbre de una colina. Según la tradición local, la Tumba es el lugar donde descansa la Madre María.*

En el pasado, los hindúes veneraron el santuario, y los musulmanes presentan ofrendas y los jueves encienden lámparas de barro llenas de aceite. En 1898, Richardson, el ingeniero del fuerte, quería demoler la tumba cuando construyó la torre de la fortaleza. Poco después, murió en un accidente, y la gente del lugar relacionó el incidente con sus intenciones malignas hacia la tumba. En la actualidad, el sepulcro se ha restaurado y sigue estando de

El sepulcro de María.
Muree, Paquistán.

cara al oriente. En 1931, d.C., el Comandante presentó una queja ante el Comité Municipal porque alguien había colocado en ese lugar una bandera roja con un círculo blanco en el centro. Las autoridades fiscales llevaron a cabo investigaciones adicionales y se estableció que ese lugar era un monumento histórico antiguo, donde tanto hindúes como musulmanes, han ofrecido homenajes desde la antigüedad.[107]

Es un hecho que la tradición local popular proporciona asistencia valiosa a la investigación y puede aceptarse como un complemento a los registros históricos. En este caso, cuando los documentos antiguos no están disponibles, la única opción que tenemos es aceptar la tradición local, que señala que este sitio se conoce como el lugar donde descansa la Madre María. La investigación requiere que la tumba se abra y que los restos se sometan a pruebas científicas y así resolver el problema. Hasta entonces, nuestra única opción es creer que María Magdalena está sepultada en Kashgar y María, la Madre, está sepultada en Murree.

El valle de Cachemira

Muchos escritores famosos han descrito al valle de Cachemira como un paraíso en la tierra. Está al pie de los Himalayas y sus rocas datan del periodo Paleozoico más antiguo. El descubrimiento de una enorme piedra, un bifaz y varios utensilios de piedra en este valle es una prueba de la existencia de depósitos bien estratificados que datan de periodos glaciales. Puede decirse que el valle de Cachemira pudo ser la cuna de las culturas humanas más antiguas. Se han encontrado en Cachemira rastros de culturas paleolíticas y neolíticas. La cultura más reciente de este tipo corresponde aproximadamente a 2500 a.C. La cultura neolítica de Cachemira es muy afín a la de culturas similares que se han descubierto en Italia y en Asia Central. Se cree que la etimología de Cachemira es *Kasheer,* el nombre que le dieron al valle sus habitantes, los *Kushur*. También se dice que muchas tribus se establecieron en el valle durante épocas prehistóricas y entre ellos los más prominentes fueron las tribus casitas o kush, que

Montañas de cumbres nevadas en el glacial Thajiwas.

fundaron poblados con el nombre de kush, como Kashan en Irán, Kashgar en Asia Central e Hindokush en Afganistán. Esta tribu pertenecía a los hijos de Cush, a quienes se les ordenó que emigraran a la tierra de los buenos pastizales.[108] Los kush fundaron su imperio en el primer siglo d.C. y celebraron el Cuarto Concilio Budista en Cachemira. Antes del advenimiento del cristianismo, los budistas habían establecido sus *Viharas* desde Cachemira hasta Irán, Siria y el Mar Muerto.

La ruta de la seda

En el mundo antiguo, los países del suroeste de Asia formaban una unidad compacta. Durante el sexto siglo antes de Cristo, Irán, Afganistán, Paquistán y algunas regiones del norte de la India formaban parte del dominio aqueménido de Ciro y de Darío.[109] Los pueblos que vivían en este amplio territorio tenían vínculos cercanos relacionados con el comercio y la cultura.

La ruta de la seda (Tomado de *Los años perdidos de Jesús,* de Elizabeth Clare Prophet).

Antes de la llegada de Jesucristo, la Ruta de la Seda conectaba a Egipto, Irán, Afganistán y Cachemira. Durante la vida de Jesús, la ruta tenía las siguientes etapas:

Jerusalén (Hieroslyma) – Bostra – Damasco – Palmira – Edesa – Nisseus (Nisbis) – Herat – Bamiyan – Kabul – Khybar – Taxila – Murree – Chitral – Gilgit – Bandipur – Cachemira. De Herat había otra ruta hacia Balkh – Badakshan – Ladakh – Cachemira.

Podría mencionarse que aunque el valle de Cachemira está escondido y rodeado de montañas, se encuentra en una región donde se juntan las regiones occidental, oriental, sur y central de Asia. Fue un eslabón importante en el sistema de comunicaciones en el centro de Asia, donde sus reinos se unían como con una fuerza centrípeta.[110]

Desde la antigüedad, el valle de Cachemira había establecido relaciones comerciales con Afganistán, Irán y con los países de Asia Central. Su capital estaba en la Ruta de la Seda, que conectaba al oriente con el occidente. Muchos siglos antes de la llegada de Jesucristo, los ejércitos griegos penetraron el norte de la India y la cuenca del Río Indo, siguiendo las rutas terrestres de épocas pasadas. De modo que no es sorprendente que cualquier viajero pudiera llegar a Cachemira desde Palestina. Esos caminos y rutas existían desde tiempo inmemorial y las usaban los emigrantes, los comerciantes y los peregrinos.

Herodoto conoció los pueblos de Kaspira o Cachemira mucho antes del primer siglo de la era cristiana.[111] Siete siglos antes de Cristo, los judíos fueron llevados al noroeste de la India y a Asia Central, y establecieron pequeños centros de civilización y comercio en estas regiones, incluyendo a Cachemira.

La dispersión de los judíos

La dispersión de los judíos empezó con la caída de Samaria en el año 721 a.C. Después siguieron emigrando hacia el oriente y se establecieron en tierras lejanas. Se establecieron en Bamyian, Bokhara, Samarcanda, Khorasán, Cachemira y Kashgar. Algunos incluso llegaron al occidente de China.[112]

Es un hecho histórico que los arios y los semitas se mezclaron durante su dispersión, aproximadamente 2000 años antes de Cristo. Algunas de las tribus semitas llegaron a los límites occidentales del valle del Indo. Pero durante el periodo del Imperio Asirio se establecieron vínculos comerciales muy cercanos con Irán y Gandhara, lo que también incluyó a Cachemira. En esa época, Media extendía su dominio hasta las fronteras de Chitral, y la intercomunicación entre India y el Oriente Medio se había desarrollado muy favorablemente. Durante el reinado de Ciro el Grande, toda la región, desde Tebas en Egipto hasta Taxila en el Punjab, estaba bajo el dominio de los persas. Con la expansión del imperio persa bajo el dominio de Darío, que llegó hasta las regiones al noroeste de la India, el valle de Cachemira, incluyendo a Hunza, Nagar y Chitral, quedó bajo el control directo de los persas. La invasión de Alejandro Magno y su estancia en Jehlum, prueba que él estaba muy familiarizado con las antiguas rutas que iban desde Mesopotamia hasta el Punjab. Sus sucesores establecieron pequeños reinos en las regiones al noroeste de la India, y los griegos gobernaron Cachemira. Los griegos permanecieron en Cachemira hasta el primer año de la era cristiana, cuando los kushan les arrebataron el poder.

Podríamos señalar que al principio de la era neolítica, los pueblos mediterráneos empezaron a moverse y a extenderse hacia el oriente, el norte y el occidente. Una rama emigró hacia la zona al noroeste del subcontinente Indio. Este gigantesco movimiento de la raza empezó aproximadamente en el 5000 a.C.

Este tipo físico forma la base de los habitantes de la región. Entre los esqueletos que se han encontrado en Mohenjodaro y en Harappa, en Paquistán, hay representantes de razas aborígenes y también de hombres de cabeza larga del Mediterráneo, que emigraron desde Mesopotamia.[113] Este tipo físico es común en Irán, Afganistán y en ciertas otras regiones al noroeste de la India.[114] En general, los habitantes de Cachemira podrían clasificarse como caucásicos. Etnológicamente, pertenecen a los pueblos del Mediterráneo de tipo armenoide y nórdico.

Los judíos de Cachemira

La mayoría de las tribus afganas son descendientes de las tribus judías. Vivieron como judíos hasta que los musulmanes los convirtieron durante la época de Khalid.[115] Etnológicamente, la abrumadora cantidad de habitantes de Afganistán son descendientes de las tribus de Israel.[116]

Al paso de los siglos, el poder del Islam fue el sucesor de estas antiguas tribus de Israel y se interrumpió el gobierno de los diez líderes. Directa e indirectamente, se obligó a la masa de la población a aceptar la fe islámica. A pesar de estos cambios, un segmento de la población entre Irán y Cachemira se seguía llamando *Bani Israel,* lo que significa los hijos de Israel. Incluso en la actualidad, en las zonas orientales desde Afganistán hasta Cachemira, existen 350 ejemplos de lugares y castas que tienen nombres cuyo origen puede rastrearse al Antiguo Testamento de los hebreos.[117]

En la antigüedad, varias tribus habitaron en el valle de Cachemira. Entre las más prominentes se han mencionado los Nagas, los Pishachas, los Sakas, los Gandharas, los Khasas y los Tunganas.[118] La mayoría de estas tribus no fueron los habitantes originales del valle, sino que vinieron del norte y del occidente. Es posible que algunas de las tribus judías también se hayan establecido en el valle. Es muy probable, pues Al-Beruni dice lo siguiente con mucha certeza:

> *Los habitantes de Cachemira se preocupan mucho por las defensas naturales de su país. Vigilan y controlan los pasos de montaña y las rutas que llevan a él. En la antigüedad, solían permitirle la entrada a unos cuantos extranjeros, en especial a los judíos.*[119]

Según el jesuita Catrou, autor de *La historia del Imperio Mogol,* que se publicó en 1708, los habitantes de Cachemira son descendientes de las tribus judías que salieron de Irreal. Construyeron un edificio en una montaña alta cerca de Srinagar, que todavía se conoce como el Trono de Salomón.[120] Otro autor también escribe que los habitantes de Cachemira son los hijos de Israel.[121] Bernier escribió lo siguiente en 1644:

> *En este país se encuentran muchas marcas del judaísmo. Al entrar al reino, tuve la impresión que los habitantes de las aldeas de la frontera se parecían a los judíos.*[122]

Los habitantes de Cachemira son altos, de constitución robusta y facciones varoniles; las mujeres son bien formadas y hermosas, de nariz aguileña y facciones parecidas a las de las mujeres judías.[123] Sus características físicas y étnicas siempre sorprenden a las personas observadoras que visitan el valle y siempre se les ha relacionado con los judíos.[124] Al parecer la más importante de las tribus que llegaron a Cachemira fue la tribu de Kash o Cush. A lo largo de su trayecto, llegaron a Nishapur, en Irán, y fundaron la aldea de Kashmar; cuando estuvieron en Bokhara, fundaron una aldea llamada Kash; en Samarcanda, fundaron las aldeas de Kashband y Kashania, y después de fundar Kashgar, llegaron a Cachemira y la llamaron Kashir, que significa la tierra de la Tribu de Cush.[125]

Jesucristo había dicho que los judíos eran los hijos de Dios que se habían dispersado hacia tierras lejanas, y quería buscarlos y salvar a las ovejas perdidas de Israel. Por lo tanto, no es sorprendente que se dirigiera hacia el oriente y llegara a Cachemira.

Shalí-Vahana

Alejandro Magno inició su trayecto hacia el oriente aproximadamente en el año 327 a.C. En esa época, el valle de Cachemira era parte de la región de Gandhara, y su capital era Taxila. A su regreso, los soldados y los generales griegos se dispersaron en las regiones al noroeste de la India y establecieron pequeños reinos en Chitral, Afganistán, Hazara y Cachemira. En diversos lugares se han encontrado pruebas arqueológicas y numismáticas de la presencia de los griegos, quienes gobernaron varias regiones del noroeste de la India. También se sabe que once gobernantes griegos ejercieron su dominio sobre Cachemira.[126]

Kadphises I dominó el norte de la India aproximadamente en el año 60 d.C., y Kaniska, su virrey, subyugó al valle de Cachemira, después del año 73 d.C.[127] Durante este periodo, apareció en escena Shali-Vahana de Cachemira, el líder de los Brahamanes que se opuso a los indoescitas.[128]

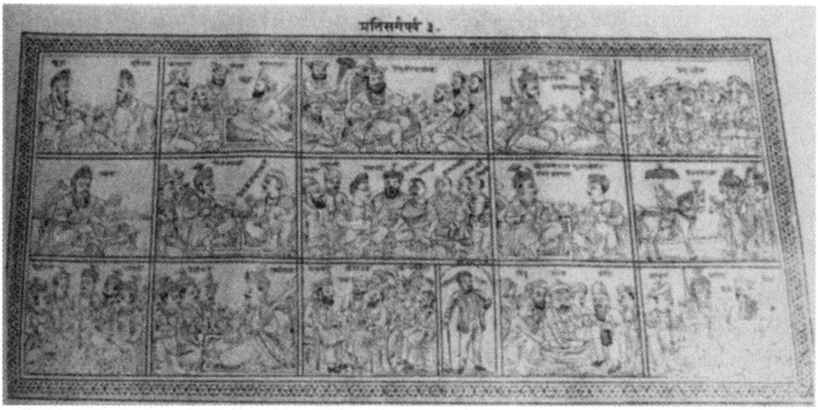

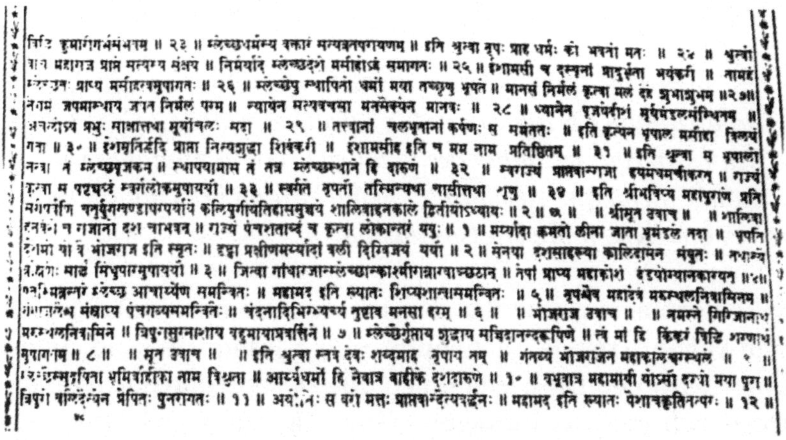

Bhavisya-Maha-Purana.

Logró derrotar a los extranjeros y con el fin de conmemorar su victoria, inició una nueva era que llevaba su nombre y que se conoce como la Era de Shali-Vahana. Comenzó en el Baisakh 3179, de la Era Kalyugi, que corresponde al 14 de marzo del año 78 d.C.[129]

Jesucristo y el Rey de Cachemira

En el 3191 de la era Laukik, que corresponde al año 115 d.C., Sutta escribió para la posteridad la información más importante sobre la llegada de Jesucristo al valle de Cachemira y sobre su reunión con el rey de Cachemira. Esta información aparece en su famosa obra, escrita en sánscrito, que lleva el título de *Bhavisya-maha-purana.* Shali-Vahana gobernó el valle de Cachemira y otras regiones montañosas del Himalaya del año 35 al año 50 d.C. En el momento de su sucesión, el valle fue testigo de ataques por parte de las tribus vecinas provenientes de China, Partia, Bactria y Sinkiang. Él derrotó a estas hordas, pero se marcharon después de saquear su reino. Entonces, él marcó las fronteras entre los arios y los que no eran arios. Sutta también escribe que durante sus viajes en el Himalaya, el rey conoció, cerca de Wien, a un hombre santo que era de raza blanca y vestía de blanco. Cuando el rey le preguntó su nombre, el santo respondió:

> *"Se me conoce como el Hijo de Dios y nací de una virgen". El santo también le dijo que había sufrido en manos de los malvados, porque les había predicado a los seres humanos y les había dicho que sirvieran al Señor. También le informó al rey que su nombre era Isa-Masiha.*

Esta información describe claramente la reunión entre Jesús y Shali-Vahana, rey de Cachemira. Sólo a Jesucristo se le conoce como el Hijo de Dios. Y el único que se sabe que nació de una virgen es Jesucristo. En segundo lugar, a Jesucristo se le conoce como Isa-Masih en el oriente, incluso en nuestros días. También se le recuerda como *Yusu-Masih.* Esta información es muy arcaica e importante, y a continuación presentamos una traducción de ella.

Mientras tanto, Shali-Vahana, que era nieto de Vikrama-Ditya asumió el poder en el reino de su padre. Derrotó a los invencibles shakas (escitas) y expulsó a las hordas provenientes de China, a los Tatari (Tártaros), a las hordas de Balhika (Bactria), a las de Kam-rupa (Partia), a las de Roma y Khura (Jorasán). Se apoderó de sus tesoros y castigó a quienes merecían castigo. Marcó las fronteras entre el territorio de los arios y el de los mleechas (amalequitas), declarando que a este lado del Sindhu (Indo) era el país de los arios. Este rey justo señaló que el territorio de los mleechas (amalequitas) estaba más allá del Sindhu (Indo). Un día, el rey de los shakas (escitas) vino al Himatunga (Himalaya). Este rey, que era muy poderoso, vio en las montañas de Wien a una persona distinguida que vestía túnicas blancas. "¿Quién eres?", preguntó el rey, y la persona respondió amablemente:

Se me conoce como Ishvara-putaram (el Hijo de Dios),
Kanya-garbam (nacido del vientre de una virgen),
soy devoto de la verdad
y de la penitencia:
les prediqué religión a los mleechas (amalequitas).

Después de escuchar esto, el rey preguntó; "¿Qué religión predicas?". Él respondió:

Cuando la verdad había desaparecido,
se rebasaron todas las fronteras
de la propiedad en la tierra de los mleechas (amalequitas).
Yo aparecí como Isha-Masih (Jesús Mesías).
Se me recibió como Mesías (Cristo)
en la tierra de los mleechas.
Les dije:
Libérense de toda impureza mental y corporal,

reciten con sinceridad la plegaria que se ha revelado;
oren correctamente.
Repitan en su corazón el nombre del Señor nuestro Dios.
¡Mediten en aquél que habita en el sol!
Cuando yo llegué al país de los mleechas,
los malvados y los culpables sintieron dolor
al escuchar mis palabras,
pero me hicieron sufrir en sus manos.
Yo te digo:
La verdad es que todo el poder
está en el Señor, el sol está en el centro
y el cosmos es la contracción de los elementos
que están en movimiento.
Y los elementos, el sol y Dios
existirán por siempre.
La forma de Dios, perfecta,
pura y dichosa, ha entrado en mi corazón.
¡Así se ha establecido mi nombre
y se promulga como Isha-Masih!

Después de escuchar esto de labios de esta persona distinguida, el rey regresó al lugar de donde había venido y obedeció lo que Él le había dicho.[130]

Esta es la traducción correcta de los versos de la antigua obra en sánscrito que lleva el título de *Bhavishya-Maha-Purana,* y que se escribió en el año 115 d.C. En ella se nos dice que Shali-Vahana, rey de Cachemira, conoció a Jesús en Wien, un lugar cercano a Srinagar, Cachemira. En el oriente, a Jesús siempre se le da el nombre de *Yusu-Masih* o *Isa-Masih,* y quienes no profesan el hinduismo, reciben el nombre de mleechas. El tema de la autenticidad de este manuscrito antiguo se trata en el capítulo sobre las Fuentes. No obstante, debe señalarse que el manuscrito proporciona información muy auténtica. En él se dice que Jesucristo habló de sus sufrimientos a manos de los amalequitas, a quienes el autor de la obra en sánscrito que aquí se cita llama mleechas.

También es notable que Jesucristo revele claramente que se le conoce como Hijo de Dios, nacido de una virgen y que se le envió como Mesías al país de los amalequitas. También afirma que él enseña el amor, la verdad y la pureza, pero que sufrió a manos de los malvados. Cuando afirma que el Señor está en el centro del sol, y que los elementos, Dios y el sol existirán por siempre, se refiere al sistema ordenado del cosmos.

Después de derrotar a los escitas y a los demás invasores, Shali-Vahana introdujo una nueva era en el año 3139 de Kalyugi, que corresponde al año 78 d.C. Tuvo que salir de su país para realizar otras conquistas y es probable que su reunión con Jesucristo haya ocurrido en ese mismo año, o antes de 78 d.C.

Espíritu de Dios

Jesucristo era el Espíritu de Dios que tomó el nombre de Yuzu-Asaph en Cachemira.[131] Los musulmanes heredaron esta tradición de los hindúes de la antigüedad, quienes también creían que Jesús fue a Cachemira y se estableció allí. Con estas palabras, Jesús reveló su identidad al rey de Cachemira:

> *Se me conoce como el Hijo de Dios y nacido de una virgen. Como he predicado el amor, la verdad y la pureza de corazón se me llama Mesías.*[132]

Su ministerio en Cachemira

Durante el reinado de Gopananda I (79-109 d.C.), Jesucristo proclamó su ministerio en Cachemira y pasó los últimos años de su vida en el valle. Durante este periodo, Sulaiman viajó a Cachemira para las reparaciones que se hicieron a un templo dedicado a Salomón. Mandó inscribir los siguientes versos en los pilares de *Takht-i-Sulaiman.*

> *Yuzu-Asaph, el Yuzu de las tribus de Israel, proclamó su misión como profeta en el año 54.*

A continuación presentamos la traducción de las páginas relevantes tomadas de la historia persa de Cachemira:

> *El nuevo rey tomó el nombre de Gopananda y empezó a gobernar el valle de Cachemira. Durante su reinado, se construyeron y se repararon muchos templos. Invitó a Sulaiman, de Persia, para que supervisara la reparación de un domo*

Takh-i-Sulaiman (Trono de Salomón).

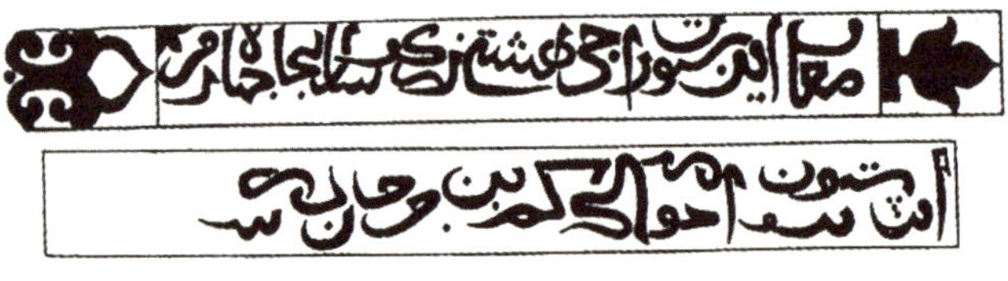

Inscripción.

que había en la cumbre del Monte Salomón. Los hindúes presentaron objeciones diciendo que como él no era hindú, sino que tenía otra religión, no podía reparar el templo sagrado. Precisamente en ese periodo, Yuzu-Asaph llegó de Bait-ul Muqaddas (Tierra Santa) y proclamó su misión como profeta en el Wadi-a-Aqdas (Valle Santo). Se concentraba en la oración, día y noche, y era muy piadoso y santo. Le pidió al pueblo que siguiera las palabras de Dios y muchos se hicieron sus discípulos. El rey le pidió que guiara al pueblo en el camino recto.

En el templo que está en la colina de Shankriyacharya, en Srinagar, Cachemira, había cuatro inscripciones en los muros laterales que rodean las escalinatas de piedra. Las inscripciones estaban en lengua persa y en escritura Sulus. De estas cuatro, dos inscripciones están completamente mutiladas, y Maj H. H. Cole fotografió las otras dos y publicó las fotografías en su libro titulado *Ilustraciones de edificios antiguos en Cachemira*, publicado por W. H. Allen & Co., Londres, en 1869. Esta es la traducción de las inscripciones:

Constructor de este pilar, Raji Bihisti Zargar; año 54.
Este pilar honra a Jehoia-Kim, hijo de Marjan...
Debemos hacer notar que Yuzu-Aseph se casó con Marjan,
en Pahalgam, Cachemira

Cuando terminó las reparaciones del domo, en el año 54, Sulaiman mandó poner estas inscripciones en las piedras de las escalinatas:

En este periodo, Yuzu-Asaph proclamó su misión como profeta. Él era Yusu, el profeta de los hijos de Israel.

He visto en un libro de los hindúes que este profeta era en realidad Isa, el Espíritu de Dios, a Él sea dada la paz y alabanzas. Tomó el nombre de Yuzu-Asaph y pasó su vida en el valle. Después de su muerte, lo sepultaron en la tumba

> *de Anzmar. También se dice que los rayos de la vocación de profeta emanaban del sepulcro del Profeta.*[133]

Según el autor, Jesucristo proclamó su ministerio en Cachemira aproximadamente en el año 54, y este hecho está grabado en las piedras de las escalinatas del domo de Salomón. Podría mencionarse que este edificio antiguo fue reparado varias veces después de las reparaciones que hizo Sulaiman. También lo repararon durante el reinado del Sultán Zain-ul-abidin, en el año 874 d.C. cuando se añadieron cuatro pilares al domo. Por órdenes suyas, las inscripciones antiguas se tradujeron a la lengua persa y se grabaron en cuatro pilares. Un historiador de Cachemira afirma que estas inscripciones revisadas decían:

> *Constructor de este pilar, Raji Bihisti Zargar; año 54. Este pilar honra a Jehoia-Kim, hijo de Mairjan. Yuzu-Aseph proclamó su misión como profeta; año 54. Él es Yusu, el Profeta de los Hijos de Israel.*[134]

Estas inscripciones estuvieron intactas hasta finales del siglo XIX, pero ahora están mutiladas. En la actualidad sólo tenemos la fotografía de dos renglones.[135] Es interesante notar que el año que aparece en las inscripciones es el 54. Como las inscripciones se tradujeron del idioma original a lengua persa, tenemos que encontrar el equivalente exacto del año 54. En la antigüedad, los habitantes de Cachemira se regían por la Era Laukika, que empezó en el año 3076 a.C.

Por consiguiente, el año 3154 de la Era de Laukika correspondería al año 78 d.C. El año que se menciona en las inscripciones es el 54, que en realidad es 3154, que mediante un cálculo exacto corresponde al año 78 d.C. Por lo tanto es evidente que Jesucristo proclamó su ministerio en Cachemira en el año 78 d.C.

Predicación

Se cuenta con algo de información, escasa pero significativa, sobre la estancia de Jesucristo en Cachemira. Se dice que la gente se congregaba a su alrededor, tanto los ricos como los pobres le pedían sus bendiciones y su guía. Jesús les dijo:

Escuchen:
Yo hablo
palabras de sabiduría
y de verdad;
para que ustedes puedan distinguir
entre el bien y el mal.
De hecho, ésta es la religión de aquellos
a quienes llega la palabra de Dios.
Todo aquel que no tome en cuenta la rectitud,
no podrá entrar al cielo.[136]

Jesús había dicho en una ocasión que aquellos que son perseguidos porque practican la justicia entrarán al reino de los cielos.[137] Repitió el mismo sermón en Cachemira. También dijo que quienes escuchan la palabra de Dios y la observan, serán bienaventurados.[138] Aquí, Jesús le pide a la gente que distinga entre el bien y el mal, y en esa forma obedezca la palabra de Dios.

Escuchen:
Yo les digo,
busquen el reino de los cielos
y no el del mundo.
Aquellos que buscan al mundo
perecerán.[139]

Aquí, Jesús les pide que busquen el reino de Dios.[140] En otro lugar predicó lo siguiente:

En verdad
les digo,
la muerte no toma en cuenta el tiempo;
pues ha llegado la hora,
y las aves no tienen poder

contra sus enemigos.
Ustedes se salvarán por la fe.[141]

En las escrituras antiguas decía que los que no buscan a Dios serán condenados a muerte.[142] Nadie tiene poder sobre el aliento vital para poder retenerlo.[143]

Yo les digo,
viajen mientras haya luz,
mantengan en secreto sus buenas obras,
para impedir que sólo se hagan por presunción.
Bienaventurados sean quienes lo hacen,
pues saben
que se les tratará en la misma forma.[144]

La siguiente declaración se atribuye a Jesús:

> *Mi alimento es el ayuno, mi condición general es el miedo, mi ropa es un saco de lana. El sol me calienta en el invierno, la luna me ilumina por la noche, mi medio de transporte son mis pies, mi alimento son las moras del bosque. Cuando duermo no tengo nada conmigo; cuando me levanto tengo las manos vacías. Nadie en la tierra es más rico que yo.*
>
> *Les aconsejo que concentren su pensamiento en Dios y lleven una vida de desprendimiento. Si tienen una aspiración sublime de encontrarse con Dios, concéntrense en Él.*
>
> *Recuerden que si uno emplea toda la energía intentando alcanzar una meta, con pensamientos limpios, una espina podría transformarse en una guirnalda de rosas.*[145]

Jesús enseñó que recibiremos una recompensa por nuestras obras. Aconsejó a las personas que se alejaran de los deseos mundanos y que hicieran el bien. Dijo:

Yo les digo,
rechacen los deseos mundanos,

renuncien a la ira
y a las murmuraciones,
y mantengan puro su corazón.[146]

Parábolas

Una parábola es la narración de un suceso que se adapta de tal manera que presenta una lección moral. Jesús enseñaba con parábolas en una forma muy característica y asombrosa.[147] En el Nuevo Testamento encontramos muchas parábolas que se relacionan con las verdades espirituales más sublimes:

Una vez salió un sembrador a sembrar.
Y al sembrar,
unas semillas cayeron a lo largo del camino;
vinieron las aves y se las comieron.
Otras cayeron en pedregal,
donde no tenían mucha tierra,
y brotaron enseguida
por no tener hondura de tierra;
pero en cuanto salió el sol se agostaron y,
por no tener raíz, se secaron.
Otras cayeron entre abrojos;
crecieron los abrojos
y las ahogaron.
Otras cayeron en tierra buena
y dieron fruto.

Aquí Jesús repite la parábola del sembrador que aparece en el Nuevo Testamento.[148] Pero la parábola que enseñó en Cachemira no termina ahí:

El sembrador representa al sabio;
las semillas son sus palabras de sabiduría.
Las semillas que se comen las aves
son las personas que no entienden.

Las semillas que caen en el pedregal
son las palabras de sabiduría
que la gente no escucha.
Las semillas que caen entre abrojos
representan a las personas que entienden
pero no se apegan a la palabra.
Las semillas que caen en tierra buena
representan a quienes entienden,
obedecen y siguen la palabra.[149]

Crucifixión

Isana vivió en Ishbar en los bancos del Lago Del en Sringar, Cachemira. Fue un santo famoso y todos escuchaban su predicación y tenía muchos devotos. El rey de Cachemira ordenó que Samadhi-mati, uno de sus discípulos más importantes, pasara diez años en prisión. Pero poco después, lo colgaron en una cruz. Isana llegó y vio que habían escrito tres sentencias sobre la cabeza de Samadhi-mati:

Este hombre llevará una vida de pobreza:
Después de diez años de prisión,
se le colgará en un madero.
Después de su resurrección, será rey.[150]

Cuando colgaron a Samadhi-mati del madero, las multitudes fueron testigos de su crucifixión. Durante la noche, llegaron las hadas y danzaron alrededor de su cadáver. Isana se entristeció y se sentó cerca de ese lugar. Al tercer día, Samadhi-mati volvió a la vida. La multitud lo vio asombrada y le ofreció el trono de Cachemira. Él se negó a aceptar esta oferta, pero cuando el pueblo insistió, estuvo de acuerdo en ser su rey. Este extraordinario suceso se describe en un antiguo texto de historia escrito en sánscrito, que reproducimos a continuación:

El rey tenía un consejero llamado Samadhi-mati.
Era el mayor de los sabios,

que se distinguía por su vida maravillosa
y su devoción a Shiva.
Los malvados hicieron que el rey
odiara cada vez más a su consejero,
en quien siempre había confiado,
pues le dijeron
cuídate de esta persona
que puede hacer milagros.
Lleno de ira,
el rey lo desterró
y lo condenó a una vida de pobreza.
Se esparció un informe misterioso que declaraba:
El reino pertenecerá a Samadhi-mati.[151]
Abrumado por sus temores,
el rey encarceló a Samadhi-mati,
donde lo encadenó
y sujetó sus piernas con grilletes.

Estos versos revelan que Samadhi-mati fue uno de los sabios más importantes, que se distinguió por su vida maravillosa y por su devoción a Dios. Los malvados fomentaron el odio del rey hacia él. Entre la gente del pueblo se dio a conocer un misterioso mensaje: "El reino pertenecerá a Samadhi-mati". Por eso el rey se preocupó y ordenó que se encadenara al Santo y que sus piernas se sujetaran con crueles grilletes.

Después el rey ordenó
que en la noche,
verdugos salvajes colgaran a Samadhi-mati
en un madero.[152]
Cuando Isana lo supo,
su corazón quedó destrozado,
a pesar de que él era una persona
que controlaba bien sus sentimientos.
Fue al sitio de la ejecución
para llevar a cabo los ritos funerarios
de este hombre que sufría.

Lo encontró reducido a un esqueleto
que los lobos destrozaban.
¡Su carne se aferraba a sus huesos fijos al madero!

Estas líneas muestran que el rey ordenó que el apóstol fuera crucificado. Por consiguiente, los verdugos salvajes lo colgaron en un madero durante la noche. Cuando Isana escuchó la noticia, se dirigió al sitio de la ejecución. Ahí encontró el esqueleto con la carne aferrándose a los huesos que estaban fijos al madero.

Ahuyentó a los lobos
que no dejaban de aullar
y se llevó el cuerpo.
Sobre su frente habían escrito unos versos:
Tendrá una vida de pobreza,
diez años de encarcelamiento,
muerte en el madero
y después un trono.[153]
Entonces él se quedó ahí
para ver que la profecía se cumpliera,
y observó el esqueleto.
Entonces, en medio de la noche,
estando despierto,
Isana percibió el celestial aroma del incienso.

Lo anterior revela que Isana se llevó el esqueleto del santo. Pero en su frente vio una inscripción según la cual viviría después de la muerte. Isana vio el cumplimiento la predicción. En la noche, las hadas llegaron con incienso y ungüentos celestiales, y el esqueleto recuperó toda la fuerza de sus miembros.

Él vio a las hadas rodeadas
por una aureola de luz;
el esqueleto estaba en medio de ellas
y lo estaban recubriendo con sus miembros.
Ellas lo cubrieron de ungüentos celestiales

e introdujeron el espíritu
de Samadhi-mati en su cuerpo.[154]
Cuando las hadas se fueron se escuchó su voz:
Aquel que nosotras elegimos
se cubrió con un cuerpo celestial;
debido a su noble carácter,
será conocido en la tierra como Arya-Raja,
o el príncipe de los arios.[155]

El extraordinario acontecimiento de una crucifixión, el único incidente de este tipo que se registra en la historia de Cachemira, merece seria consideración, debido al hecho de que la crucifixión de Jesucristo se repitió en Cachemira. También es una extraña coincidencia que las fechas de Samadhi-mati y de Jesucristo son casi idénticas. Además, ambas personalidades tienen características muy parecidas, y debido a eso, este suceso se ha convertido en un misterio.[156]

También es una extraña coincidencia que a Jesús se le conociera como Isa en el oriente. Es posible que el Isana de Cachemira, quien se dice era un gran santo, no fuera otra personalidad sino Jesucristo.

También es posible que en Cachemira hayan crucificado a uno de sus discípulos que tal vez obtuvo la resurrección de manos de Isa. La otra alternativa sería suponer que Isana y Samadhi-mati Arya-raja sean una sola persona, y que Kalhana, el historiador, se haya confundido al narrar la crucifixión de este personaje histórico. Este santo vivió en Ishbar, es decir, en el lugar de Isa, que todavía es objeto de veneración por un sector de la población de Cachemira. Este hecho se menciona en varias obras históricas de Cachemira.[157]

Similitudes

Presentamos ahora las versiones de las tres crucifixiones, las cuales pueden resumirse para mostrar las similitudes que hay entre ellas.

Dios mío, Dios mío, ¿por qué me has abandonado?
¿Por qué estás lejos de mi clamor y mis gemidos?
Me rodea una manada de novillos,
me acorralan toros de Basán.
Me rodea una jauría de perros,
me asalta una banda de malhechores;
taladran mis manos y mis pies.
Pero tú, Señor, no te quedes lejos;
tú que eres mi fuerza, ven pronto a socorrerme.
Yo anunciaré tu Nombre a mis hermanos,
pues el reino es del Señor.[158]

Este texto corresponde a un periodo anterior a Cristo y aparece en el Antiguo Testamento. El segundo texto aparece en el Nuevo Testamento.

Padre, si es tu voluntad, aleja de mi este cáliz.
Se lo llevaron para crucificarlo;
Se repartieron su ropa.
Y ellas regresaron con especias y ungüentos.
Nicodemo fue allá en la noche
trayendo consigo una mezcla de mirra y áloe.
Tomó el cuerpo de Jesús
y lo cubrió con lino y especias.
En la noche, Jesús apareció en medio de ellos
y ellos lo veneraron.
Vayan a todo el mundo y prediquen.[159]

Esta es la tercera descripción de una crucifixión que corresponde a un periodo posterior a Jesús:

Se dio a conocer un informe misterioso:
El Reino pertenecerá a Samadhi.
En la noche, verdugos salvajes lo colgaron en un madero.
Isana lo encontró reducido a un esqueleto.
Los lobos destrozaron su carne arrancándola de los huesos;
Él percibió un aroma celestial de incienso;

los Yoguis cubrieron su cuerpo con ungüentos celestiales;
el espíritu de Samadhi-mati fue introducido en su cuerpo;
los Yoguis exclamaron,
aquel que fue unido a un cuerpo celestial
es el elegido como príncipe de los Arios.

Parece que las tres personalidades que fueron crucificadas sufrieron un destino similar, pero resucitaron después de que se les colgó en la cruz. En el caso de las últimas dos personalidades, se usaron ungüentos celestiales. En el caso de Jesús, los usaron sus discípulos, y en el caso de Samadhi-mati, los usaron los *Yoguis*. Es posible que las tres personalidades sean una misma persona o que sean tres Cristos diferentes. En la mitología budista, tenemos al Buda, y luego tenemos a los que llegaron a ser Budas, conocidos como Bodisattvas. Todos ellos pertenecen a la orden de Buda.

En el caso arriba mencionado, es posible que diversas personalidades que pertenecían a la Orden de Jesucristo hayan venido a este mundo en diferentes épocas.[160]

Jesús y los judíos

Jesús había afirmado que él era el Mesías esperado, pero los judíos lo rechazaron. Aunque los judíos se consideraban el pueblo elegido y creían que su Dios sólo era el Dios de Israel, Jesús creía en una hermandad universal y la predicaba. Era un disidente, y por esa razón lo crucificaron.

Además, Jesús desarrolló fuertes vínculos con los Esenios que vivían como ascetas en las inmediaciones del Valle de Khirbet Qumran. Aunque esta orden monástica pertenecía a otro mundo, su carácter era judío. En realidad, era un grupo disidente que reconocía como líder a un "Maestro de Rectitud", y no a Moisés. Para los judíos, Jesús no era el Mesías que habían esperado durante tantos años; era su enemigo que había modificado la Ley.

Sin embargo, el movimiento mesiánico iniciado por el Mesías o el Cristo continuó ganando terreno, no sólo en Jerusalén sino también en las zonas dominadas por los romanos. Claudio, que gobernó a Roma del año 41 al año 54 d.C., tuvo que "expulsar de

Roma a los judíos que causaban motines a causa de Chrestus".[161] Esto significa que de hecho existía en Roma una comunidad cristiana poco después de la partida del Maestro. Los apóstoles y sus seguidores esparcieron la palabra más allá de las comunidades judías y la llevaron a los paganos.

Pedro en la India

Jesucristo había predicho que Pedro lo negaría tres veces. Después de que Jesús les dio el nuevo mandamiento, Pedro le preguntó a dónde iría para poder seguirlo. Jesús le respondió:

> *A dónde yo voy*
> *no puedes seguirme ahora;*
> *pero me seguirás después.*[162]

Esta profecía revela claramente que Jesucristo predijo que Pedro lo seguiría más tarde. Por consiguiente, tendremos que averiguar qué pasó con Pedro después de la crucifixión.

Es un hecho que Pedro negó que conocía a Jesucristo, y cuando se alejó buscando un lugar seguro, cantó el gallo. Cuando una sirvienta lo vio y dijo que él era uno de los discípulos, él lo negó de nuevo. Cuando lo presionaron para que dijera la verdad, juró que nunca había conocido a Jesucristo. Había dicho una mentira, sintió remordimiento y lloró.[163] Jesús también había predicho que Pedro edificaría su iglesia sobre una roca, y que las puertas del infierno no prevalecerían contra ella. Dirigiéndose a Pedro dijo:

> *Te daré las llaves del reino de los cielos:*
> *lo que ates en este mundo,*
> *también quedará atado en el cielo;*
> *y lo que desates en este mundo,*
> *también quedará desatado en el cielo.*[164]

Es significativo que de entre todos sus discípulos, Jesús no sólo informó a Pedro que tendría que seguirlo más tarde, sino que también le dio "las llaves del reino de los cielos". Esto significa que Jesucristo lo nombró su sucesor. Es natural que después de la huida de Jesucristo, su sucesor lo siguiera a tierras lejanas.

Poco después de la crucifixión, los discípulos de Jesús se reunieron y Pedro habló con ellos.[165] Después inició su labor misionera y aproximadamente tres mil personas se convirtieron al cristianismo.[166] Pedro y Juan predicaron en Jerusalén durante cierto periodo y gracias a eso el número de cristianos llegó a aproximadamente cinco mil.[167] Ambos fueron arrestados y presentados ante el consejo de los judíos. Los sacerdotes los reprendieron y les advirtieron que no hablaran en nombre del Señor. Mientras tanto, muchas personas, entre ellas Bernabé, les dieron apoyo moral y financiero. Entre quienes los apoyaron estaba Ananías, que vendió sus posesiones y entregó a Pedro parte de su valor.[168]

Los saduceos persiguieron a los apóstoles de Jesucristo y los encarcelaron, pero durante la noche los ángeles les abrieron las puertas y los liberaron. De nuevo predicaron en nombre de Jesucristo y de nuevo fueron presentados ante el consejo. Una vez más les ordenaron suspender sus actividades, pero Pedro y los demás apóstoles dijeron que tenían que obedecer a Dios y no a los hombres. Los sacerdotes querían acabar con ellos, pero se salvaron gracias a la intervención de Gamaliel.[169]

Poco después, Esteban fue arrestado y lapidado a muerte. Pedro fue a Lida y sanó a Eneas, que había estado enfermo a lo largo de ocho años.[170] Luego fue a Joppa y le devolvió la vida a Dorcas, que había muerto. Permaneció ahí durante cierto tiempo, y luego se dirigió a Cesarea donde convirtió a Cornelio y a otras personas. Poco después, Santiago fue asesinado y Pedro fue encarcelado por órdenes de Herodes.[171]

Una noche, un ángel lo rescató de la prisión. Herodes, iracundo, mandó matar a los custodios de la prisión por negligencia. Pedro viajó a Cesarea y vivió allí durante cierto tiempo. Después se nos informa que estuvo en Antioquía, donde Pablo lo reprendió por no querer comer con los gentiles.[172]

Pablo predicó la doctrina entre los romanos, los corintios, los gálatas, los efesios, los filipenses, los colosenses y los tesalonicenses. Pedro consideró que el oriente era muy importante y se dirigió a los extranjeros que estaban dispersos en los territorios de Ponto, Galacia, Bitinia, Capadocia y Asia.[173] Al dirigirse a las naciones orientales dijo:

> *Pero vosotros sois una familia escogida,*
> *un sacerdocio al servicio del Rey,*
> *una nación santa,*
> *un pueblo adquirido por Dios,*
> *destinado a anunciar las obras maravillosas de Dios,*
> *que os llamó a salir de la oscuridad*
> *y entrar en su luz maravillosa.*
> *Antes, ni siquiera erais pueblo,*
> *pero ahora sois pueblo de Dios;*
> *antes Dios no os tenía compasión,*
> *pero ahora tiene compasión de vosotros.*[174]

Al dirigirse a los asiáticos, Pedro los alaba diciendo que son santos y que son un pueblo elegido. También les dice que antes no estaban en el buen camino, pero que ahora ya lo están y que han recibido la misericordia de Dios. Es significativo que todo esto haya sucedido cuando Jesús "los llamó y los sacó de las tinieblas".

Pedro habló con los asiáticos en Babilonia, lo que muestra que su objetivo final no era Europa sino Asia. En su segunda carta no indica el nombre del lugar desde donde escribió, pero en su primera carta revela claramente que escribe desde Babilonia, en presencia de Silvano y de Marcos.[175] Después de esto, no se sabe nada sobre el paradero de Pedro, pero es evidente que debe haber seguido a Jesucristo como él lo había predicho anteriormente.[176] Los descubrimientos posteriores han revelado que, al igual que Tomás, Pedro visitó la India y llegó a Taxila.[177] En su trabajo de investigación, Shaikh Abdul Qadir, pide a los eruditos que estudien una estatua de bronce que descubrieron los arqueólogos de la India en Char-saddha; se publicó una fotografía de esta estatua sin identificación.[178]

Esta estatua de bronce es un ejemplo de las antigüedades cristianas que se han encontrado en la India. Representa a Pedro sentado en una silla y vistiendo ropajes reales. Su barba y su cabello son abundantes y rizados. En una mano sostiene una llave y su otra mano está levantada como si estuviera dando una bendición. La estatua es una obra maestra del arte de Gandhara. Según los orientalistas de occidente, esta estatua representa a Pedro, quien llegó a Gandhara después de la crucifixión.[179]

También podría mencionarse que las características de la estructura ósea, el cabello y la barba abundantes y rizados, y las facciones del rostro confirman que la estatua representa a una persona del grupo mediterráneo perteneciente a los natufienses mesolíticos de Palestina.

Fallecimiento de Jesús

El fallecimiento de Jesús, al igual que su advenimiento, está envuelto en el misterio. Mientras que los Evangelios nos dicen que Jesús murió a la edad de 30 años, los escritores orientales nos dicen que tuvo una larga vida de aproximadamente 115 o 120 años.

Al acercarse la muerte, mandó llamar a su discípulo Babad y expresó ante él su última voluntad, en lo que se refiere a su misión. Le pidió que le preparara un sepulcro en el mismo lugar donde muriera. Entonces extendió las piernas hacia el occidente y la cabeza hacia el oriente, y expiró. Que Dios lo bendiga.[180]

Según otro relato, Jesucristo terminó su vida mortal a los 120 años de edad.[181] Babad se encargó de las ceremonias de su funeral y lo hizo siguiendo las tradiciones judías.[182]

¿Quién fue Babad, la persona que Jesús mandó llamar justo antes de morir? Tomás era el hermano gemelo de Jesucristo, y su verdadero nombre era Judas. Su obra, los *Hechos de Tomás,* escrita en lengua siriaca, se conoce como Hechos de Judas Tomás o como Hechos de Judas el Gemelo. En el Evangelio, se dice que Judas era el hermano de Jesús.[183]

En arameo, Tomás significa Gemelo, en griego se dice Dídimo, en siriaco se dice Tomás, en nestorio se dice Temo y en árabe se dice Tuam. Podríamos señalar que Babad también significa "gemelos que una misma madre amamanta".[184]

Esto explica por qué el "otro" relacionado con Kamal-Ud-Din dice que Tomás es Babad.

Jesucristo falleció en el año 109 d.C. Fue un día de gran duelo para los que vivían en Cachemira en ese entonces. Según la tradición judía, el cadáver debía permanecer en un nicho, y después de su descomposición, sus huesos se conservaban en un cofre de madera o de piedra. No contamos con mucha información al respecto. Sólo sabemos que el cuerpo de Jesús fue colocado en el sepulcro de acuerdo con la tradición judía.[185] Para acabar con las controversias de una vez por todas, es necesario abrir la tumba actual y encontrar la reliquia sagrada, que podría ser un féretro de madera, de piedra o de barro.[186]

Sobre su sepulcro se edificó un gran monumento que llegó a ser un sitio al que llegaban muchas peregrinaciones de todo tipo de personas, tanto ricas como pobres. La gente llegaba con ofrendas y presentaba ahí sus plegarias.[187] Tomás, que había dedicado toda su vida a servir a Jesucristo, sufrió una gran pena por la muerte de Jesús y viajó a Malabar para predicar entre la gente del sur de la India, donde estableció siete iglesias.[188] Murió como mártir en Maelapur, en Madras y ahí lo sepultaron.

Sus discípulos se llaman Cristianos de Santo Tomás y sólo celebran dos rituales: el del Bautismo y el de la Cena del Señor.

La tumba de Yuzu-Asaph

La Tumba de Yuzu-Asaph se encuentra en Anzimar, Khanyar, Srinagar, la capital veraniega de Cachemira. Srinagar, que significa ciudad del sol, es una ciudad antigua. Está dividida en sectores, como la ciudad vieja y la ciudad nueva, y la tumba se encuentra en la ciudad vieja. La gente de Cachemira la llama Rozabal, que significa el sitio de la tumba, y afirman que es la tumba de Yuzu-Asaph. Este profeta llegó a Cachemira hace mil años, y predicó utilizando las mismas parábolas que usó Cristo.[189] La tradición local popular relaciona a este profeta con la tumba de

Jesucristo.[190] Algunos dicen que es la tumba del Profeta del "pueblo del Libro".[191]

En el *Bagh-i-Sulaiman* hay un poema sobre la tumba de Yuzu-Asaph, el cual presentamos a continuación:

¡Aquí está la famosa tumba!
¡El sepulcro del profeta
que tanto nos ilumina!

Quienes se inclinan ante él
reciben luz interior, solaz y contento.
Según una tradición,
hubo un príncipe muy próspero,
piadoso y grande que recibió el Reino de Dios.
Fue fiel al Señor,
quien le ordenó que fuera su profeta.
Por su gracia llegó a ser el guía
del pueblo del valle de Cachemira.

La Tumba de Yuzu-Asaph.

Esta es la tumba del profeta
que se conoce como Yuzu-Asaph.[192]

Decreto 1194 - A.H.

El Decreto que el Gran Mufti de Cachemira otorgó al custodio de la tumba con fecha 1194 A.H., 1776 d.C., declara que en esta tumba hay dos sepulcros: uno es el de Yuzu-Asaph, que fue enviado como profeta para el pueblo de Cachemira durante el reinado del Rey Dopadatta; el otra sepulcro es el de un descendiente de la familia del Profeta del Islam.[193] Esta es la traducción del decreto:

EL SELLO DEL JUEZ DE ISLAM
Mulla Fazil
1194 - A.H.

En este tribunal supremo de justicia, en el Departamento de Aprendizaje y Piedad del Reino.

Presentación

Rehman Khan, hijo de Amir Khan, declara que: los reyes, los nobles, los ministros y la multitud, llegan de todas direcciones para rendir homenaje y presentar ofrendas en dinero y en especie, ante el santuario santo y sublime de Yuz-Asaph, el Profeta, que Dios lo bendiga.

Declara que

Él es el único que puede reclamar el derecho de recibir las ofrendas y utilizarlas, y nadie más tiene ningún derecho sobre estas ofrendas.

Solicita que

Se emita una acción de cumplimiento dirigida a todos los que interfieran, y que se impida que otros interfieran con estos derechos.

Veredicto

Ahora, este tribunal, después de obtener evidencias, llega a las siguientes conclusiones:

Se ha establecido que durante el reinado del Rajá Gopadatta, que construyó muchos templos y mandó reparar otros, en especial el Trono de Salomón en la Colina de Salomón, Yuzu-Asaph llegó al valle. Él es, por descendencia, un príncipe; fue piadoso y santo, y renunció a las metas terrenales. Dedicó todo su tiempo a la oración y a la meditación. Dios Todopoderoso envió a Yuzu-Asaph como un profeta para los habitantes de Cachemira, que se volvieron idólatras después del diluvio de Noé. Él proclamó la unidad de Dios hasta el día de su muerte. Yuzu-Asaph fue sepultado en Khanyar a la orilla del lago, y el santuario se conoce como Rozabal. En el año 871 A.H., Syed Nasir-ud-Din, descendiente de Imam Musa-Raza, también fue sepultado en la tumba de Yuzu-Asaph.

Órdenes

Como el santuario recibe visitas de los devotos, que son personas de clases altas y gente común, y como el solicitante, Rahman Khan, es el custodio hereditario del Santuario, se ordena que él tenga el derecho de recibir las ofrendas que se presentan en el santuario, como lo ha hecho antes, y nadie más tendrá ningún derecho a tales ofrendas. Entregado bajo nuestra mano, 11 de Jamad-ud-Sani, 1184 A.H.

Firmas y sellos:

Mulla Fazil	Adul Shakoor
Mohammad Aza	Mohamad Akbar
Hafiz Ashan Ullah	Raza Akbar
Khizar Mohhammad	Atta
Faqir Baba	

Este Decreto, emitido por el Tribunal Supremo de Cachemira, presidido por el Gran Mufti y otros jueces, afirma claramente

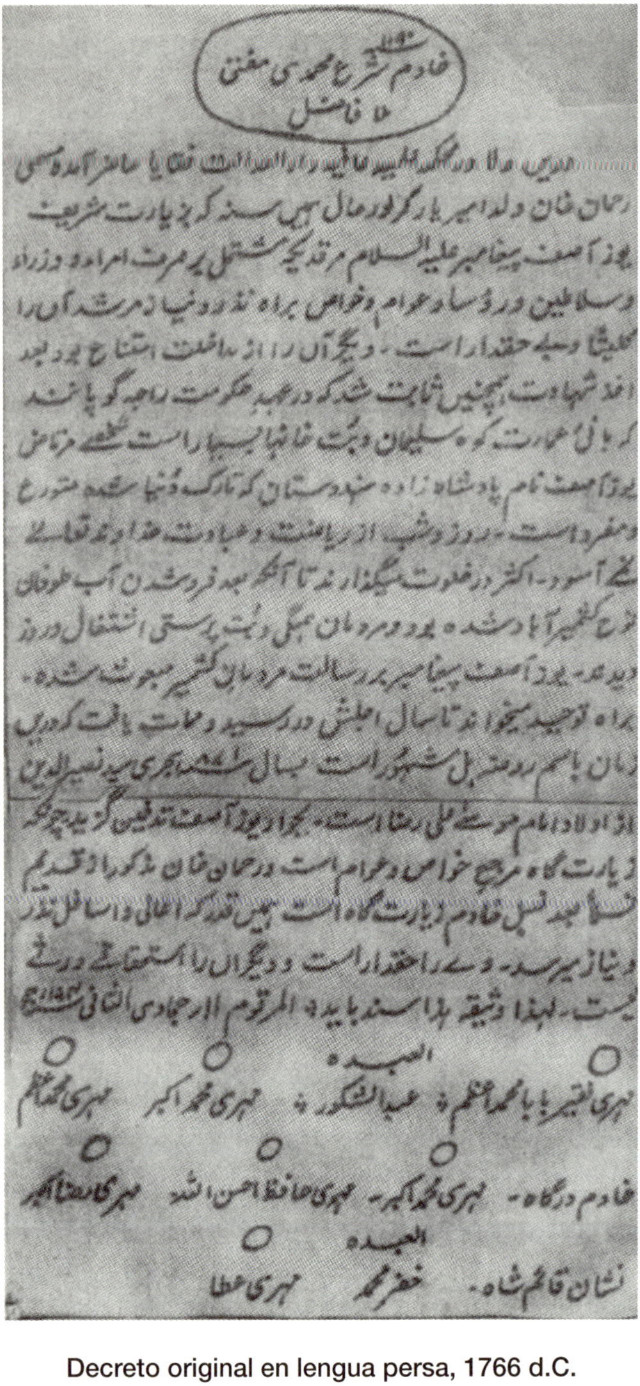

Decreto original en lengua persa, 1766 d.C.

que Yuzu-Asaph fue enviado como profeta al pueblo de Cachemira.

Arquitectura de la tumba

El edificio actual, que se construyó de ladrillo y argamasa, se eleva sobre el antiguo sepulcro de piedra. El edificio es rectangular y tiene una antesala. Al este de la estructura se encuentra un cementerio.

La base o plinto del edificio actual es en realidad una estructura rectangular rodeada de paredes hechas con grandes bloques de piedra cincelados. Recientemente, los antiguos muros de piedra se recubrieron de cemento, pero la porción superior de la puerta de acceso original a la cripta todavía es visible. Sus pie-

Cruz de madera, sarcófago de Yuzu-Asaph, Razabal, Srinagar (fotografía tomada por el autor en 1975).

Disco metálico que cuelga sobre la puerta principal.

Puerta principal que lleva al sarcófago de Yuzu-Asaph.

Muro de la tumba.

Eva María Teja tomó estas fotografías en 2004, corriendo un gran riesgo.
En la actualidad, no permiten que se tomen fotografías del exterior o del interior.

dras decoradas se recubrieron con cemento. La cella[2] es una estructura muy antigua decorada internamente, pero en la actualidad, el acceso a ella está bloqueado por un camino que está en el lado oeste y que se construyó hace poco tiempo. También hay un pequeño nicho al norte de esta puerta de acceso. Esta cella es el sepulcro original que contiene los restos de Yuzu-Asaph. La estructura superior consta de lo siguiente:

1. Un sarcófago externo hecho de madera.
2. Un sarcófago interno hecho de madera.
3. Dos lápidas artificiales.
4. Una loza de piedra con huellas de pies talladas.

Sarcófago.

2 Espacio interior que constituye el núcleo de la construcción en los templos griegos y romanos. De forma rectangular, comunica por uno de sus lados con el pronaos o pórtico.

Piedra del sepulcro y cruz de madera.

5. Una loza de piedra o lápida rectangular.
6. Una cruz de madera.
7. Un incensario de madera.

La entrada a la tumba desde el sur y la puerta de madera tienen finos grabados. Lo extraño es que representen cruces. El techo está hecho de delgados trozos de madera que forman patrones geométricos al estilo que se conoce como Khatumbandi en la arquitectura de Cachemira.

La superficie está decorada con el tipo de azulejos vidriados que fueron populares antes de 1526 d.C. Las ventanas están cubiertas con una elaborada tapicería hecha de madera, a la que se dio forma entretejiendo trocitos de madera y formando un patrón geométrico. Los muros están construidos de ladrillo y argamasa, y las piezas decoradas de madera se proyectan hacia el exterior. Esto muestra que el sepulcro original, hecho de piedra, está medio sepultado bajo tierra, y la estructura actual de ladrillo, argamasa y madera se erigió aproximadamente en el siglo XVI.[193]

Esta tumba se construyó al estilo judío y tiene una habitación subterránea con una puerta lateral. El santuario es muy distinto a los santuarios musulmanes, que tienen el estilo budista con domos cónicos.

Cerca de la tumba hay una lápida en la que se grabaron huellas de pies que tienen las marcas de la crucifixión, la impresión de un pie tiene un pequeño orificio redondo y la otra tiene una cicatriz. Estas huellas son obra de un artista desconocido de la antigüedad. Como tienen las marcas de la crucifixión, es posible que Jesús en persona las haya grabado.[194]

Devotos y peregrinos

Los devotos y peregrinos visitan la tumba de Yuzu-Asaph todos los días, muy temprano en la mañana y también en la noche. Tienen la costumbre de rasgar un trozo o un hilo de su ropa y atarlo alrededor del sepulcro de madera como señal de veneración.

Tumbas y reliquias

Las excavaciones arqueológicas han revelado la existencia de muchas tumbas y reliquias cristianas en el noroeste del subcontinente de la India. Estas reliquias se han encontrado en Ladakh, en Afganistán, y en regiones de Asia Central. En Ladakh, en la zona de Tangste, hay enormes piedras con inscripciones en arameo y con cruces. En algunas de las cruces también está escrita la palabra Yuzu.

Sarcófago de Yuzu-Asaph, hecho de madera que se encuentra en Rozabal.

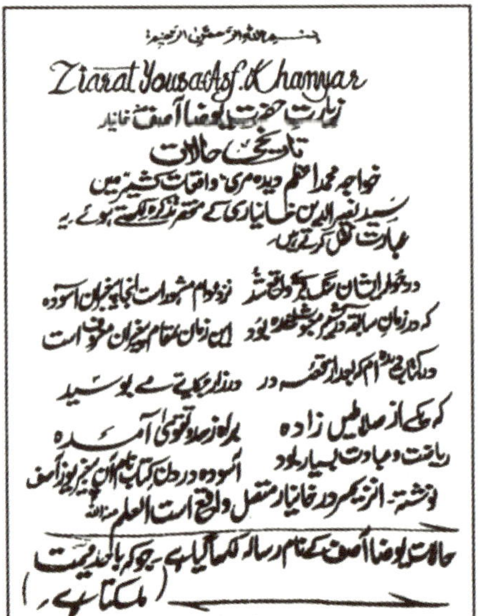

Ziarat Yousaf Asf Khanyar

Inscripción histórica en Rozabal.

En el norte de la India se han encontrado varias cruces y tablillas al llevar a cabo excavaciones en diversos lugares. Se han encontrado restos de tumbas y se asegura que corresponden a cristianos de culto nestoriano, que se establecieron en estas regiones después de separarse de la Iglesia Católica Romana, aproximadamente en el año 428 d.C.[195]

Antiguas tumbas cristianas

Es interesante que se hayan encontrado antiguas tumbas cristianas a lo largo de toda la costa de Makram, desde Harmozia hasta Karachi. Estas tumbas y sepulcros están decorados con lápidas que tienen símbolos cristianos. Estas tumbas cristianas se han encontrado en Baluchistán, y también en Kullu, Kangra, Mandi y otras zonas del Himalaya. Tumbas similares también se han encontrado en Kalat. La descripción de esas tumbas que entonces presentó *Estudios arqueológicos de la India* se resume a continuación:

> *Hinidan se encuentra en el banco derecho del río Hab, cerca de Las Bela en Sindh, Paquistán. En este lugar hay un cementerio de gran extensión en el que se encuentran casi cien sepulcros adornados con lápidas de arenisca amarilla.*
>
> *Estas tumbas se construyeron con capas de losas grabadas y tienen la apariencia general de pirámides delgadas. Una característica peculiar de la ornamentación es que las losas superiores de algunas de estas tumbas tienen representaciones crudas de cruces. En algunos casos, el diseño muestra una figura humana con los brazos extendidos, montada en un borrico con la representación de un crucifijo. Algunas losas muestran un caballero armado montado a caballo, pero hay una cruz latina sobre la cabeza del caballo. Otra losa muestra una pequeña cruz en el rostro del jinete. Otra característica no islámica de estos sepulcros es la forma peculiar de la sepultura, que es siria y también romana.*[196]

Antiguas lápidas de tumbas cristianas en el noroeste de la India.

Es posible dividir las tumbas en dos categorías: los sepulcros de cristianos antiguos y las tumbas de musulmanes que llegaron después. Tal vez haya una tercera categoría de hindúes. La representación de la cruz en estas losas prueba que algunas de las tumbas son de una comunidad cristiana. Los caballos, las lanzas y las espadas simbolizan los viajes y las luchas contra los enemigos. Las tumbas con inscripciones en árabe prueban que esta comunidad aceptó el Islam en una etapa posterior. El símbolo del loto en algunas losas indica inclinaciones budistas o una costumbre hindú. Sin embargo, la característica más importante de estos sepulcros es el estilo de la sepultura, que es siria y romana, lo que a nivel local se conocía como *Shami* y *Rumi*. Este estilo de sepultura no se conoce mucho en la India y no se ha encontrado en ningún otro lugar excepto en los lugares antes mencionados. Esto muestra que los sepulcros corresponden a cristianos sirios y romanos que viajaron al oriente buscando a Jesucristo.

Durante las excavaciones arqueológicas en algunos sitios antiguos de Afganistán y Cachemira, se han encontrado fragmentos de vasijas tipo Celadon. Los judíos fueron quienes inventaron esta variedad de vasijas. Esto muestra que los semitas de hecho se establecieron en esta región durante la antigüedad y establecieron pequeñas colonias. También es asombroso que las estructuras básicas de muchos monumentos antiguos revelen su origen semita. Sus entradas principales están en el muro oriental, lo que significa que estos monumentos se orientan hacia el occidente. Esto no ocurre en los templos budistas o en los templos del shaivismo.[197]

De manera similar, en Cachemira se han encontrado algunas tumbas orientadas de este a oeste, lo que prueba su origen judío. Cuando Nadir Shah Durani marchó hacia la India, el jefe de la tribu Yousafzai le dio un ejemplar de la Biblia escrita en hebreo. También le presentaron varios artículos que se usan en el culto. Algunos de los soldados de Nadir Shah Durani que profesaban el judaísmo los reconocieron de inmediato como artículos religiosos pertenecientes a su fe.[198]

En la galería al aire libre del Museo Shri Pratap Singh de Srinagar, Cachemira, hay una losa en exhibición que mide 85 centímetros cuadrados. Esta losa tiene un grabado que muestra una estrella de seis picos en un círculo y con un círculo pequeño en el centro. Cada pico de la estrella mide 25 centímetros de largo. Esta figura está formada con dos triángulos equiláteros entretejidos, y es la Estrella de David, un símbolo judío. Esos símbolos, grabados en piedra, se encuentran en diferentes partes del valle, y se usan como base *pranali* para el *lingam.*

En lo que concierne a la arquitectura, la cúpula se popularizó mucho durante el gobierno de los reyes musulmanes. En ciertos edificios, se adoptó el estilo de una cúpula sobre otra, al que se puede dar el nombre de arquitectura de cúpula doble. Sólo existen muy pocos edificios de cúpula doble en el mundo. El más antiguo es la Tumba de la Roca en Jerusalén, también la tumba de Timur en Samarcanda. En Cachemira, la tumba de la madre del Sultán Zain-ul-abidin y el Dumit que está cerca de Sowara, Srinagar, tienen el mismo estilo de cúpulas dobles.

Un jinete con una cruz

En el valle de Cachemira se han encontrado monedas de Demetrio de Siria, de Alejandro Magno, de Eucrátides el Grande, de Apolodoto, de Hipostrato, Azilises, Lisiano, Hyreodes, Spalyrises, Gondaphara y Abdagases, lo que comprueba el hecho de que los griegos gobernaron Cachemira.[199] La escritura Kharoshti, que se escribe de derecha a izquierda como las escrituras semitas, fua popular en las regiones al noroeste de la India desde el tercer siglo antes de Cristo hasta el tercer siglo después de Cristo. Esta escritura aparece en las monedas griegas, escitas, partas y kushanas.[200] Un sello Kushana muestra a un dignatario a caballo que lleva en la mano una cruz.[201] También es un hecho que tribus escitas que habían aceptado el cristianismo cruzaron el Indo y se establecieron en las regiones al noroeste de la India, lo que incluye a Cachemira.[202] Es interesante notar que el dignatario que aparece en este sello se menciona en la leyenda griega y kushana donde se le da el nombre de Ra Dso, que significa Rajá. Por consiguiente, es evidente que el Rajá o Raza de los escitas, después de cruzar el Indo, llegó a Cachemira con su tribu

Rey sosteniendo una cruz, primer siglo.

con el propósito de subyugar al pueblo e imponerle la religión cristiana.

El jinete, cuyo caballo es de Asia Central, lleva un sombrero con dos borlas, lo que revela su algo rango. El hecho de que lleve una cruz en la mano indica que es cristiano y que viaja con este emblema con el propósito de propagar el cristianismo. Su brida es de Asia Central y su cinturón es griego.

También se han encontrado decoraciones relacionadas con títulos en Char-saddah, cerca de Taxila. Representan escenas de la crucifixión, cruces y caballos. Estos hallazgos arqueológicos datan de principios del primer siglo d.C.

Huellas de pies en piedra

Kurt Berna examinó la losa que tiene impresiones de los pies de Yuzu-Asaph, que se encuentra en la esquina de la tumba interior en Srinagar, e informó lo siguiente:

> *En este caso, es muy interesante encontrar la reproducción de las heridas de clavos en el pie izquierdo, cerca del dedo*

Losa con la impresión de pies heridos.

gordo. Pero la reproducción de la herida producida por el clavo en el pie derecho está exactamente donde debería estar de acuerdo al punto de vista clásico. Esto podría explicarse diciendo que este hombre fue crucificado con el pie izquierdo sobre el pie derecho, y que un solo clavo penetró en ambos pies.

En segundo lugar, el examen de los pies revela que no son las huellas reales de los pies del hombre, sino que la persona que esculpió la piedra conocía los hechos relacionados con su crucifixión. Por consiguiente, quería indicar en forma prominente el hecho de que un clavo había atravesado sus pies, utilizando marcas que lo señalaran. Sabía que este hombre había sido crucificado y que sus pies habían sido atravesados por el clavo cuya marca tenían. Por lo tanto, grabó las plantas de los pies con estas marcas distintivas.

En tercer lugar, es un hecho que cuando estas impresiones de los pies se comparan con la Sábana Santa de Jesucristo que se encuentra en Turín, se descubre que en este caso la crucifixión también se llevó a cabo colocando el pie izquierdo sobre el pie derecho y que luego se introdujo el clavo. Después de un examen minucioso de la Sábana Santa, parece que la rodilla izquierda estaba más rígida y más arqueada que la pierna derecha.

Como conclusión, las indicaciones sugieren que el hombre de la Sábana Santa de Turín y el hombre que está sepultado en la tumba de Srinagar, son la misma persona.[203]

Cronología

Es muy difícil establecer las fechas de los diversos acontecimientos del periodo de vida de Jesucristo. No obstante, se realizó un esfuerzo para elaborar una cronología funcional.

El Verbo se hizo carne	Era peleolítica.
Advenimiento posterior	6 a.C.
Huida a Egipto	4 a.C.
Primer viaje	7 d.C.
Regreso a Jerusalén	28 d.C.
Bautismo	33 d.C.
Ministerio	35 d.C.
Crucificción	36 d.C.
Llegada a Taxila	49 d.C.
Llegada a Cachemira	60 d.C.
Conoce al Rey de Cachemira	78 d.C.
Fallecimiento	109 d.C.

Los cristianos de Santo Tomás

Debido al surgimiento del imperio Kushana, el valle de Cachemira quedó bajo su dominio. Como que los nuevos gobernantes apoyaron al budismo, los sahivitas sufrieron innumerables dificultades y cayeron en el olvido. Los budistas se apoderaron de todos los edificios religiosos, incluyendo la tumba de Yuzu-Asaph. Tomás salió del país y se dirigió al sur de la India.

Existen registros según los cuales los judíos llegaron a las costas occidentales de la India aproximadamente en el año 280 a.C., después de la segunda profanación del Templo de Jerusalén.[204] Estas tribus se establecieron en Bombay, Goa, Daman, Dieu, Cochín y Sri Lanka. Debido a levantamientos políticos en la región norte de la India, algunos grupos de semitas emigraron al sur de la India, esta migración continuó hasta el año 175 a.C.[205]

Estas migraciones continuaron durante cierto tiempo, y Airvi, el rey de la región, les dio permiso de establecerse en su reino. También existen registros según los cuales Isappu Habban, el Sumo Sacerdote de los judíos, los guió al reino de Airvi.[206] Durante estas migraciones, Tomás salió de Cachemira y llegó a Maelapore. Estos inmigrantes judíos llegaron de Cachemira y mencionaron los nombres de muchas otras colonias en el norte de la India.[207]

Ya hemos señalado antes que Habban fue quien acompañó a Tomás en su viaje por mar a la India.[208] También existen registros según los cuales estas tribus israelitas bajaron desde el norte y se establecieron en el sur de la India. También es probable que Tomás haya sacado a algunos judíos de Cachemira. Existen registros según los cuales las tribus judías llevaron consigo sus escrituras. Existe información sobre el hecho de que llevaron consigo el Libro de Moisés escrito sobre piel, cuando viajaron desde Cachemira hasta el sur de la India.[209] Después de establecerse en Maelapore, Tomás inició sus actividades misioneras. Estableció siete iglesias en la región, que estaba bajo el dominio de los Brahamanes Sahivitas. Las castas inferiores, como las de los Shudras y los Vaishyas, se convirtieron al cristianismo. Tomás también logró convertir a Tercia, la reina de Mazdal. Los Brahamnes incitaron a las masas contra el rey, y Tomás fue martirizado durante un motín.

Aunque la Iglesia de Malabar, que fundó Tomás, era independiente en ciertos aspectos, tenía vínculos con la Iglesia de Edesa, y desde el año 325 d.C. ha pertenecido a la Sede Patriarcal de Antioquía.[210] Esta Iglesia ha pertenecido a la Iglesia oriental durante mucho tiempo. Roma, con una actitud de desprecio, le dio el nombre de Nestoriana, pero en realidad es la Iglesia Católica de Asiria. En cierta época fue la Iglesia de Persia, e incluso de China. En el siglo V d.C., esta iglesia estuvo bajo la jurisdicción del Patriarca de Mosul. La Iglesia tiene varias ramas, y una de ellas tiene vínculos con Roma.[211]

La comunidad cristiana del sur de la India, adoptó el nombre de Cristianos de Santo Tomás, quien fundó su iglesia en la segunda mitad del primer siglo d.C.[212] El sepulcro de Tomás se encuentra cerca del Fuerte Saint George en Madrás, en el Sur de la India, donde se conservan sus reliquias. Se podría mencionar que después de que Tomás salió de Cachemira, el valle fue testigo de muchas revoluciones y levantamientos políticos. Los kushana, que favorecieron al budismo, fueron reemplazados por los hunos, que favorecieron al shivaísmo. Posteriormente, los budistas fueron desterrados de la región y huyeron hacia las regiones montañosas de Ladakh. El hinduismo dominó hasta el siglo XIV, cuando los budistas que aún quedaban aceptaron el Islam. El resultado neto de estas persecuciones a manos de los reyes que precedieron a los Kushana, fue que no quedó en el valle de Cachemira ningún semita que profesara el judaísmo o el cristianismo. Todos se asimilaron al shivaísmo, al vishnuismo y al hinduismo; y los ortodoxos huyeron hacia el sur de la India para unirse a los cristianos de Santo Tomás.

No contamos con información sobre la Antigua comunidad cristiana de Cachemira; sólo se sabe que abandonaron sus creencias anteriores y aceptaron la filosofía nestoriana. También se ha descubierto que existieron iglesias nestorianas en Cachemira en la antigüedad, y también hubo colonias nestorianas.[213]

Ullah Barkat escribe:

> *Recientemente se han encontrado varias cruces provenientes de tumbas en los valles del norte de la India. Su construcción, su arte y sus grabados revelan que son cruces nestorianas.*
>
> *También se sabe que las tumbas eran nestorianas. Esto establece el hecho de que en la antigüedad hubo iglesias y poblados de nestorianos en Cachemira.*[214]

Se sabe que cuando llegó el Profeta del Islam, había poblados judíos y cristianos en el Valle de Cachemira. El texto relacionado con esto dice:

> *Tenían cuarenta sacerdotes que eran eruditos, conocían a fondo el Talmud, la Torah, la Biblia y el Apocalipsis de Abraham. Solían estar presentes en el tribunal real y emitir veredictos en los casos que les asignaba el rey de Cachemira.*
>
> *Cuando llegó el Profeta del Islam, sintieron que su llegada se mencionaba en sus escrituras. Por lo tanto, para realizar investigaciones, enviaron una misión a Balkh, en Asia Central, bajo el liderazgo de su representante "Gabam-Hindi", quien poco después regresó como musulmán. Después de este acontecimiento, los cristianos de Cachemira se unieron al Islam en forma coleciva.*[215]

A pesar de que esta información, recopilada de fuentes persas, es muy limitada, es significativa e importante. Muestra que antes del siglo V d.C. hubo poblados cristianos en el valle de Cachemira.

En 1569, Akbar, el emperador mogol, inició la construcción de su nueva capital en Fatehpur Sikri, a 22 millas de Agra, y la terminó 15 años más tarde. Entre los edificios religiosos más importantes que construyó se encuentran el Jamia Masjid, el mausoleo de San Salim Chishti y el Buland Darwaza. Akbar mandó grabar la siguiente parábola en la entrada:

Jesús, el hijo de María, dijo:
Este mundo es un puente;
crúzalo;
pero no construyas una casa sobre él:
aquel que tiene esperanza durante una hora,
¡tiene esperanza durante la eternidad!
Este mundo no dura más que una hora;
dedícala a orar
porque lo que sigue es desconocido.

La frase de Jesús: "Este mundo es un puente", está grabada en una losa, Fathepur Sikri, Agra (*Investigaciones arqueológicas de la India*).

Los musulmanes de Jesús

Contamos con evidencias definidas sobre comunidades cristianas en Persia, Afganistán y la zona noroeste de la India, durante el siglo III d.C. A estos cristianos se les llamaba Nasara, o seguidores de Jesús de Nazareth. Algunos de ellos recibieron el nombre de Kristanis o Cristianos.[216] Existen registros sobre los seguidores de Yuzu-Asaph en Cachemira desde el inicio del segundo siglo de la era cristiana. Pero la información más interesante proviene de los seguidores de Issa, Hijo de Miriam, que adoptaron el nombre de musulmanes. O. M. Burke, que visitó Afganistán, proporciona el siguiente informe sobre ellos:

> *Los seguidores de Issa, Hijo de Miriam, por lo general han adoptado el nombre de musulmanes y habitan en varias aldeas esparcidas por la zona occidental de Afganistán, cuyo centro se encuentra en Herat. Escuché hablar de ellos en varias ocasiones, pero pensé que tal vez eran los pueblos que los misioneros europeos provenientes del este de Persia habían convertido al cristianismo, o que eran una reliquia de la época en que Herat había sido un obispado floreciente del rito nestoriano, antes de que los árabes conquistaran Persia en los siglos* VII *y* VIII. *Pero a partir de sus propios relatos y a partir de lo que pude observar, parecen remontarse a un origen mucho más antiguo. Debe haber aproximadamente mil de estos cristianos. Su líder es Abba Yahiya, que puede recitar la sucesión de maestros que han tenido a lo largo de casi sesenta generaciones, a partir de Issa, Hijo de Miriam, de Nazara, en Cachemira.*[217]

Ya sabemos que, en el oriente, a Jesús se le conoce como Issa, y que a María se le conoce como Miriam. De manera similar, a Nazareth se le conoce como Nazara o Nasara, en las fuentes orientales de información. Pero la referencia a Issa, el Hijo de Miriam de Nazara, es muy interesante, y significa: "Jesús, el Hijo de María de Nazareth y Cachemira". Aquí, la referencia a Cachemira es muy significativa. Después de escapar de la cruz, Jesús llegó a Cachemira, donde se le conocía como Yuzu-Asaph. Parece que fue entonces cuando estos Musulmanes de Issa captaron su mensaje y siguen considerando que Jesús pertenece a Cachemira.

Fue una circunstancia fortuita que encontráramos una publicación, impresa en lengua urdu, que también menciona a Issa, el profeta de Alá, cuyos seguidores eran musulmanes. Lo llaman Issa, el Hijo de María, que predicó el Islam como religión a sus seguidores.[218] Para clarificar el asunto, reproduciremos algunas porciones de este texto.

El verbo hecho carne

1. *Miriam, su madre, era una virgen de una familia israelita. Todavía no se había casado cuando Alá decidió enviar a su mensajero, sin necesidad de que tuviera un padre, de modo que el mundo entendiera que Alá puede hacer lo que le plazca. Alá puede crear a un ser humano sin la ayuda de un padre.*
2. *Cuando Miriam tenía catorce años, fue a bañarse a un manantial. No había terminado de bañarse cuando Alá le ordenó a Gabriel que llevara el primer aliento de Adán y lo introdujera en el vientre de Miriam.*
3. *Cuando Miriam terminó de bañarse y estaba a punto de marcharse, vio a un hombre apuesto. Sintió miedo y pensó que el joven era de la tribu de los orfebres y que tal vez tenía malas intenciones.*
4. *Él se acercó y le dijo: Me envió Alá. Me envió para darte un hermoso hijo.*
5. *Al escucharlo, ella dijo: ¿Cómo puede ser eso?, pues ningún hombre me ha tocado jamás.*
6. *El ángel dijo que era la voluntad de Dios que le naciera un hijo sin la ayuda de un padre. Así se había ordenado. Entonces él introdujo el aliento en el vientre de Miriam y desapareció.*
7. *Miriam regresó a su casa y se dedicó a la oración.*
8. *Varios meses después, el embarazo empezó a notarse en Miriam. Entonces toda la gente de la tribu y su familia, empezaron a lanzarle aspersiones y a decirle que había pecado.*
9. *Pero Miriam lo refutó diciendo que nunca había pecado; pero nadie le creía. Entonces, dejó de salir de su casa. Cuando se cumplieron los nueve meses, el ángel le dijo que fuera a un bosque cercano. Issa nació en forma natural, sin dolores de parto.*[219]

Tanto los cristianos como los musulmanes aceptan el nacimiento milagroso de Jesús. Pero en este caso, los musulmanes de Jesús afirman que el aliento de Adán fue introducido en su vientre, mientras que el Evangelio dice que el Espíritu Santo bajó sobre María. No obstante, en ambos relatos, Dios envía a Gabriel a ver a María.[220]

Jesús inicia su ministerio

1. *Cuando Jesús era joven, recibió el honor de Alá y las revelaciones empezaron a llegar a él, a través de Gabriel. Según los deseos de Alá, él le pidió a la gente que se despojara del mal y del kufur. Invitó al pueblo a buscar la verdad y la rectitud. Todos los hombres de Bani-Israel estaban contra él. Lo atacaron diciendo que ese joven estaba desviándonos de nuestra religión.*
2. *Entonces le causaron a Jesús muchos sufrimientos. Él se compadeció de ellos, abandonó la ciudad y se sentó en la ribera de un río.*
3. *El lugar donde se sentó Jesús era el sitio donde los lavanderos lavaban la ropa. Jesús les dijo: "Ustedes lavan ropa sucia, ¿por qué no lavan sus corazones?". Después también les dijo: "Ustedes se han ahogado en el lodo y la suciedad del kufur y del mal, ¿por qué no salen de ella?" Los lavanderos que escucharon a Jesús se acercaron a él y le dijeron: "¿Qué jabón debemos usar para lavar nuestros corazones?". Jesús pronunció esta frase: "La-illaha-illul-lah, Issa Roh-Allah". (No existe otro dios aparte de Dios; Jesús es el Espíritu de Dios.)*
4. *Entonces todos ellos hicieron esta invocación: "La-illaha-illullah, Issa Roh-Allah", y se hicieron musulmanes.*
5. *Cuando esta noticia llegó a otro grupo de lavanderos, se acercaron a él y le pidieron un milagro. Issa les preguntó: "¿Qué quieren presenciar?". Todos gritaron a una*

sola voz: "Dile a tu Dios que nos mande un plato lleno de alimento y de frutas celestiales, para que después de comerlo, reconozcamos que tú eres un mensajero verdadero".

Jesús hace milagros

1. *Issa elevó una plegaria al Señor diciendo: "Oh, Alá, este pueblo es ignorante. ¡Ten misericordia de ellos! ¡Hágase tu voluntad!". En ese preciso momento se escuchó una voz del cielo: "Enviaremos alimento celestial para todos los que han sido bendecidos". De inmediato, descendieron del cielo platos de comida celestial llenos de manjares y pescado asado.*

2. *La gente no comió del manjar, sino que dijeron: "Queremos que hagas otro milagro. Que este pescado asado vuelva a la vida". Issa elevó los ojos al cielo.*

3. *De pronto, el pescado asado volvió a la vida y saltó con fuerza hacia el río. Algunos se sintieron consternados y murieron.*

4. *Todos los creyentes se sentaron a comer los manjares celestiales, pero los orgullosos se negaron a probarlo. Los que estaban enfermos sanaron después de comer estos alimentos, los pobres se hicieron ricos, los ciegos recibieron el don de la vista, y extrañamente, obtenían lo que deseaban.*

5. *Durante muchos días, estos manjares celestiales descendieron de los cielos y miles de personas los comieron. Quienes rechazaron este alimento celestial despreciándolo, fueron víctimas de la artritis y sus rostros se tornaron horribles. Muchos aceptaron a Issa como profeta de Dios y se hicieron musulmanes.*

Brilló la Gloria de la verdad,
las flores de la fe florecieron,

Jesús sana a un hombre ciego (Marcos 8: 22-6).

En las Bodas de Caná Jesús transforma el agua en "vino" (Juan 2: 1-10).

Jesús sana a un supuesto "leproso" (Marcos 1 40-42). En el mundo antiguo, la palabra "lepra" podía referirse a una variedad de condiciones que desfiguraban a la persona.

Detalles de una obra realizada en marfil en Palermo, Sicilia, y que ahora se encuentra en el Museo de Victoria y Alberto en Londres.

(Reproducido del libro *Jesús; la evidencia,* escrito por Ian Wilson, cortesía de Harper San Francisco).

los infieles fueron derrotados,
los ciegos consiguieron ojos,
¡los cojos tuvieron piernas para caminar!
¡Los enfermos recibieron la bendición de la salud!
¡Todos bailaron con alegría!

En el relato anterior, se hace una afirmación definida en el versículo 4. Después de hacer una invocación diciendo que Alá es el único Dios y que Issa es Su Espíritu, la gente aceptó la fe musulmana. Aquí el autor no se refiere a los seguidores de Jesús como cristianos, sino que dice que "muchos lo aceptaron como profeta de Dios y se hicieron musulmanes".[221]

Mujer, grande es tu fe

1. *Sucedió que en la ciudad vivía una joven con su esposo, y Alá les había concedido un hijo. Un día, cuando el padre no estaba en casa y la esposa estaba haciendo un ofrecimiento a Nimaz, el niño se resbaló de su cuna y cayó en un horno ardiente. Esta mujer tenía una gran fe en su Dios.*
2. *Vio lo que había sucedido, pero continuó con sus oraciones hasta terminarlas. Entonces se acercó al horno.*
3. *Extrañamente, el horno se había convertido en un lecho de flores. El niño estaba seguro y jugando. Ella lo tomó en sus brazos y lo besó. Este canto llegó a sus labios:*

O Alá, ¡Tú eres el creador!
Te ofrezco mi Nimaz cinco veces:
Tú eres mi maestro,
tú eres mi Protector
tú fuiste quien salvó a mi hijo.
O Alá,
tú eres bondadoso y misericordioso.
O Alá, yo soy tu sierva sumisa;
acepta mi gratitud, O Señor de Majestad

4. *Cuando Issa escuchó esta historia, se apresuró a ir a ver a la mujer y la preguntó: "¿Cómo lograste esa posición ante Dios?".*

5. *La mujer respondió: "Lo único que sé es que yo vivo por la voluntad de Dios. Bajo cualquier circunstancia, yo soy una sierva de Alá. ¡Él es mi refugio!".*

6. *Al escuchar esto, Issa dijo: "Oh mujer, grande es tu fe. ¡Si hubieras sido hombre, Alá te habría hecho un profeta con un libro!".*

Los musulmanes ofrecen el *Nimaz,* que son oraciones obligatorias que se ofrecen cinco veces durante el día y la noche. Además, los musulmanes se unen a sus congregaciones los viernes. Los cristianos sólo deben ir a la iglesia los domingos, y no se les exige que ofrezcan oraciones tipo *Nimaz* cinco veces al día.

En los Evangelios, María, la Madre de Jesús, vivió después de la crucifixión de Jesucristo. Pero los musulmanes de Issa creen que ella murió durante la vida de Jesús. Este es un relato relevante tomado de la obra que estamos analizando.

La muerte de Miriam

1. *En una ocasión, Issa hizo un largo viaje con Miriam, su madre. Ella ya era muy anciana y estaba muy débil. Le llegó a ser imposible moverse y caminar.*

2. *Issa la dejó en un lugar seguro y él fue al bosque a buscar una hierba.*

3. *Mientras tanto, Miriam cayó en inconciencia y murió.*

4. *Alá, el Señor de Majestad, envió unas damas celestiales para que la envolvieran en una manta celestial. La sepultaron damas celestiales y ángeles.*

5. *Cuando Issa regresó, no encontró a su madre. Gritó: Madre, Madre, ¿dónde estás?*

6. *Se escuchó una voz desde un sepulcro cercano:*

Querido hijo, ¡estoy en presencia de mi Dios!
Querido hijo, ¡estoy cerca del trono de Dios!
Querido hijo, ¡estoy en el paraíso!
Querido hijo, ¡me protege la misericordia de Alá!
Querido hijo, ¡encárgate de la obra de Dios!
Querido hijo, ¡llama a las personas al camino recto!
Querido hijo, ¡pronto vendrás a mí!

Predicación de Jesús

1. *Jesús se alejó del sepulcro de Miriam y fue a la ciudad. Guió a la gente hacia alá. Muchos se unieron a él y se volvieron musulmanes.*
2. *Todos alabaron a Dios, el Señor, pero los ricos fueron sus enemigos. Los malvados conspiraron contra él. Eran kafir y sus corazones eran negros. Gritaron: ¡Issa está contra Mossa! Ha cambiado la religión de Mossa. ¡Debe morir, debe morir!*
3. *Issa dijo:*

¡Gente del pueblo! Mossa determinó
que el Sábado era el día sagrado.
Era obligatorio que ustedes ofrecieran
plegarias a Alá en ese día.
Estaba prohibido que se dedicaran
a obras mundanas ese día.
Estaba escrito en la Torah.[222]
Pero Alá ha cambiado ese día
y ha determinado que su día es el Domingo.
Consideren que el Domingo es el día sagrado.
Ahora la Enjeel[223] *ha llegado con el nuevo orden.*
Por consiguiente, ¡obedezcan a la Enjeel
y no tengan dudas en su corazón!

Aunque los musulmanes obedecieron sus órdenes sagradas, los kafirs no lo hicieron. Los musulmanes declararon que obedecerían a Issa con su corazón y con su alma. Pero los kafirs malvados incitaron a las masas contra Issa. Alegaron que Issa había profanado a Mossa y a la Torah. Por tanto, dijeron que todos los seguidores de Mossa tenían la obligación de matar a Issa.

4. *Ahora, miles de kafirs decidieron matar a Issa.*
5. *Hubo algunos yuhudis buenos* [224] *que dijeron: "Dejen en paz a Issa. No lo maten. ¿No son ustedes los mismos que mataron a Zakariya*[225] *con una sierra? ¿No temen a Alá? ¡Deberían temer a la ira de Dios!".*
6. *Pero ellos no escucharon estas palabras de sabiduría. Habían decidido matar a Issa. ¡Habían enloquecido!*
7. *Fueron con el rey y lo incitaron contra Issa. Él declaró: "El que mate a Issa recibirá una gran recompensa".*
8. *Los malvados conspiraron contra Él.*[226]

La partida de Jesús

1. *Los kafirs tuvieron una reunión y contrataron a un yuhudi para que matara a Issa. Cuando Issa estaba en una casa, la rodearon para poder matarlo.*
2. *¡Pero la voluntad de Alá era otra! Como Dios lo ordenó, Gabriel voló directamente a la casa donde Issa estaba en una profunda oración. El angel ofreció a Issa un saludo musulmán y voló con él hacia el cielo. Todos los profetas lo recibieron y Alá lo felicitó por su trabajo. ¡A partir de entonces, Issa vive en el cuarto cielo!*
3. *Los kafirs que habían rodeado la casa, nombraron a una persona de nombre Shiyuh para que buscara a Issa. Entró pero no encontró a nadie adentro de la casa. Cuando salió, todos gritaron: "¡Mátenlo!". Él se sintió confun-*

dido, pues su rostro se había transfigurado y parecía ser Issa.

4. *Capturaron a Shiyuh y lo llevaron al cadalso, pensando que habían matado a Issa.*
5. *Alá dice que Él protegió a Issa y todos los que creen que está muerto están equivocados.*

Estos seguidores de Issa, Hijo de Miriam, se consideran musulmanes. Una vez a la semana comparten pan y vino como símbolos de la mejor nutrición, que son las experiencias que acercan a las personas a Alá. También están convencidos de que llegará el día en que el mundo descubrirá la verdad sobre Jesús.[227]

Inscripción árabe que describe a Jesús como "Al-Sayyid-Al-Masih" (Su Excelencia, el Masiha) y como el príncipe heredero en el regazo de Santa Miriam (María-ilee Madre), 1070 d.C.

Notas

Capítulo 1: fuentes

1. Peak. *Commentary on the Bible (Comentario de la Biblia),* pp. 681-744.
2. George Barker Stevens. *The Teaching of Jesus (La enseñanza de Jesús),* p. 21.
3. Eusebio. *Church History (Historia de la Iglesia),* 111, p. 39, como se cita en: *Ibídem.*
4. Ireneo, *Against Heresies (Contra las herejías),* III, 1, p. 7, como se cita en: *Ibídem.*
5. Lucas 1: 1-4.
6. Juan 21: 19.
7. Hechos 4: 36.
8. Powell Davies. *The Meaning of the Dead Sea Scrolls (El significado de los Manuscritos del Mar Muerto),* p. 104.
9. *Ante-Nicane Christian Library* (*Biblioteca cristiana*), Vol. 20, como se cita en *Jesus in Heaven on Earth (Jesús en el cielo en la tierra),* p. 246. Adenda.
10. Warner Keller: *The Bible as History (La Biblia como historia),* p. 407.
11. Muhammad Ahmad Mazhar. *Árabe*, p. 7.
12. *Bhavishya-maha-purana,* Versos. 17-32.
13. *Studies in the History of Religions (Estudios en la historia de las religiones),* Vol. 18. 99, pp. 54-57.

14. El manuscrito está en la colección del finado Reverendo S. S. Gergan, Gupkar Road, Srinagar, Cachemira.
15. Cuando el Profesor Hassnain encontró el nombre de San Issa escrito con tinta roja en las páginas 118 y 119, las fotografió. Después de traducirlas, aparentemente estas dos páginas se referían a los pergaminos budistas que Nicholas Notovich encontró en el Monasterio Hemis en Ladakh.
16. Artículo en el *Siglo XIX*, abril, 1896.
17. Johan Forsstrom. *The King of the Jews (El rey de los judíos)*, p. 187.
18. Aurel Stein. *On Central Asian Tracks (En los senderos de Asia Central)*, pp. 214-216.
19. Johan Forsstrom. *The King of the Jews (El rey de los Judíos)*, pp. 230-231. Véase también *Jesus Died in Kashmir (Jesús murió en Cachemira)* por A. Faber Kaiser, p. 91.

Capítulo 2: Génesis

1. La Biblia Septuaginta. Génesis 1: 1-27.
2. Génesis 6: 1-3.
3. Génesis 6: 4.
4. Génesis 6: 4.
5. *The Concise Encyclopaedia of World History (La enciclopedia concisa de historia mundial)*. Editor, John Bowle, p. 13.
6. Sonia Co1e. *Races of Man (Razas Humanas)*, pp. 50-51.
7. *Encyclopaedia Britannica*, Micropaedia, Vol. VII.
8. John Bowle. *Ibídem*. p. 42.
9. Giuseppe Tueci. *Transhimalaya*, p. 37.
10. Giuseppe Tueci. *Ibídem*. p. 47.
11. Chakravarti. B. *A Cultural History of Bhutari (Historia cultural de Bhutari)*, p. 135.
12. Génesis 12: 14.
13. Génesis 21: 2.
14. Génesis 18: 9-14.
15. Génesis 21: 1-3.

16. Génesis 18: 5-8.
17. Génesis 18: 9-13.
18. Génesis 21: 1-2.
19. Dunean Greenlees. *The Gospel of Israel (El Evangelio de Israel),* p. 19.
20. Chakravarti. B. *A Cultural History of Bhutan (Una historia cultural de Bhutan),* p. 127.
21. Éxodo 3: 14-15.
22. Margolis & Alexander Marx. *A History of the Jewish People (Una historia del pueblo judío),* p. 16.
23. Éxodo 20: 3-17.
24. Deuteronomio 5: 7-21.
25. Éxodo. 34: 28.
26. Chakravarti. *Classical Studies in Ancient Races & Myths (Estudios clásicos sobre razas y mitos antiguos).* p. 89.
27. Génesis 18: 1.
28. Éxodo 15: 20-21.
29. Números 12: 1-2.
30. La Biblia Septuaginta. Deuteronomio 32: 49-52.
31. Deuteronomio 34: 1-8.
32. Faber Kaisal: *Jesus Died in Kashmir (Jesús murió en Cachemira),* p. 120, se cita *Commentary on the Bible (Comentario de la Biblia)* de Peak.
33. Margolis & Alexander Marx. *Ibídem.* p. 180.
34. Josefo. *La guerra de los judíos,* capítulo 7.
35. Margolis & Alexander Marx. *Ibídem.* p. 9.
36. Thomas Holditeh. *The Gates of India (Las puertas de la India),* p. 49.
37. Ezequiel 20: 32-38.
38. George More. *The Lost Ten Tribes (Las diez tribus perdidas),* pp. 145-48.
39. *Tabaqat-i-Nasiri.* p. 109.
40. Joseph Wolf. "Misión a Bokhara" como se cita en *Jesus in Heaven on Earth (Jesús en un cielo en la tierra)* por Nazir Ahmed, p. 287.
41. Margolis & Alexander Marx. *Ibídem.* p. 48.

42. Khan Roshan Khan. Tazkirah, pp. 51-52.
43. *The Concise Encyclopaedia of World History (La enciclopedia concisa de historia mundial),* Editor, John Bowles, p. 102.
44. Thomas Holdich. *The Gates of India (Las puertas de la India),* p. 50.
45. Alexander Brunes. *Travels into Bokhara (Viajes a Bokhara),* p. 139.
46. Khan Roshan Khan. *Ibídem.* p. 74.
47. Khwaja Nazir Ahma. *Jesus in Heaven on Earth (Jesús en el Cielo en la Tierra),* pp. 305-307.
48. Alexander Brunes. *Ibídem.* p. 139.
49. Thomas Holdich. *Ibídem.* p. 49.
50. Miguel Serrano. *The Serpent of Paradise (La serpiente del paraíso),* pp. 140-142.
51. Entrevista con el Jefe de Pashtoon Jirgah el 5 de enero de1982.
52. Roshan Khan: Tazkirah. *History of the Afghans (Historia de los afganos),* p. 260.
53. Bernier. *Journey Toward Kashmir (Viaje hacia Cachemira),* p. 430.
54. Katre. *The General History of the Mughal Kingdom (Historia general del reino mogol),* p. 195.
55. Claudius Buknain. *Christian Researches in India (Investigaciones cristianas en la India),* p. 22.
56. Lawrence. *The Valley of Kashmir (El valle de Cachemira),* p. 318.
57. Hargopal Khasta. Guidasta-i-Kashmir, p. 19.
58. Zahoor-ul-Hassan. Nigaristan-i-Kashmir, p. 98.
59. George Moore. *The Lost Tribes (Las tribus perdidas),* p. 151.
60. Buknain. *Ibídem.* p. 229.
61. Génesis 10: 1-6.
62. Baber. *Memoirs,* traducción, Leyden y Erskine, p. 313.
63. William Jones. *Kashmir, India Researches (Cachemira, investigaciones de India)*, 1, p. 268.
64. Thomas Wardle. *Kashmir (Cachemira),* p. 290.
65. Kalhana. Rajatarangini, traducción, Stein, 1, pp. 286-287.
66. Khawaja Nazir Ahmad. *Jesus in Heaven on Earth (Jesús en el Cielo en la Tierra),* pp. 302-307. Aziz Ahmad Asrari-i-Kashir, pp. 337-343. Andreas Faber Kaiser. *Jesús vivió y murió en Cachemira,* pp. 113-128.

67. *El libro de Esther* T: 1-4.
68. Margolis & Alexander Marx. *Ibídem.* p. 127.
69. *Cambridge History of India (Historia de la India, Cambridge),* p. 421.
70. Hassnain, E M. *Buddhist Kashmir (Cachemira budista),* p. 2.
71. Rhys Davids. *Buddhism (Budismo),* p. 183.
72. Mirza Ghulam Ahmad. *Jesus in India (Jesús en la India),* p. 83.
73. Swete, H. B. *An Introduction to the Old Testament in Greek (Introducción al Antiguo Testamento en griego),* p. 16.
74. *The Crucifixion by an Eye-Witness (La crucifixión por un testigo ocular),* p. 189.
75. Hassnain, E. M. *Hindu Kashmir (Cachemira hindú),* p. 21.
76. *Encyclopaedia Britannica.* Micropaedia, Vol. VII.
77. Abdul Qadir. Hashmat-i-Kashmir, p. 7.
78. Mohammad Aazam. Tarikh-i-Aazmi, p. 84.
79. George Moore. *The Lost Tribes (Las tribus perdidas),* p. 137.
80. Epístola a los Hebreos. Capítulo III, como se cita tomando el texto de *Jesús murió en Cachemira* por A. Faber Kaiser, p. 120.
81. Kalhana. *Ibídem.* VIII, 2431.
82. Nil-toop significa la cumbre del Monte Nabo. Nowall. *The Highlands of India (Las tierras altas de la India).* V. 2. pp. 19-90.
83. Deuteronomio 34: 1-6.
84. Abdul Qadir. *Ibídem.* p. 7.
85. Al-Beruni. Kitab-ul-Hind, V. 1, p. 274.
86. Mohi-ud-din Hajini. *Maqalat,* p. 99.
87. Abdul Ahad Azad. *Kashimiri Zaban,* p. 10.
88. Bashir Ahmad. *Humayun,* Lahore, 1940.
89. Hassnain, E. M. *Hindu Kashmir (Cachemira hindú),* p. 12.
90. Chakravarti, C. *Classical Studies in Ancient Races & Myths (Estudios clásicos sobre razas y mitos antiguos) op. cit.* p. 62.
91. Richard Temple. *Sayings of Lala Ded (Frases de Lala Ded),* p. 65.
92. Génesis 31: 47-49.
93. Génesis 28: 18-19.
94. Allan Menzies. *History of Religion (Historia de la religión),* p. 180.

95. Jawaharlal Nehru. *Glimpses of World History (Vistazos fugaces de historia Mundial),* p. 86.
96. Kalhana. *Ibídem.* Vol. n, p. 112.
97. Saadullah. Tarikh-i-Sulaiman. (Mss.).

Capítulo 3: El hijo de dios

1. Juan 1: 1-2.
2. Juan 1: 14.
3. Juan 3: 12-13.
4. Hechos 1: 11.
5. Timoteo 3: 16.
6. Pedro 1: 20.
7. Génesis 6: 14.
8. Timoteo 3: 16.
9. Bhavishya-maha-pwana. Versos. 17-32.
10. Marcos 14: 36.
11. Mateo 1: 23.
12. Fuller R. H. *New Testament Christology (Cristología del Nuevo Testamento),* p. 23.
13. Lucas 21: 8. Los habitantes de Cachemira llaman Kri o Chri a los cristianos.
14. Mateo 8: 8.
15. Lucas 6: 46.
16. Nazir Ahmad. *Jesus in Heaven on Earth (Jesús en el Cielo en la Tierra),* p. 81.
17. Mateo 2: 23.
18. Hechos 24: 5.
19. Allegro, John. *The Sacred Mushroom and the Cross (El hongo sagrado y la cruz),* pp. 35-36.
20. Fuller, R. H. *New Testament Christology (Cristología del Nuevo Testamento),* p. 29.
21. Josué 1: 1.

22. Salmo 50: 73--83.
23. Mulla Nadri. Tarikh-i-Kashmir, folio 69.
24. Lepancer. *Mystical Life of Jesus Christ (Vida mística de Jesucristo).*
25. von Daniken, E. *Miracle of the Gods (Milagro de los dioses),* p. 69.
26. Mateo 2: 1.
27. Lucas 1: 36.
28. Juan 7: 52.
29. Mateo 26: 69-71.
30. Keller, Werner. *The Bible as History (La Biblia como historia),* p. 346.
31. Mateo 1: 16.
32. Lucas 3: 23.
33. Forbes Robinson. *The Apocryphal Gospel (El evangelio apócrifo),* p. 1.
34. Lucas 1: 5.
35. Yrjo Hiren. *The Sacred Shrine (El santuario sagrado),* p. 206.
36. Lucas 1: 28.
37. Lucas 1: 32-33.
38. Lucas 1: 35.
39. Lucas 1: 30.
40. Lucas 1: 5-38.
41. Lucas 1: 40-42.
42. Evangelio de Santiago 8: 3, como se cita en *Jesus in Heaven on Earth (Jesús en el cielo en la Tierra)* por Khawaja Nazir Ahmad, p. 134.
43. Mateo 1: 19.
44. Evangelio de Santiago 16: 1-2.
45. Nazir Ahmad. *Jesus in Heaven on Earth (Jesús en el cielo en la Tierra),* p. 136.
46. Romanos 1: 3.
47. Gálatas 4: 4.
48. Marcos 10: 2-8.
49. William Phipps. *Was Jesus Married? (¿Se casó Jesús?),* p. 40.
50. *The Crucifixion by an Eye-witness (La crucifixión por un testigo ocular),* pp. 40-41.

51. Génesis 6: 1-2.
52. Isaías 7: 14.
53. Génesis 21: 1-2.
54. Schonfeld, Hugh J. *The Passover Plot (El relato de la pascua)*, p. 49.
55. Marcos 10: 48.
56. Bhavishya-maha-purana. 17-32.
57. Peake. *Commentary on the Bible (Comentario de la Biblia)*, pp. 681, 700, 724, 744.
58. Gálatas 1: 7-19.
59. Basileion. Samuel II: VIII. 14.
60. Fuller. *The Foundations of New Testament Christology (Los fundamentos de la cristología del Nuevo Testamento)*, p. 202.
61. Allegro, John. *The Sacred Mushroom and the Cross (El hongo sagrado y la cruz)*, p. 8.
62. Daniken. Eric von. *In Search of Ancient Gods (En busca de los dioses antiguos)*, p. 23.
63. Juan 1: 1-3.
64. Juan 1: 15.
65. Lucas 2: 1-7.
66. Werner Keller. *The Bible as History (La Biblia como historia)*, p. 330.
67. A. Powell Davies. *The Meaning of the Dead Sea Scrolls (El significado de los Manuscritos del Mar Muerto)*, p. 90.
68. Werner Keller. *The Bible as History (La Biblia como historia)*, p. 338.
69. Werner Keller. *The Bible as History (La Biblia como historia)*, pp. 332-336.
70. Mateo 2: 1-3.
71. Mateo 2: 1-2.
72. Mateo 2: 11.
73. Mateo 2: 12.
74. *La Biblia Septuaginta*. Editada por C. Muses, p. XXI (Introducción).
75. Hassnain. *Ladakh the Moonland (Ladakh la tierra de la Luna)*, p. 74.
76. Mateo 2: 11.

77. Nicolás Notovitch. *The Unknown Life of Christ (La vida desconocida de Cristo),* pp. 142-144.
78. *The Crucifixion by an Eye-witness (La crucifixión por un testigo ocular),* p. 35.
79. Lucas 2: 34-35.
80. *The Life of Saint Issa (La vida de San Issa),* 111: 12.
81. Mateo 2: 1.
82. *The Crucifixion by an Eye-witness (La crucifixión por un testigo ocular),* p. 35.
83. Hakim Ameen. *St. Mark and the Coptic Church (San Marcos y la Iglesia Cóptica),* p. 8.
84. Werner Keller. *The Bible as History (La Biblia como historia),* p. 341.
85. Nazir Ahmad. *Jesus in Heaven on Earth (Jesús en el Cielo en la Tierra),* p. 218.
86. *Encyclopaedia Britannica,* Art. Esenios.
87. *The Crucifixion by an Eye-witness (La crucifixión por un testigo ocular),* pp. 41-43.
88. Nazir Ahmad. *Jesus in Heaven on Earth (Jesús en el Cielo en la Tierra),* p. 114.
89. Eusebio. *Iglesia eclesiástica,* Vol. 11, XVII 2-23.
90. Allegro, John. *The Sacred Mushroom and the Cross (El hongo sagrado y la cruz),* p. 61.
91. Johan Forsstrom. p. 289.
92. Ulfat Aziz-us-Samad. *The Great Religions of the World (Las grandes religiones del mundo),* p. 44.
93. Peter De Rosa. *Jesus Who Became Christ (Jesús que se convirtió en Cristo),* p. 109.
94. Levi. *The Aquarian Gospel of Jesus (El evangelio de la era de acuario de Jesús),* p. SO.
95. Lucas 2: 42-46.
96. *The Crucifixion by an Eye-witness (La crucifixión por un testigo ocular),* pp. 4W7.
97. Lucas 2: 48-49.
98. *Encyclopaedia Britannica.* Micropaedia, Vol. 111, p. 965.
99. Marcos 1: 7-8.

100. *The Crucifixion by an Eye-witness (La crucifixión por un testigo ocular)*, pp. 49-53.
101. Mateo 1: 1-16.
102. Journale Asiatiqe, 1869. 11, p. 439.
103. Mateo 1: 18.
104. Mateo 1: 20.
105. Marcos 6: 3.
106. *Ibídem.*
107. *Ibídem.*
108. Nazir Ahmad. *Jesus in Heaven on Earth (Jesús en el Cielo en la Tierra)*, p. 138.
109. Mateo 2: 19-20.
110. Lucas 2: 48.
111. Hastings. *Diccionario de la Biblia,* p. 434, como se cita en *Jesus in Heaven On Earth (Jesús en el Cielo en la Tierra)*, p. 113.
112. Lucas 2: 48-51.
113. Lucas 2: 40.
114. Nicolás Notovitch. *The Unknown Life of Christ (La vida desconocida de Cristo)*, p. 144.
115. Lucas 2: 41-44.
116. *Himalaya: A Monograph (Himalaya: Una monografía).* Editor, Francis Grant Rerich, pp. 148-153.
117. *Jami-ut-Tawarikh* lo cita Johan Forsstrom en *The King of the Jews (El Rey de los judíos)*, p. 176.
118. Johan Forsstrom. *The King of the Jews (El Rey de los judíos)*, p. 176.
119. *J. B. Segal. Edessa, the Blessed City (Edessa, la ciudad bendita)* pp. 67-68.
120. Miguel Serrano. *The Serpent of Paradise (La serpiente del paraíso)*, pp. 142-43.
121. Janet Bock. *The Jesus Mystery (El misterio de Jesús)*, p. 118.
122. Werner Keller. *The Bible as History (La Biblia como historia)*, p. 323.
123. Duncan Greenless. *The Gospel of Israel (El Evangelio de Israel)*, p. ixii.
124. Mateo 3: 1-3.
125. Lucas 1: 13-20.

126. Lucas 1: 36-42.
127. *The Crucifixion by an Eye-witness (La crucifixión por un testigo ocular).* pp. 47-48.
128. Lucas 1: 80.
129. Lucas 1: 76.
130. Lucas 3: 2-3.
131. Mateo 3: 2.
132. Lucas 3: 10-14.
133. Lucas 3: 16.
134. Juan 1: 29-33.
135. Lucas 3: 22.
136. *The Aquarian Gospel of Jesus the Christ (El evangelio de la era de acuario de Jesús el Cristo),* 64: 1, p. 106.
137. Mateo 4: 11.
138. Josefo. *Guerra,* 11, 136.
139. *The Aquarian Gospel (El evangelio de la era de acuario),* pp. 83-85.
140. *Werner Keller. The Bible as History (La Biblia como historia),* p. 347.
141. Juan 1: 35-36.
142. Juan 1: 49.
143. Lucas 4: 1.
144. James W. Douglass. *The Yin-Yang of Resistance and Contemplation (El Yin-Yang de la resistencia y la contemplación) Gandhi Marg, julio, 1972.*
145. Mateo 4: 3-4.
146. Lucas 4: 5-7.
147. Mateo 4: 5-7.
148. Lucas 4: 18-19.
149. Malcolm Muggeridge. *Jesus, the Man Who Lives (Jesús, el hombre que vive),* p. 60.
150. *The Aquarian Gospel (El evangelio de la era de acuario),* pp. 87-97.
151. Juan 1: 51.
152. Lucas 6: 20-21.
153. Juan 3: 19-21.
154. Marcos 12: 29-31.
155. Juan 8: 59.

156. Marcos 2: 73.
157. Hugh Schonfeld. *The Passover Plot (El relato de la pascua)*, p. 70.
158. Lulce 4: 24.
159. Marcos 6: 4.
160. Mateo 5: 19.
161. Lucas 8: 2.
162. *The Crucifixion by an Eye-witness (La crucifixión por un testigo Ocular)*, p. 531.
163. Johan Forsstrom. *The King of the Jews (El Rey de los judíos)*, p. 128.
164. *The Crucifixion by an Eye-witness (La crucifixión por un testigo Ocular)*, p. 54.
165. Werner Keller. *The Bible as History (La Biblia como historia)*, p. 347.
166. Mateo 11: 2.
167. Lucas 7: 22.
168. Mateo 2: 9-10.
169. Lucas 7: 28-33.
170. Werner Keller. *The Bible as History (La Biblia como historia)*, p. 348.
171. Marcos 6: 22.
172. *The Aquarian Gospel (El evangelio de la era de acuario)*, p. 103.
173. Hugh Schonfeld. *The Passover Plot (El relato de la pascua)*, p. 256.
174. Marcos 6: 27.
175. *The Aquarian Gospel (El evangelio de la era de acuario)*, p. 169.
176. Juan 10: 1-4.
177. Lucas 6: 12.
178. Mateo 10: 1-4.
179. Lucas 6: 16.
180. Marcos 3: 16.
181. Juan 14: 22.
182. *Schonfeld, Hugh J. The Passover Plot (El relato de la pascua)*, p. 76.
183. Mateo 10: 6.
184. Lucas 10: 2-10.
185. Marcos 6: 8-9.
186. Mateo 10: 16-23.

187. Mateo 10: 9.
188. Mateo 10: 28.
189. Mateo 10: 34.
190. James W Douglas. *"The Yin-Yang of Resistance and Contemplation," (El Yin-Yang de la resistencia y la contemplación), artículo publicado en Gandhi Marg, en julio de1972.*
191. Faber Kaiser. *Jesus Died in Kashmir (Jesús murió en Cachemira),* pp. 22-24.
192. Lucas 10: 1.
193. Mateo 10: 5-7.
194. Lucas 10: 3-6.
195. George Barker Stevens. *The Teaching of Jesus (La enseñanza de Jesús),* p. 63.

Capítulo 4: Ministerio y Crucifixión

1. Werner Keller. *The Bible as History (La Biblia como historia),* p. 350.
2. The Aquarian Gospel *(El evangelio de la era de acuario),* pp. 112-113.
3. Mateo 4: 23-25.
4. Juan 7: 16-19.
5. Mateo 5: 3-10.
6. Lucas 13: 1.
7. Mateo 5-47.
8. Juan 7:1.
9. Marcos 7: 24.
10. Mateo 26: 6.
11. Lucas 7: 36-39.
12. *The Crucifixion by an Eye-witness (La crucifixión por un testigo ocular),* pp. 53-55.
13. *The Aquarian Gospel (El evangelio de la era de acuario),* p. 161.
14. Juan 11: 5.
15. Johan Forsstrom. *The King of the Jews (El rey de los judíos),* p. 126.
16. Johan Forsstrom. *The King of the Jews (El rey de los judíos),* p. 128.

17. Johan Forsstrom. *The King of the Jews (El rey de los judíos)*, p. 128.
18. *Times*, Londres, 8 de marzo de 1963.
19. Lucas 10: 41-42.
20. Mateo 26: 8-9.
21. *The Aquarian Gospel (El evangelio de la era de acuario)*, p. 151.
22. Lucas 7: 44-47.
23. *The Aquarian Gospel (El evangelio de la era de acuario)*, p. 151.
24. Juan 11: 1-44.
25. *The Aquarian Gospel (El evangelio de la era de acuario)*, p. 152.
26. Marcos 8: 30.
27. Mateo 16: 22-23.
28. Mateo 16: 24-25.
29. Marcos 9: 2.
30. Lucas 9: 30.
31. *The Aquarian Gospel (El evangelio de la era de acuario)*, p. 187.
32. Mateo 17: 4.
33. Marcos 9: 7.
34. Mateo 17: 3-6.
35. Mateo 18: 24.
36. Juan 7: 3-4.
37. Lucas 9: 52-56.
38. Lucas 10: 1.
39. Lucas 13: 33.
40. Mateo 23: 37-38.
41. Juan 11: 47-48.
42. *The Aquarian Gospel (El evangelio de la era de acuario)*, p. 194.
43. Mateo 26: 45.
44. Juan 11: 54.
45. Mateo 17: 25.
46. Marcos 9: 35.
47. Lucas 19: 9.
48. Marcos 11: 7.

49. Lucas 19: 38.
50. Juan 12: 13.
51. Lucas 19: 40.
52. Marcos 14: 17.
53. Juan 2: 13-14.
54. Lucas 19: 46.
55. Juan 2: 18-19.
56. Mateo 24.
57. *Aquarian Gospel (El evangelio de la era de acuario)*, p. 220.
58. Mateo 28: 14-16.
59. Marcos 14: 36.
60. Barnes, W. E. *The Testament of Abraham (El testamento de Abraham)*, pp. 140-151.
61. Juan 18: 3.
62. Mateo 26: 53.
63. Marcos 14: 48-49.
64. Mateo 26: 61.
65. Werner Keller. *Bible as History (La Biblia como historia)*, p. 355.
66. Mateo 27: 11.
67. Lucas 23: 4.
68. Faber Kaisar. *Jesus Died in Kashmir (Jesús murió en Cachemira)*, p. 23.
69. Lucas 23: 6-7.
70. Lucas 23: 8-11.
71. Lucas 23: 13-17.
72. Juan 19: 12.
73. Faber Kaiser. *Jesus Died in Kashmir (Jesús murió en Cachemira)*, p. 25.
74. Mateo 27: 24.
75. Como se cita en *The Crucifixion by an Eye-witness (La crucifixión por un testigo ocular)*, pp. 29-30.
76. En hebreo, "Gólgota" significa "lugar de la calavera".
77. Lucas 23-27.

78. Marcos 15: 21.
79. *The Crucifixion by an Eye-witness (La crucifixión por un testigo ocular),* p. 58.
80. Lucas 23: 28-29.
81. *The Crucifixion by an Eye-witness (La crucifixión por un testigo ocular),* pp. 58-59.
82. Mateo 27: 34.
83. Marcos 15: 23.
84. *The Crucifixion by an Eye-witness (La crucifixión por un testigo ocular),* pp. 50-60.
85. Juan 18: 14-16.
86. Werner Keller. *Bible as History (La Biblia como historia),* p. 359.
87. *The Crucifixion by an Eye-witness (La crucifixión por un testigo ocular),* p. 64.
88. Dummelow. *Commentary on the Holy Bible (Comentario sobre la Santa Biblia),* p. 717.
89. Mateo 27: 45.
90. *The Crucifixion by an Eye-witness (La crucifixión por un testigo ocular),* p. 64.
91. Marcos 15: 34.
92. Mateo 27: 46.
93. Lucas 23: 46.
94. Juan 19: 30.
95. Mateo 7: 1-8.
96. Marcos 14: 36.
97. Lucas 22: 43.
98. Juan 11: 41-42.
99. Puruckar, G. *Clothed with the Sun (Vestido con el sol),* p. 40.
100. Salmo 22: 1-20.
101. Salmo 22: 1-5.
102. Salmo 22: 9.
103. Salmo 22: 16-18.
104. Salmo 22: 20-22.

105. Allegro, John. *The Sacred Mushroom and the Cross (El hongo sagrado y la cruz),* pp. 158, 199 305.
106. William Hawird. *A Note Book on the Old and New Testaments of the Bible (Un cuaderno sobre el Antiguo y el Nuevo Testamentos de la Biblia),* Vol. 1: p. 127.
107. Ram Dhan. *Krishen Bainti,* p. 72.
108. Hassan Shirazi. *Risala Tehqiqat-i-Garihabah,* pp. 21-24.
109. *Imply, P. C. "Wonderful Stories of Islam,"* p. 249, *Star of Britannica.* Londres, enero de 1954; *Mirror,* Londres, 1 de febrero de 1954.
110. *Bhatnagar, K. L. Buddha Chamitkar, Ram Narayan, Buddha Yougia,* p. 54.
111. *The Crucifixion by an Eye-witness (La crucifixión por un testigo ocular),* pp. 64-65.
112. Juan 23: 50.
113. Lucas 23: 50.
114. Marcos 15: 40.
115. Mateo 27: 56.
116. *The Crucifixion by an Eye-witness (La crucifixión por un testigo ocular),* p. 62.
117. Juan 19: 39.
118. Marcos 15: 45.
119. Juan 19: 39.
120. Juan 3: 1-3.
121. *Enciclopedia Judía,* Vol. 8, p. 250.
122. *The Crucifixion by an Eye-witness (La crucifixión por un testigo ocular),* p. 74.
123. Lucas 23: 44.
124. Juan 19: 32-33.
125. Juan 19: 34.
126. Ferrar. *Life of Christ (Vida de Cristo),* p. 421.
127. *The Crucifixion by an Eye-witness (La crucifixión por un testigo ocular),* pp. 65-75.
128. Éxodo 20-8.
129. Ezekiel 46: 3.
130. Juan 19: 31.

131. Miguel Serrano. *The Serpent of Paradise (La serpiente del paraíso),* p. 143.
132. Kalhana Panditta. *Rajatarangini, Versos. 11, 72-106.*
133. Juan 19: 39.
134. Lucas 23: 56.
135. *The Crucifixion by an Eye-witness (La crucifixión por un testigo ocular),* p. 74.
136. Dummelov. *Commentary on the Holy Bible (Comentario sobre la Santa Biblia),* p. 808.
137. *Encyclopaedia Britannica. Artículo sobre los Esenios.*
138. *The Crucifixion by an Eye-Witness (La crucifixión por un testigo ocular),* p. 153.
139. *The Crucifixion by an Eye-Witness (La crucifixión por un testigo ocular),* pp. 78-93.
140. *Liber Almansoria* por Rhazes, conocido también como *De Pestilentia.*
141. *Canon de Avicenna,* Vol. 5, p. 93 (Urdu).
142. *Qarab-ud-Din-i-Kabir,* Vol. 2, p. 75.
143. Minhaj-ul-Bayan. Vol. 2, p. 576.
144. SyedAbddul Hye. *Marham-i-Issa Ansar Allah, Rabwah,* marzo de 1978.
145. *Life of Christ (La Vida de Cristo),* p. 79.
146. *Globo,* Brasil, 3 de marzo de 1985.
147. Marcos 15: 46.
148. Juan 19: 41.
149. *Inayat-ullah Khan Al-Mashriqi. Tazkirah (Urdu),* pp. 16-17.
150. J. B. Segal. *Edessa-the-Blessed City (Edessa, la ciudad bendita),* pp. 67-69.
151. Tomado de *Migne,* Vol. CXIII, Cols. 423-53 (París, 1857), copia en *The Shroud of Turin (El sudario de Turín),* Ian Wilson, pp. 313-331.
152. Grabado en seda de la colección del Castillo Sherborne, en Dorset, Inglaterra.
153. Ian Wilson. *The Shroud of Turin (El sudario de Turín),* pp. 288-305.
154. Kurt Berma. *Jesus Nicht am Kreuz Gestorben,* pp. 102--142.
155. Ian Wilson. *The Shroud of Turin (El sudario de Turín),* p. 276.
156. Lucas 24: 1.

157. Juan 20: 1.
158. Mateo 28: 5.
159. Marcos 16: 5.
160. Lucas 24: 5-7.
161. Marcos 16: 7.
162. Mateo 28: 8-10.
163. Marcos 16: 8.
164. Juan 20: 2.
165. Lucas 24: 12.
166. Juan 20: 7.
167. Lucas 24: 12.
168. Pedro 9: 35-40.
169. Marcos 16: 5.
170. Mateo 11: 14.
171. *The Crucifixion by an Eye-witness (La crucifixión por un testigo ocular),* p. 153.
172. Lucas 24: 25-26.
173. Lucas 24: 30.
174. Marcos 16: 12.
175. Juan 20: 19.
176. Lucas 24: 36-42.
177. Juan 20: 26-27.
178. Juan 21: 1-12.
179. Juan 21: 16.
180. Marcos 16: 15.
181. Lucas 24: 50.
182. Mateo 10: 23.
183. Lucas 9: 27.
184. Mateo 16: 28.
185. Marcos 9: 1.
186. Mateo 8: 23-27.
187. Marcos 6: 48-49.
188. Lucas 4: 33-36.
189. Juan 4: 46-51.
190. Lucas 17: 11-14.

191. Marcos 7: 31-37.
192. Lucas 14: 1-6.
193. Marcos 8: 1-8.
194. Mateo 16: 14.
195. Génesis 20: 17.
196. Números 11: 2.
197. Mateo 21: 22.
198. Juan 14: 16.
199. Juan 17: 9-20.
200. Mateo 26: 39.
201. A. Sehweitzer. *The Quest of the Historical Jesus (En busca del Jesús histórico),* como lo cita A. Powell Davies en, *The Meaning of the Dead Sea Scrolls (El significado de los manuscritos del Mar Muerto),* p. 122.
202. Lucas 22: 41-42.
203. Marcos 14: 36.
204. Juan 10: 15-18.
205. *Barrassiha-ye-Tarikhi (Estudios históricos de Irán),* V. 7, No. 3, 1942.
206. *Sitzungsberg der Berliner Akad, Phil. Hist. Kl.* 1925, p. 366.
207. *Bull. School Oriental Studies (Estudios orientales escolares),* Londres, 9, 1938, p. 503.
208. S. S. Gergan. Carta fechada el 14 de abril de 1976.
209. Guiseppe Tucci. *Transhimalaya,* p. 39.

Capítulo 5: Jesucristo en el Oriente

1. A. Powell Davies; *Dead Sea Scrolls (Manuscritos del Mar Muerto),* pp. 109-110.
2. *Encyclopaedia Britannica;* Artículo sobre los Esenios.
3. Juan, 10: 39-40.
4. Edersheim; *The Life and Times of Jesus (La vida y la época de Jesús)* 1 148.
5. *The Crucifixion by an Eye-Witness (La crucifixión por un testigo ocular),* pp. 35.

6. *Testaments of the Twelve Patriarchs (Testamentos de los doce patriarcas);* José 1: 5-6 como se cita en A. Powell Davies; *El significado de los Manuscritos del Mar Muerto,* p. 104.
7. *The Crucifixion by an Eye-Witness (La crucifixión por un testigo ocular):* p. 124.
8. Robertson Graves y Joshua Pedro; *Jesus in Rome (Jesús en Roma).*
9. Hechos; 4-6.
10. Hechos: 9: 10-15.
11. Hechos; 9: 20-22.
12. Hechos; 12:25.
13. *Encyclopaedia Britannica;* Micropaedia, vol. VII.
14. Hechos; 13:9.
15. *Encyclopaedia Britannica;* Micropaedia; vol. VII.
16. Abu-Huraira; *Kanz-ul-Aimal,* II, p. 34.
17. Ibn-i-Jarir; *Tatsir Ibn-i-Jarir-at-Tabari,* vol. 111; p. 191.
18. Lucas; 8:2.
19. Mateo; 27:26.
20. Lucas; 24:10.
21. Juan; 20:12.
22. Juan; 20:16.
23. *Times;* Londres: 8 de marzo de 1963.
24. Hazrat Mirza Ghulam Ahmad: *Jesus in India (Jesús en la India),* p. 98. Entre los musulmanes, a Jesús se le conoce como Ruh-Allah o el Espíritu de Dios.
25. Mumtaz Ahmad Faruquii, *The Crumbling of the Cross (El colapso de la cruz);* p. 5. Citas de *El corazón de Asia,* por Nicolas Roerich.
26. Mumtaz Ahmad Faruqui; *The Crumbling of the Cross (El colapso de la cruz),* pp. 55-56.
27. Josefo; *Antiguedades,* XVIII; 9:1-8.
28. Macmunn, Townsend; *The Holy Land (La Tierra Santa),* vol. II, p. 61
29. Mir Khwand; *Rauza-tus-Safa,* vol. 1, p. 149.
30. J.B. Segal; *Edessa-the Blessed City (La ciudad bendita),* p. 67.
31. Mumtaz Ahmad Faruqui, *The Crumbling of the Cross (El colapso de la cruz),* p. 67.

32. J.B. Segal; *Edessa-the Blessed City (La ciudad bendita),* p. 69.
33. J.B. Segal; *Edessa-the Blessed City (La ciudad bendita),* p. 68.
34. Farh~ng-i-Asafiyah. (Diccionario) vol. I, p. 91.
35. Agha Mustafa: *Ahwal-i-Ahaliyan-i-Paras,* p. 219.
36. Meger G.R; *Witness of Antiquity (Testigo de la antigüedad),* p. 19.
37. Waddell; *Indo-Sumerian Seals Deciphered (Se descifran los sellos indo-sumerios),* pp. 114-119.
38. Mir Khwand; *Rauzatus-Safa,* pp. 133-35.
39. Luigi Pareti; *History of Mankind (Historia de la humanidad),* vol. Il, p. 850.
40. Schonfield: *Saints against Caesar (Los santos contra el César),* p. 142.
41. Mateo: 23: 37-39.
42. Josefo; *Wars (Guerras),* III. iv, 1; X, p. 9.
43. *La vida de San Issa*; VIII: 6-7.
44. Levi; *The Aquarian Gospel* (*El Evangelio de acuario*), p. 79.
45. *La vida de San Issa;* VIII: 15-20.
46. *La vida de San Issa;* 12 13.
47. Faqir Muhamad: *Jame-ut-Towarikh,* vol. II, p. 81.
48. *La vida de San Issa:* V: 9.
49. *The Aquarian Gospel of Jesus the Christ (El Evangelio de Acuario de Jesucristo):* 25: 23-26.
50. *La vida de San Issa;* V: 16.
51. *La vida de San Issa;* V: 18.
52. *La vida de San Issa;* V: 20-23.
53. *The Aquarian Gospel of Jesus the Christ (El Evangelio de acuario de Jesucristo);* 31:1-20.
54. *The Aquarian Gospel of Jesus the Christ (El Evangelio de acuario de Jesucristo);* 32: 42-43.
55. *La vida de San Issa;* VI: 4.
56. *The Aquarian Gospel of Jesus the Christ (El Evangelio de acuario de Jesucristo):* 33: 1-10.
57. *La vida desconocida de Jesucristo ;* VI: II.
58. *La vida de San Issa;* VI: 15.

59. *Estudios en la historia de las religiones,* V. 18.
60. En 1894, la Misión Cristiana de la India comisionó a Ahamd Shah, el autor de *Cuatro Años en el Tibet,* para refutar los hallazgos de Nicolás Notovitch.
61. *La vida de San Issa;* IX; 1-3.
62. *Siglo XIX,* octubre, 1894. *Siglo XIX,* abril, 1896.
63. *El museo, nueva serie,* publicado por la Newark Museum Association, 1972, p. 51.
64. Abhedananda; *Kashmir O Tibbate,* p. 269.
65. *La vida de San Issa:* VI: 4.
66. Meer Izzut-oolah; *Viajes en Asia Central.* Traducción: Henderson, pp. 13-14.
67. Tokan Sumi; *Yakshas-Las tribus guardianas del Cuarto Concilio Budista.*
68. Rhys Davids; *Buddhism (Budismo),* p. 180.
69. Max Muller; *Sacred Books of the East (Libros sagrados del oriente),* Vol. XI, p. 318.
70. I-Tsing, *Un registro de la religión budista,* traducido por. J. Takakwu.
71. Helmut Goeckel; *Die Messias Legitimation Jesu,* p. 514.
72. *The Illustrated Weekly of India (El semanario ilustrado de la India).* Vol. CI 45; Dic. 21-27; 1980; p, 26.
73. Hasrat Mirsa Ghulam Ahamd; *Jesus in India (Jesús en la India),* p. 98.
74. Lucas; 12: 33.
75. Juan; 10:11.
76. *The Aquarian Gospel of Jesus the Christ (El Evangelio de acuario de Jesucristo);* 36: 11-36.
77. *La vida de San Issa;* VI: 6-12.
78. *La vida de San Issa;* VII: 5-9.
79. *The Aquarian Gospel of Jesus the Christ (El Evangelio de acuario de Jesucristo);* 37:1-17.
80. Juan; 20:28.
81. Rapson, *Ancient India (La India antigua),* p. 174.
82. Juan; II:16.

83. Vincent Arthur Smith; *The Early History of India (Historia antigua de la India),* p. 204.
84. *Acta Thomae,* Texto Siriaco, IV, p. 182.
85. Salmond; *The Writings of Hirpiclytus (Las obras de Hirpiclytus),* Vol. III, p. 131.
86. Juan Reland, *Library Bulletin (Boletín de biblioteca);* Vol. XII.
87. Rapson; *Ancient India (La India antigua),* p. 174.
88. Stein; *Ancient Khotan (Khotan antiguo),* Vol. I, p. 156.
89. Marshall; *A Guide to Taxila (Una guía a Taxila),* p. 14.
90. *The Imperial Gazetteer of India (Índice geográfico imperial de la India);* Vol. II, p. 288.
91. *Annual Report of the Archaeological Survey of India (Informe anual de investigaciones arqueológicas en la India),* 1902-3 p. 167.
92. Qureshi. M.H; *Rahnuma-i-Taxila,* p M44.
93. Nazir Ahmad; *Jesus in Heaven on Earth (Jesús en un Cielo en la Tierra),* pp. 347-349.
94. Vincent Arthur Smith: *The Early History of India (Historia antigua de la India);* p. 20s.
95. Klijin; *Los hechos de Tomás,* p. 70.
96. *Acta Thomae;* Ante-Nicene Christian Library, Vol. XX, 46.
97. Nazir Ahmad, *Jesus in Heaven on Earth (Jesús en un Cielo en la Tierra),* pp. 348-249.
98. Marshall, John; *Taxila,* Vol. I, p. 62.
99. Juan; 20: 28.
100. Marcos; 3: .3 35.
101. Juan; 2; 3.
102. Juan; 19: 26-27.
103. Hechos; 9: 14.
104. Mumtaz Ahmad Farouqui, *The Crumbling of the Cross (El colapso de la cruz);* p. 62.
105. Mufti Mohamad Sidiq; *Qabr-Masih,* p. 26.
106. Khwaja Nazir Ahmad; *Jesus in Heaven on Earth (Jesús en un Cielo en la Tierra),* p. 361.
107. Mumtaz Ahmad Faroqui; *The Crumbling of the Cross (El colapso de la cruz),* pp.62-65.

108. *Crónicas* I, 1: 8, 4: 40.
109. *Revista Swarbica,* vol. I, 1978, p 10.
110. *Moonis Raza, Aijazuddin Ahmad, Ali Mohamad; The Valley of Kashmir (El valle de Cachemira),* vol.I, p. 11.
111. Thomas Holdich; *The Gates of India (Las rejas de la India), p. 31.*
112. Lord. J.H. *The Jews in India and the Far East (Los judíos en la India y en el lejano oriente),* p. 23.
113. Sonia Cole; *Races of Man (Las razas humanas),* pp. 58-75.
114. Sonia Cole; *Races of Man (Las razas humanas);* pp. 58-75.
115. Alexander Brunes; *Travels into Bokhara (Viajes a Bokhara),* vol. II, p. 140.
116. Thomas Holdich; *The Gates of India (Las rejas de la India),* p. 49-50.
117. Bruknear.T. Nelson and Kurt Berna: *The Second Life of Jesus Christ (La segunda vida de Jesucristo),* p. 27.
118. *Nilamata-purana* traducción. *Ved Kumari,* Vol. I, p. 46.
119. *Al-Beruni; India,* traducción, Edward & Sachau, vol. I, p. 206.
120. *Kal;. R.C.; Ancient Monuments of Kashmir (Monumentos antiguos de Cachemira),* p. 75.
121. *Abdul Qadir; Hashmat-i-Kashmir,* p. 68.
122. *Bernier; Travels in the Mughal Empire (Viajes en el imperio Mogol),* p. 430.
123. Johnston. Keith; *Dictionary of Geography, Art: Kashmir (Diccionario de geografía, arte: Cachemira).*
124. Wilson. Henry, *Travels in Himalayan Provinces (Viajes en las provincias del Himalaya),* p. 129.
125. En lo que concierne a la etimología de la palabra Kashir, ver, Tuzak-i-Babari; *Memorias de Babar,* traducción. Leyden & Erskine, p. 313.
126. Hassnain; *Hindu Kashmir (Cachemira hindú),* pp. 18-19.
127. Vincent Smith; *The Early History of India (Historia antigua de la India),* p. 235.
128. Rapson. E.J. *The Cambridge History of India (Historia de la India, Cambridge),* vol. I. p. 582.
129. Wheeler. J.H. *History of India (Historia de la India),* p. 239.
130. *Bhavishya-maha-purana; versos 17-32.*

131. Mulla Nadri, Tarikh-i-Kashmir; *folio, 69 Haider Malik Chaudura; Tarikh-i-Kasmir, II, 12-56, Hassan Shah, Tarikh-i-Kashmir.* vol. III, p. 25.
132. *Bhavishya-maha-purana,* V . 17-32.
133. *Mulla Nadri: Tarikh-i-Kashmir,* folio, 69.
134. *Haider Malik Chandura; Traikh-i-Kashmir,* folio 11-12.
135. Cole; *Illustrations of Ancient Building in Kashmir (Ilustraciones de edificios antiguos de Cachemira),* p. 8.
136. *Al-Shaikh Al Said-us-Sadiq; Ilkmal-ud-Din,* p. 359.
137. Mateo; 5:10.
138. Lucas; II: 28.
139. *Al-Shaikh Al-Said-us-Sadiq; Ikmal-ud-Din,* p. 359.
140. Lucas; 12: 31.
141. *Al-Shaikh Al-Said-us-Sadiq; Ikmal-ud-Din,* p. 359.
142. Crónicas.
143. Eclesiástes; 8: 8.
144. *Al-Saikh Al-Said-us-Sadiq; Ikmal-ud-Din,* p. 359.
145. *Sufi Studies: East and West (Estudios sufies: oriente y occidente), Edición, Rushbrook Williams;* p. 202.
146. *Ibídem,* p. 358.
147. George Barker Stevens; *The Teaching of Jesus (La enseñanza de Jesús),* p. 39.
148. Marcos, 4: 3-8.
149. *Al-Saikh Al-Said-us-Sadiq; Ikmal-ud-Din,* p. 327.
150. *Kalhana; Rajatarangini, II:* 90.
151. *Ibídem,* p.72.
152. *Ibídem,* p.85-86.
153. *Ibídem,* p. 90.
154. *Ibídem,* p. 106.
155. *Ibídem,* p. 110.
156. *Sufi, M.D. Kashmir (Cachemira),* Vol. I. p.
157. *Haider Malik Chaudura; Tarikh-i-Kashmir, II, 12-56 Hassan Shah; Tarikh-i-Kashmir, III, p 2 Rajataran-gini,* Vol. 1, p. 63.
158. Salmo 22:1-28.
159. Mateo, Marcos, Lucas, Juan; *El Nuevo Testamento.*

160. *Rajataran-gini;* traducción. Stein, 11: 72-106.
161. Werner Keller; *The Bible as History (La Biblia como historia),* p. 360.
162. Juan; 13: 36.
163. Marcos; 14: 37-72.
164. Mateo; 16; 18-19.
165. Hechos, 1: 6-15.
166. Hechos, 2: 41.
167. Hechos; 4:4.
168. Hechos; 5:2.
169. Hechos, 5: 17-40.
170. Hechos, 9: 32-34.
171. Hechos; 12: 1-4.
172. Gálatas; 2:11.
173. Pedro; 1: I.
174. Pedro; 2: 9-10.
175. Pedro; 5: 12-14.
176. Juan, 13: 36.
177. Shaikh Abdul Qadir, artículo en el semanario *Badar, Qadian*; India, con fecha 17 de mayo de, 1979.
178. *Report of the Archaeological Survey of India, Frontier Circle (Informe de investigación arqueológica de la India, círculo de la frontera), 1912.*
179. Benjaman Roland; *St. Peter in Ghandhara (San Pedro en Ghandhara):* véase también, *The East & West, Rome (El oriente y el occidente, Roma),* vol. 4, número 4, 1953.
180. *Shaikh-al Said-us Sadiq; Kamal-ud-Din,* p. 358.
181. *Kanzul-Ammai* vol. II, p. 34.
182. *Sheikh-al-Said-us-Sadiq; Kamal-ud-Din,* p. 357.
183. Mateo; 13: 55. Marcos; 6: 3.
184. Nazir Ahmad; *Jesus in Heaven on Earth (Jesús en un cielo en la Tierra),* p. 3-6.
185. *Shaikh-al Said-us-Sadiq; Kamal-ud-Din.* p. 357.
186. *The Week End, London (El fin de semana, Londres);* julio, 17-24. 1973.
187. *Decreto de Rozabal, Srinagar, Kashmir.*

188. Francis Buchanan; *A Journey from Madras (Un viaje desde Madras);* Vol. 2, 391.
189. Younghusband; *Kashmir (Cachemira),* p. 112.
190. Enrique; *The Realms of the Gods (Los reinos de los dioses),* p. 25.
191. *Abdul Qadir; Hashmat-i-Kashmir,* p. 68.
192. *Saad-ullah; Tarikh-i-Bagh-i-Sulaiman,* cita en *Qabr-i-Massin,* p.48.
193. *Ghulam Nabi; Wajeez-ul-Tawarikh.* vol. II, p. 279.
194. Faber Kaiser: *Jesus Died in Kashmir (Jesús murió en Cachemira),* p. 100.
195. Barkat Ullah; *History of the Indian Churches (Historia de las iglesias de la India),* p. 157.
196. *Report of the Archaeological Survey of India (Informe anual de investigaciones arqueológicas en la India);* 1912-14, pp. 213-216.
197. *Aziz Ahmad, Asrar-i-Kashir,* p. 266.
198. Ferrier. J.P; *History of the Afghans (Historia de los afganos),* p. 4.
199. Bleazby. G.B; *Lista de monedas y medallas en el museo S.P.S., Srinagar, Cachemira,* pp. 1-3.
200. John S. Deyell; *A Guide to the Reading of Ancient India (Guía de lecturas sobre la India antigua) Leyendas sobre Monedas, Wisconsin, NI:* 1;19.
201. Joya Kushan: *Museo Británico, Londres.*
202. Sutta; *Bhaivishya-maha-purana,* p. 287.
203. Kurt Berna, *D-7140 Ludwigsburg, Alemania Occidental*; carta fechada 6 de julio de 1978.
204. Claudius Buchanan; *Christian Researches in India (Investigaciones cristianas en la India),* p. 141.
205. Milman; *History of the Jews (Historia de los judíos),* Vol. 1, p. 442.
206. Joseph Benjamen; *Eight years in Asia and Africa (Ocho años en Asia y África),* p. 134.
207. Claudius Buchanan; *Christian Researchs in India (Investigaciones cristianas en la India),* p. 224.
208. Vincent Arthur Smith; *The Early History of India (Historia antigua de la India),* p. 204.
209. Claudius Buchanan; *Christian Researches in India (Investigaciones cristianas en la India),* p. 229.

210. Decisión de la Suprema Corte de Travancore, Sur de la India, en el caso de Dionysus Joseph Contra Mar. Athanansius Thomag. 1871.
211. George Macmuon; *The Religions and the Hidden Cults of India (Las religiones y los cultos ocultos de la India),* pp. 106-108.
212. *Encyclopaedia Britannica; Tomás.*
213. Barkat Ullah; *History of Churches in India (Historia de las iglesias de la India),* p. 120.
214. Barkat Ullah; *History of Churches in India (Historia de las iglesias de la India),* p. 151. traducción de la lengua urdu por el autor.
215. *Safi Sharah-Asool-i-Kafi. vol. 3,* p. 304 Ikmal-ud-Din. p. 243.
216. Richard Fre; *Heritage of Persia (Legado de Persia),* p. 268, note 31.
217. Burke, O.M. *Among the Dervishes (Entre los derviches),* p. 12.
218. *El título del Evangelio es: Mujuzat-i-Masih,* editor, Farocq Argalli (Urdu).
219. *Mujuzat-i-Masih,* editor, Farocq Arg. p. 3.
220. Lucas; 1: 26.
221. *Mujuzat-i-Masih,* edit. Farocq Argalli, p. 7-9.
222. *Torah.*
223. *Biblia.*
224. Seguidor del judaísmo.
225. Zacarías.
226. *Mujuzat-i-Masih,* editor Farocq Arga, p. 23.
227. Burke, O.M.; *Among the Dervishes (Entre los derviches),* p. 109.

Sobre los autores

Haji Profesor Fida M. Hassnain, Maestría en Historia, Licenciatura en Derecho, Doctorado en Arquitectura, Doctorado en Indología

El Profesor Hassnain nació en 1924, en Srinagar, Cachemira. Sus padres fueron maestros de escuela. A los tres años de edad, la educación del Profesor Hassnain se encomendó al Imman at Tral, en Cachemira, donde aprendió el Santo Quran. A la edad de seis años lo inscribieron en una escuela moderna y terminó sus estudios básicos a los 16 años de edad. A los veinte años se graduó en la Universidad de Punjab. Terminó sus estudios de Maestría en la Universidad Musulmana de Aligarh.

El Profesor Hassnain estudió leyes y se tituló en derecho en 1946. Regresó a su ciudad natal y ejerció la abogacía durante algunos años. Poco después perdió el gusto por esta profesión, ya que su conciencia no le permitía defender a un criminal.

Después, el Profesor Hassnain hizo trabajo social entre los pobres, empezó a pintar y a escribir poesía. Poco después, las realidades de la vida lo obligaron a buscar trabajo, e impartió conferencias en el S.P. College de Srinagar. Poco después obtuvo el puesto de Profesor de Historia e Investigación.

En 1954, el Profesor Hassnain asumió la posición de Director de los Archivos del Estado, Arqueología, Investigación y Museos, y se desempeñó en este puesto hasta que se jubiló en 1983. Durante sus viajes de estudio logró rescatar varios cientos de manuscritos en árabe, sánscrito y persa, que se llevaron a los Archivos y a las Bibliotecas de Investigaciones Orientales. Como arqueólogo experto, ha estado a cargo de varias excavaciones.

En 1969, algunas instituciones educativas de Japón lo invitaron a hablar sobre el budismo. A partir de entonces, ha visitado Japón en seis ocasiones para dar ciclos de conferencias. Sus logros escolásticos le han ganado el título de Doctor en Indología.

En 1960, el Profesor Hassnain visitó Ladakh (zona occidental de Tibet) por primera vez, y a partir de entonces ha viajado a este centro de Lamaísmo Tántrico en repetidas ocasiones. Ahí conoció las prácticas tántricas de los chamanes que utilizan los ermitaños tibetanos. Su interés en la antropología lo indujo a estudiar el pasado de las tribus Brukpa, en las que encontró rastros de la cultura griega de Alejandro Magno.

Durante sus viajes oficiales a Cachemira, Jammu y Ladakh, entró en contacto con varios sadhus (ascetas), faquires, lamas, makzoubs y sufíes. Las siguientes personas causaron en él un gran impacto: Swami Lakshman Joo, Sayyid Mirak Sha, Kausar Sahib, Sharif Sahib, Yongi Chomoki, Sultan Sahib, Swami Nanda Mutto, Sayyid Babaji y Lassa Mutto.

Dejando a un lado su trabajo oficial, empezó a pasar día y noche con los tres últimos mendicantes que se mencionan en el párrafo anterior. Esto provocó que dos de sus colegas oficiales lo acusaran de incompetencia, y a consecuencia de ello, se le suspendió del servicio. Este problema le causó un gran impacto y sintió que Dios lo había abandonado. Tuvo dudas sobre la existencia de Dios, pero esta fase sólo duró unos cuantos meses. Un Shadu del sur de la India que estaba haciendo una peregrinación a Shri Amareshwar Lingam, en Cachemira, visitó al Profesor en su casa para decirle que Dios era Maravilloso.

Cuando el Profesor Hassnain empezó a desafiarlo, el Sadhu le dijo: "Dios ha eliminado a sus dos enemigos de la escena". En una extraña coincidencia, los dos funcionarios que culparon al Profesor Hassnain, desaparecieron al igual que sus familias. Para su asombro, más tarde se enteró de que su peor enemigo había emigrado a Paquistán con su familia, dejando su casa en Cachemira. Su otro enemigo fue encontrado, doce años más tarde, vagando por las colinas como un mendigo. Estos sucesos representaron un cambio radical en la vida del Profesor Hassnain. Poco después se le restituyó en su cargo y continuó desempeñándolo hasta su jubilación.

El Profesor Hassnain ha viajado extensamente por Europa y Asia. Es miembro de numerosas organizaciones nacionales e internacionales relacionadas con la filosofía, la religión, el misticismo, la historia, la antropología y la cultura. Después de jubilarse, se inició en el camino Sufi y con el permiso de su maestro, realiza sesiones de Meditación Sufi como terapia en clínicas psiquiátricas.

El Profesor Hassnain ha escrito numerosos artículos sobre diversos temas. Ha publicado los siguientes libros: *Cachemira Budista* (1973), *Política británica* (1974), *Ladakh tierra de la Luna* (1975), *Cachemira hindú* (1977), *Historia de Ladakh* (1977), *Gilgit* (1978), *El legado de Cachemira* (1980), *El mal gobierno de Cachemira* (1980), *La morada de Shiva* (1987), *Lucha por la libertad en Cachemira* (1988), y otros. Ha impartido numerosas conferencias y ha sido profesor visitante en varias universidades. En 1987, se le otorgó el título de Rastra Sanskriti Samrat, o Emperador de la Cultura Nacional. Vive con su familia en 32 Dastgir Villa, Umar Enclave, Parray Pora, P.O. Sanat Nagar Srinagar-19005. Cachemira, India. fidahassnain@myasa.net

Rabbi Dahan Levi
Presidente, Alianza de Abraham, Orden Nacional del Mérito

Rabbi Dahan Levi nació el 8 de diciembre de 1920 en Marruecos. Fue el más joven de seis hijos. Su educación empezó con el estudio de la Biblia. Fue tan diligente, que a los ocho años de edad cuestionó los puntos de vista que se presentaron en algunos comentarios. Empezó a estudiar el Talmud a los once años de edad y fue admitido al Yeshiva cuando acababa de cumplir quince años.

En la Universidad del Talmud, la mente inquisitiva de Rabbi Levi lo motivó a hacer a sus maestros preguntas que en ocasiones los dejaban perplejos. Sus maestros creían en los métodos tradicionales de enseñanza y lograron convencerlo de que los siguiera en lo relacionado con la teoría y los dogmas. Mientras que sus maestros enfatizaban los comentarios, Dahan Levi trataba de llegar a la esencia de las escrituras.

Llegó el momento en que las discusiones académicas de Dahan Levi hicieron que sus maestros se molestaran con él. En lugar de responder a sus preguntas, simplemente le pedían que abandonara el salón de clases. Sin embargo, él continuó con sus estudios teológicos con una actitud crítica y de análisis, y en 1940 obtuvo el título de Maestro del Talmud y Rabino. Después de profundos estudios, llegó a la conclusión de que era fácil entender las escrituras sin la ayuda de comentarios basados en controversias.

Entonces el Reverendo Levi hizo planes para seguir estudiando e investigando los mitos del mundo del Antiguo Testamento, pero tuvo que presentarse al servicio militar obligatorio. Estuvo en el ejército y prestó servicios en Túnez y en Libia como miembro de la Legión Francesa. A lo largo de todos esos años, su corazón anhelaba visitar Tierra Santa. Se le nombró "asistente médico y social del batallón" en la Legión Británica, y entonces tuvo la oportunidad de viajar a Egipto.

El Reverendo Levi recorrió toda la tierra de los faraones y después viajó por Palestina, Siria e Irak durante tres meses. Salió del ejército en 1942 y fue Titular del Talmud y encargado de sacrificios rituales en la ciudad de Oran, en Argelia.

El Reverendo Levi se casó en 1948, cuando tenía 28 años de edad. Otro suceso importante de su vida fue su traslado a París. Desempeñó varios trabajos y más tarde tuvo un puesto administrativo en la tercera subdivisión del servicio del estado. En 1950, fue Fundador y Presidente de la "Alliance d'Abraham", una organización cuyo propósito es preservar los vínculos históricos que existen entre las tres religiones monoteístas: el Judaísmo, el Budismo y el Islam. También quiere enseñar a los musulmanes la técnica del rito de la circuncisión.

El Reverendo Dahan Levi es Vicepresidente de la comunidad israelita de la tercera subdivisión administrativa de París. En 1972, se le honró con la Condecoración de la Ciudad de París. Por su excelente trabajo, en 1977 se le honró con la "Order Nacional du Merite".

Siempre ha buscado la verdad en la historia y en la cultura. Con la Biblia en la mano, visitó la Arabia Occidental y viajó por la India en 1986. En este periodo, visitó Delhi, Bombay, Calcuta, Agra, Jaipur y Srinagar, en Cachemira. Era su destino conocer al Profesor Fida Hassnain, y cultivaron una excelente amistad.

Tanto el Reverendo Levi como el Profesor Hassnain buscan la verdad. Ambos tienen corazones sensibles y ambos tienen apertura mental. A pesar de las barreras del lenguaje, ambos han tenido conversaciones muy fructíferas. El Reverendo Dahan Levi es una persona que trabaja sin temor y tiene esperanza en el futuro. Se unió al Profesor Hassnain para investigar y averiguar la verdad, lo que para ellos equivale a "buscar a Dios". Su trabajo no es la última palabra, por dos razones: la brevedad de la vida humana y la naturaleza de su trabajo, que nunca ha recibido la atención de sus contemporáneos. Desde la infancia, el Reverendo Dahan Levi ha sido inquisitivo, y lo ha seguido siendo a lo largo de su vida.

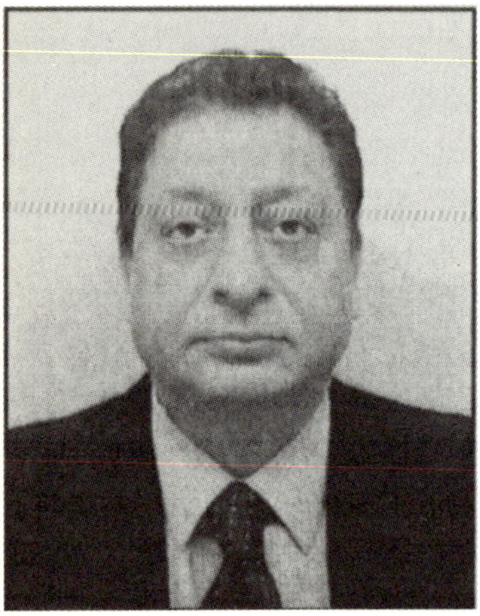

ES UN GRAN PLACER para mí contribuir a la publicación de esta gran obra, *El Quinto Evangelio,* por el Profesor Hassnain y el Reverendo Levi. Yo revisé y edité este libro.

El Profesor Hassnain es mi padre, mi amigo y mi maestro. Siempre lo consulto cuando me enfrento a cualquier dificultad, y él siempre está dispuesto a ayudarme con sus oraciones y su poder espiritual. Es un gran erudito de fama mundial, y estoy orgulloso de ser su hijo. Mi contribución a la publicación de este libro es una humilde muestra de respeto hacia mi padre y mi gurú. Deseo expresar mi sincero agradecimiento a mi amiga Claire Miller, por su ayuda en la publicación de este libro.

Ahtisham Fida
Presidente, Fida Corporation Co., Ltd.
Japón

TÍTULOS DE ESTA COLECCIÓN

Aunque usted no lo crea de Ripley. Edición de aniversario
Balada. *Maggie Stiefvater*
Chamanismo. Puerta entre dos mundos. *P. J. Ruiz*
Código Da Vinci. La leyenda del santo grial. *J. A. Solís*
Crímenes sexuales. *William Naphy*
¿Dónde están enterrados?. *Tod Benoit*
El código de Dios. *Gregg Braden*
El código Jesús. *John Randolph Price*
El libro de sanación chamánica. *Kristin Madden*
El libro de Enoc. El profeta.
El libro sin nombre. *Anónimo.*
El quinto evangelio. *Fida Hassnain y Dahan Levi*
El verdadero secreto. *Guy Finley*
En el jardín del deseo. *Lean Whiteson*
Fundadores. Sociedades secretas. *Dr. R. Hieronimus*
Glamazona. *Athena Starwoman y Deborah Gray*
Grandes matrimonios en la literatura. *Jeffrey Meyers*
Hitler y sus verdugos. *Michael Thad Allen*
Hónrate a ti mismo. *Patricia Spadaro*
La conspiración del grial. *L. Sholes y J. Moore*
La cosmología oculta de la Biblia. *G. Strachan*
La Inquisición. La verdad detrás del mito. *John Edwards*
La niebla. *Bruce Gernon & Rob MacGregor*
La SS. Su historia 1919-1945. *R.L. Koehl*
La verdadera pasión de María Magdalena. *E. Cunningham*
Lamento. *Maggie Stiefvater*
Las leyes del pensamiento. *Bishop E. Bernard Jordan*
Los derechos de México sobre el territorio de los E. U.
Los documentos de Takenouchi I. *Wado Kosaka*
Los piratas de las islas británicas. *Joel Baer*
Los templarios. *Juan Pablo Morales Anguiano*
Masonería. Rituales, símbolos e historia de la sociedad secreta
Mensajes de la Madre María al mundo. *Annie Kirkwood*
Misterios y secretos de los masones. *Fanthorpe*
Misterios y secretos de los templarios. *Fanthorpe*
¿Quién lo descubrió? ¿Qué y cuándo? *Ellyard*
Revelación del código masónico. *Ian Gittins*
Rey de oros. *Raciel Trejo*
Satán en la iglesia. *Cam Lavac*
Sé quien quieres ser y obtén lo que quieras tener. *C. Prentiss*
Secretos de la Lanza Sagrada. *J. E. Smith y G. Piccard*
Símbolos secretos y arte sacro. Tradiciones y misterio.
Sobrevivir para contarlo. *Immaculée Ilibagiza*
Tu nombre es... Mamá. *Antología*
Una historia ilustrada de los caballeros templarios.

Impreso en los Talleres de
Impresos Vacha, S.A. de C.V.
Juan Hernández y Dávalos Núm. 47, Col. Algarín,
México, D.F., CP 06880, Del. Cuauhtémoc.
Tels.: 5440 7244 5440 7375